米粒妈 著

我是大女主

中国出版集团公司
华文出版社

图书在版编目 (CIP) 数据

我是大女主 / 米粒妈著 . -- 北京：华文出版社 ,2023.1
ISBN 978-7-5075-5675-9

Ⅰ.①我… Ⅱ.①米… Ⅲ.①女性－列传－中国－近现代 Ⅳ.① K828.5

中国版本图书馆 CIP 数据核字 (2022) 第 187953 号

我是大女主

著　　者：米粒妈
责任编辑：潘　婕
出版发行：华文出版社
社　　址：北京市西城区广外大街 305 号 8 区 2 号楼
邮政编码：100055
网　　址：http://www.hwcbs.com.cn
电　　话：总 编 室 010-58336239　发行部 010-58336238
　　　　　责任编辑 010-63429159
经　　销：新华书店
印　　刷：北京博海升彩色印刷有限公司
开　　本：880mm×1230mm 1/32
印　　张：9.375
字　　数：185 千字
版　　次：2023 年 1 月第 1 版
印　　次：2023 年 1 月第 1 次印刷
标准书号：ISBN978-7-5075-5675-9
定　　价：49.80 元

版权所有，侵权必究

开 篇

你正在把女儿培养成林徽因,还是陆小曼?

如果你穿越时空,回到1910年,看到六七岁的林徽因和陆小曼,两人都是明眸皓齿、聪慧可人,又有如此相似的家庭背景和教育熏陶,同是"富养"的,你可能会误以为她们会成为相似的人。

林徽因和陆小曼几乎同岁,两人的父亲都毕业于日本早稻田大学,都是那个时期声名显赫的人物。林徽因的父亲林长民,曾担任北洋政府司法总长,与梁启超、胡适、徐志摩等顶尖牛人都是好友。陆小曼的父亲陆定,是日本首相伊藤博文的得意门生,曾担任民国财政部部长和赋税司长多年,还创办了中华储备银行。

她们都是新女性,都接受了最好的教育,成为闪耀夺目的女神和名媛。

林徽因从小就能讲一口流利地道的英文,在徐志摩、胡适成立的新月社,演出印度诗人泰戈尔的诗剧《齐德拉》时,她饰演女主角齐德拉公主,其台词全用英语说的。16岁时,父亲带她游历欧洲开阔眼界。在"放眼看世界"的过程中,不同的建筑形象和设计艺术让她眼界大开。由此,建筑成了她一生的志向和兴趣所在。后来她求学于宾夕法尼亚大学、耶鲁大学建筑美术系。

陆小曼则一路在北师大附小、北京女中、圣心堂学习,精通英文、法文,擅长油画、钢琴,还师从刘海粟、陈半丁、贺天健等大师研习国画。为了拓展眼界,父亲送她去外交部实习,她与各国名流政客谈笑自若。

米粒妈说到这里,你是不是觉得两人很相似?都受过最好的教

开 篇

育,精通多国语言,才华横溢,还有广阔的眼界和见识。

后来,林徽因学贯中西,成为清华大学国宝级教授、中国建筑学的先驱,还成了著名的诗人和作家。她婚姻幸福,养儿育女,夫妻举案齐眉,困苦时期也能并肩同行、相濡以沫。对她来说,爱情和家庭很重要,但是理想和追求更重要。

陆小曼呢?尽管从小受过良好的教育,父母却一直告诉她,爱情和婚姻是最重要的,至于理想、信念和成就,只是可有可无的点缀罢了。她没有接受过正规的大学教育,19岁便出嫁,同时与多位情人有来往。徐志摩死后,她40多岁时牙齿就全部脱落了,骨瘦如柴,最后孤独终老。

同样是富养,陆小曼被培养成一个交际花,才华横溢。她只希望成为一个名流的太太。她不愿意付出努力,更没有像林徽因那样上下求索,怀揣改造社会的理想与信念,成就更好的自己。

新一代的父母,都知道女儿该"富养",那么什么才是真正的富养?林徽因"富养"出了眼界和理想,而陆小曼则"富养"出了挥霍和骄纵;林徽因获得了真正的志趣和激情,而陆小曼则养尊处优、衣食无缺,精神世界却是荒芜而寂寥的。你是在把女儿培养成林徽因,还是陆小曼?两种"富养"貌似只有一线之隔,而这条线,就是教育的目的和境界。

前几天,我、米粒爸和一对夫妻老朋友吃饭。丈夫是某著名上市企业的合伙人,他们刚给儿子买了学区房。米粒妈正要恭喜他们,女人却说,像咱们家里是男孩的,就要给孩子最好的教育、最好的学区房,让他敢想敢干,努力打拼。如果是女孩嘛,其实就不必买学区房了,太优秀的女孩将来会没人敢要。上个普通学校,从小教给她穿衣打扮，学学插花啊、舞蹈啊什么的就好了。

米粒妈当时简直瞠目结舌，不知该说什么好。她现在怀了二胎，我真心祝福他们生个男孩，如果是女孩，希望千万不要被养成陆小曼了。

米粒妈同事的亲戚，某著名证券公司的董事长，只有一个女儿，完全按着社交名媛的路子进行培养。她从小精通英语、法语、马术、芭蕾舞，家里有四个菲佣、一名管家。她爸经常说，只恨没生男孩，否则一定要把孩子送到牛津大学、剑桥大学之类的名校，培养他成为带领千军万马的掌门人！

在女儿14岁时，父亲送她去英国做小留学生。自从一次失恋之后，她开始抽烟、酗酒，大二的时候就辍学回国了。她觉得失去了爱情，自己就什么也不是、什么也没有了。

米粒妈真心好奇，她爸为什么不能像培养儿子一样，培养自己的亲闺女呢？

不要只学那些绣花茶艺之类的名流太太技能，而是从小告诉女儿，要成为一个自信而努力的人，一个优秀而勇敢的人，一个能独立思考的人，一个有自己的追求和理想的人。当然，还要幸福、要快乐，而这种幸福和快乐，不是通过依附他人得来的。从小告诉女儿，要成为自己世界里的太阳，而不是月亮，因为只有成为太阳才能发光。

米粒妈的一个中学同学，家境不错，父亲是成功企业家，一直努力以"林徽因"而不是"陆小曼"的路子培养女儿。她8岁到12岁的每年夏天，父亲都会送她去美国参加商学院夏令营，学习经济、金融、管理、人力资源、市场营销。她小小年纪，就学着和美国的同龄人团队协作，作为少年志愿者参与组织世界500强CEO（首席

开 篇

执行官)的讲座,学着用全英文做演讲,并用小本子做出商业计划书。

在国内应试教育的重压之下,她不仅成绩优异,还创办了学校的校报和拥有600多名会员的文学社,开办过个人画展。跟她相比,米粒妈简直就是死读书的经典范本了。在我们上高一高二死记硬背课本知识的时候,她向父亲借了20万元,正赶上房价低、首付低、利率低的好时候买房,到大学时赚到了人生的第一桶金。

后来,她用这样丰富的经历叩响了美国顶级商学院的大门。她大二就开始创业,现在已经是身家上亿的硅谷知名创业者了。她现在是一儿一女的妈妈,幸福又美丽。

中学的时候她曾跟我说,她父亲告诉她:"You can be anything you want to be."(你可以成为你想成为的任何人。)说这句话的时候,十几岁的她眼里满满的是憧憬和对未来的希望。

什么是对女儿真正的富养?

如果我有个女儿,我会告诉她,婚姻和爱情不是唯一重要的事情,理想和事业很重要,梦想和追求很重要,努力成就自己也很重要。这样,她就不会在得到爱情的时候,误以为自己得到了一切;在失去爱情的时候,误以为自己失去了一切。

如果我有个女儿,我会告诉她,可以学插花和茶艺,但也可以学围棋和逻辑;可以学马术和芭蕾,但也可以学编程和机器人。最重要的是,学这些不是为了成为更好的太太,而是为了成为更好的自己。

如果我有个女儿,在给她讲童话故事《海的女儿》时,我会告诉她,要成为更好的自己,实现自己的追求和人生理想,决不能为了任何一个男人,变成大海里的泡沫。

目录

风骨 人可以生如蚁，而美如神

何泽慧 出身名门望族，坐拥千万豪宅，却甘愿一生清贫 /003

叶叔华 95岁老人因一口流利英文爆红出圈，但她的真实身份你们不一定知道 /009

林巧稚 亲手接生袁隆平，是钟南山的姑婆，一生只做一件事 /014

凌叔华 第一个征服欧洲的女作家，文采不输林徽因，高贵不输陆小曼 /020

杨　绛 92岁写书出版100万册，但她的人生不止有"我们仨" /025

陈衡哲 她是张爱玲和林徽因的老师，决定终身不婚却被男神狂追 /031

独立 独立的灵魂,是行走于世界的根本

吕碧城　她是民国第一"剩女",却是上海滩最富有的女人 /041

裕容龄　13岁轰动欧美,她是中国第一女舞蹈家 /050

江冬秀　不识字的旧式女性,却书写了民国传奇婚姻故事 /056

郭婉莹　为爱放弃豪门,她用行动诠释了什么是贵族 /061

萧　红　她是最懂鲁迅的女人,撞了一辈子南墙,就是不回头 /066

许广平　勇敢追求鲁迅,前半生甜蜜,后半生操劳 /072

沉　樱　曾与张爱玲齐名,她说,我是一个不被驯服的太太 /079

坚 韧 在苦难中发芽，开出绚丽的花

张幼仪　经历了民国最有影响力的离婚案，她成为了自己人生的主角 /087

董竹君　13 岁被卖入青楼，29 岁带女儿净身出户，最终成为一代商业传奇 /094

潘玉良　13 岁沦落风尘，31 岁成为大学教授，画作售价千万，成为一代大师 /102

潘　素　从沦落青楼到名满天下，女画家潘素的故事，每个女孩都应该好好看看 /109

金默玉　中国最后一位格格，坐了 15 年牢，76 岁才开始创业，却成为一代教育家 /114

黄慕兰　她是《风声》中女特工的原型，经历 4 次婚姻，潜伏生涯太精彩 /122

严仁美　"世纪名媛"，拒绝日本人追求，一生热爱祖国 /128

杨秀琼　民国"美人鱼"，当过特工，嫁入豪门，她的一生太传奇 /134

李霞卿　民国最飒的名媛：拍戏、跳伞、飚飞机，还是抗日救国女英雄 /140

王汉伦　26 岁成女老板，拍电影开美容院，她把一生过成了爽文 /146

黄柳霜　首位好莱坞华人巨星，一生为中国奔走，如今成为登上美国货币的"东方娃娃" /153

清 醒　不做谁的附属，在理性中规划好人生

孟小冬　一代名伶，硬核离婚，她是"民国休夫第一人" /163

张茂渊　最深情的民国才女：苦守 52 年，78 岁时嫁给初恋 /170

寿　懿　张作霖夫人，巾帼不让须眉的智慧女性 /177

聂其璧　90 岁依旧风华动人的名媛，宋美龄给她做伴娘，顾维钧帮她追星 /182

倪桂珍　民国最强辣妈：培养六个子女，缔造民国第一豪门 /188

王淑贞　妈圈顶流，小学文凭培养出 13 个博士，连美国总统都被她折服 /194

胡　蝶　绝代风华的民国影后，却是难得的人间清醒 /198

唐　瑛　民国一代女神，"恋商"超高，幸福终老 /205

盛爱颐　晚清巨富之女，因失恋创办百乐门，她的一生从容又优雅 /212

夏　梦　金庸的梦中情人，中国的奥黛丽赫本 /218

淡 然 忠于自己，淡定从容

张允和 民国最后的才女，真正的大家闺秀，35岁才结婚，把日子过成诗 /227

张允和 一代女神张允和，妹妹爱情里的路人甲，却过得最幸福 /233

王映霞 杭州第一美女，经历过爱与痛，才体会到什么是幸福 /239

蒋 英 著名音乐家和歌唱家，被科学家老公宠了一辈子 /245

冰 心 民国三大才女之一，一生笔耕不辍 /250

张爱玲 民国第一情话王，一生傲骨 /256

于凤至 婚姻的坎坷，成就了这位国民女股神 /263

王明华 她是梅兰芳的原配，爱得太满抱憾终生 /273

尾 篇

婉容和文绣 她们是末代皇后和皇妃,同时嫁入宫中,却有着截然不同的命运 /281

风 骨

人可以生如蚁,而美如神

何泽慧

出身名门望族，坐拥千万豪宅，却甘愿一生清贫

她出身名门望族，是实打实的贵族小姐。可她却没有半点娇小姐的脾气，硬是凭着过人的实力，成为新中国第一位物理学女博士、中国原子能物理事业开创者、中科院高能物理所的奠基人。她就是被誉为"中国居里夫人"的何泽慧。

何泽慧的家族从祖上起就人才辈出，仅仅清朝300年间的记载，她的家族就考出了15名进士、29名举人、22名贡生、65名监生、74名生员……这妥妥就是一家子学霸啊！在当时，两渡何家盛名在外，以至于当地都流传着"无何不开科"的说法。到了近代，何家与苏州王氏结为秦晋之好，两大家族强强联合，更是满门高知了。

说起这苏州王氏，也是个名门望族。何泽慧的外祖父王颂蔚是清朝进士、蔡元培的恩师、苏州三大才子之一。外祖母谢长达是著名的教育家，也是第一代女权活动的先驱，思想极为先进。说起这位也是个会玩儿的，她把两张照片合在一起，让自己跪拜自己，寓意着"求人不如求己"。她提倡妇女不缠足，大力宣传女性要接受教育、开阔视野、培养独立思想。还开办了人称"清华大学预备校"的振华女校，胡适、陶行知、顾颉刚、竺可桢等文化名流都曾在这里讲学，杨绛、费孝通、彭子冈等知名大儒都是该校门生。父亲何澄早年留学日本，是第一批同盟会成员，归国后致力于开厂、办学，是实业家、教育家。母亲王季山也是有名的物理学翻译家。何泽慧的几位舅舅和姨妈是物理、化学、医学、水利、教育、生物等行业的大牛，哥哥姐姐也是各个领域的专家学者。米粒妈大概看了一下，

人均教授起步，上不封顶。

不仅家学渊源，从家族资产上来说，何家也是富甲一方。要叫米粒妈来说，那个年代能盖得起独栋小洋楼的都已经算是人中龙凤了。而何泽慧从小住的就是"千万豪宅"，占地面积千万平方米的那个千万。如今被列为世界文化遗产的苏州网师园，当时就是何家的私宅。爱好收藏的何澄把这里当作后花园、收藏馆，在园里陈列了不计其数的稀世珍品。按说以何家的家世，何泽慧就算一辈子都当个养尊处优的大小姐也没什么问题。

可在这样浓厚的家学氛围浸润下，何家的兄弟姐妹们早就在心中以长辈们为榜样，谁都不愿做游手好闲的大小姐、大少爷，个顶个的有理想有追求。

何泽慧6岁时便进入外祖母创办的振华女校读书，果然人如其名，她天生聪慧，考试常常拿第一。以至于她的姨妈校长怕她骄傲，每次发榜的时候都要故意给她改低几名。不仅学习成绩好，她还作得一手好字画，作品常常被刊登在校刊上；除此之外，她在运动方面也很牛！她曾作为学校排球队主力运动员代表苏州参加省里的排球比赛，还拿了冠军！那句话怎么说的来着？牛娃果然都是全面牛。

在振华女校，何泽慧也接受了极为先进的教育。曾留学美国的姨妈校长认为，学生们不仅要接触社会，认识当时日益严峻的社会状况，而且要重视理科教学和英语教学。学校的数理化教材用的都是国外原版教材，对学生们的要求也比同期其他学校要高。童年时期打下的良好的理科和英文基础，让她受益一生。

1932年，何泽慧从振华女校高中毕业，她决定报考大学。当时他们报考的主流名校有两所，有800多人报考浙江大学，3000

多人报考清华大学。而何泽慧就从这3000多人中脱颖而出，高分考上了清华大学的物理系，成了当年的"女状元"。这足以说明她的实力了吧？但当时的清华大学物理系，教授们对女学生还是心存偏见，认为她们学不好物理，说什么也不肯收，还极力游说女生们转系。女生学不好理科，这论调熟悉不熟悉？我们念书的时候还能听到这样的声音呢。这可气坏了从小接受新思想教育的何泽慧，一向坚持男女平等的她带着女同学们据理力争。老师见说服不了她们只好妥协了，但提出了一个要求：第一学期普通物理成绩必须在70分以上才能继续读物理。虽然仍然饱受偏见、被区别对待，可总算能继续读书了。经过这么一遭，何泽慧不服输的性格也彻底被激发出来："你们越不让我来，我越要来；你们不让我念，我偏念！"凭着这样的信念，艰难的四年她不仅坚持了下来，还以论文全班最高分的优异成绩毕业。

此处穿插一条小八卦，你们猜猜，第二名是谁？就是后来与何泽慧相伴终生的钱三强。

大学毕业后的何泽慧选择出国留学，她找到了曾在南京军工署当过顾问的德国高校物理系主任，希望能跟随这位教授学习。可面对一个不知底细、自己找上门来的外国小姑娘，这位系主任想也没想，就把她拒之门外。教授的拒绝并没有让何泽慧灰心放弃，她真诚地对教授说："你能到中国来当我们军工署的顾问，而我也是为了打败侵略者才来这里学习，我们的目标是一致的，你为什么不能收我呢？"一个小姑娘竟有这样的凌云壮志，教授被这个来自东方的女孩深深地打动了，考虑再三，终于同意让她跟着自己学习。就这样，何泽慧凭着自己的勇气和实力打破了世人的成见，成为有史

风 骨

以来德国高校物理系招收的第一位外国留学生！骨子里的坚韧让她无惧阻碍，只要是自己认定的目标，她必将全力以赴。她怀着满腔的报国热忱，终于走向了自己梦想中的科学殿堂深处。

在海外求学期间，何泽慧辗转得知，自己的大学同学钱三强此时正在法国留学，于是他们开始了频繁的书信往来。

在战火纷飞的年代，两个年轻人的心越靠越近。就这样一来一回写了两年的书信，钱三强终于鼓起勇气，给何泽慧发来了一封求婚信："经过长期通信，我向你提出结婚的请求，如能同意，请回信，我将等你一同回国。"而何泽慧也早已认定钱三强就是她要与之相伴终生的人："感谢你的爱情，我将对你永远忠诚，等我们见面后一同回国。"不久后，何泽慧前往法国与钱三强完婚。但碍于形势，夫妻二人暂时留在了巴黎大学的居里实验室工作。

在这段时间里，他们发现了一种全新的铀核裂变方式——三分裂和四分裂现象。这一轰动世界的发现，被称为是"物理学上最有意义的一项工作"，而首先观察到这一现象的何泽慧则被西方媒体誉为"中国的居里夫人"。按说夫妻二人正处于事业的迅速上升期，留在国外肯定会拥有更加优良的科研和生活条件，但何泽慧始终没有忘记与钱三强的约定，毅然放弃了国外优厚的条件，辗转万里回到了魂牵梦萦的祖国。回国后的何泽慧与钱三强扛起了筹建中科院近代物理研究所的重任。

当时新中国刚成立，正是百废待兴的时候。没有仪器，就自己画图纸制造；没有资金买元器件，就去废品回收站找。再棘手的问题也一个一个地解决了。他们硬是顶着重重压力，组建成了新中国第一支核物理研究队伍！他们带领着团队埋头苦干，科研成果很快就达到了当时的国际水平。虽然辛苦，但每个人都无怨无悔地负重前行。

星光不负赶路人，这群中华脊梁终于用自己的学识造出了"两弹一星"，那是他们用汗水和鲜血在神州大地上浇灌出的最绚烂的花！从此，我们在国际上扬眉吐气了！钱三强与何泽慧的信仰和对爱情的忠贞，让他们并肩站立，为中国核物理事业奋斗了半个世纪。在米粒妈心里，用这几句诗来形容他们再适合不过了："我必须是你近旁的一株木棉，作为树的形象和你站在一起。根，紧握在地下；叶，相触在云里。每一阵风过，我们都互相致意，但没有人，听懂我们的言语。"

可天不假年，1992年，钱三强因突发心脏病溘然长逝。自那之后，何泽慧家里的陈设就再也没有变过。钱三强的书房始终保持着之前的模样，连抽屉里的钱包都没挪动过分毫，挂在门口的小黑板上还留着钱三强出门前写下的只言片语……即便多年后，住所已经破败不堪，她也不曾搬离。也许，她在用这样的方式与他相伴。

虽然出身名门望族，这位富家小姐却一生简朴。

还记得那个占地面积千万平方米的何家祖宅网师园吗？早在新中国成立之初，淡泊名利的何家儿女就一致决定把它捐献给国家了。

何泽慧从不在意物质待遇，大半生都住在那个白粉刷墙、没有过多装饰的小房间里。就连温家宝总理来家里看她，她也只拿出个小马扎给总理坐。书桌上的镇纸是捡来的鹅卵石；参加会议穿的是打过几次补丁的衣服和鞋子；背着人造革的书包，背带断了用绳子系上，皮革裂开了就用针线补上……直到92岁，她还坚持不让单位派专车接送，而是选择自己坐公交车到研究所上班。走在街上，她和普通的老人没有什么两样,甚至更朴素一点,谁也看不出,她曾是高门大院走出来的贵族小姐。但她的高贵早已融入骨子里。

何泽慧的学生、中科院院士李惕碚曾说,面对科学,她始终满怀热忱,她就是那个"看不见皇帝新衣的小孩子",有"永远的童心""童趣"。著名的光学科学家王大珩先生还给她写过一首打油诗:"春光明媚日初起,背着书包上班去。尊询大娘年几许,九十高龄有童趣。"

2011年6月20日,97岁高龄的何泽慧安详地离世了。

从网师园里的咿呀学语,到振华女校的顽皮活泼;从清华大学校园里的据理力争,到享誉世界的科研成果;她为共和国挑起物理科学的大梁,人到暮年仍在发光发热……她用自己的方式诠释了什么才是真正的贵族。

在将近一个世纪的人生里,无论身处怎样的环境,何泽慧始终坚定执着地追寻着自己的理想和热爱,时刻保持自强与独立。对生活永远天真,对理想永远热忱,这正是她留给后人最宝贵的财富。

叶叔华

95岁老人因一口流利英文爆红出圈，但她的真实身份你们不一定知道

在世界顶尖科学家论坛上，95岁高龄的她用一口流利的英文作演讲，鼓励女孩们要勇敢地展示自己的能力，打破"玻璃天花板"。这位曾经仰望星空的女孩，如今已成为天文学界的泰斗，享誉世界。在浩瀚的星河中，3241号小行星被冠以她的姓名，她是当之无愧的"明星"。至今她的成就仍与我们的生活息息相关，她就是中国首位女天文台长、"北京时间之母"叶叔华。

1927年，叶叔华出生在广东，家里兄弟姊妹6个人，她排行第三。当时正值时局动荡，朝不保夕，叶家的家境也并不富裕，可父亲却坚持要让孩子们接受教育。在重视教育的父亲的影响下，小叶叔华字还不太认得全呢，就喜欢到处找书看，像是《三国演义》《东周列国志》《西游记》，抓到哪本就看哪本。

9岁时，叶家举家搬到了香港，懂事的叶叔华帮着妈妈记账、写信，还要管着几个弟弟。这时，叶叔华读过的书就有了用武之地。因为书读得多，故事讲得好，弟弟们和邻居家的孩子都爱听她说书。每到晚上，叶家总是挤满了前来听书的孩子们。就这么讲了三四年，她的口才和中文都得到了极大的锻炼。可到了高考填报志愿时，一向乖巧的女儿第一次和父亲起了冲突。

父亲爱女心切，想让女儿报考相对来说更实用的医学系，但叶叔华却醉心于传统文学，想要研究古文，读文学系。这时，父亲没有以爱之名强制孩子报考医学系，而是坦诚地说出了自己对女儿未来的担忧，叶叔华也理解了父亲的苦心。父女二人再三协商，终于找到了一个平衡点——学数学,将来毕业了就去当老师。但当时叶叔华报考的中山大学并没有单独设立数学系,只有一个数学天文系。为了修学分,她只能硬着头皮去听了从没了解过的天文课。可没想到,听了几次邹仪新教授的课,叶叔华就被深深地吸引了!她觉得宇宙如此广阔,天文如此美妙,便毅然决然地转学了天文。从此,她找到了一生挚爱的学科,这样的机缘巧合,也成就了一位天文学泰斗!

1951年,毕业后的叶叔华辗转来到上海,与她同来的,是大学同学程极泰。在大学时,二人因为对天文学怀着同样的热爱走到了一起,毕业后不久,他们就结了婚。来到上海后,经朋友介绍,程极泰进入了复旦大学当教授。而叶叔华的求职之路就没有这么顺利了。

她曾到紫金山天文台求职,可当时的台长张钰哲说,台里只招一名男性。吃了"闭门羹"的叶叔华不服气,转头就写了一封长信寄到台里,一口气列举了5个"不应该不用自己"的理由。看到这里,你们有没有觉得她跟何泽慧很像?当年因为偏见不招女生的清华大学物理系,也被何泽慧硬生生地闯出一条路,用事实证明了女性也可以成为顶尖科学家。叶叔华也是这样一个勇气与实力并存的女性,她的5个"灵魂拷问"让台长大为震动。终于,在1951年年底,叶叔华如愿进入了当时紫金山天文台所属的上海徐家汇观象台,并成为徐家汇观象台的第一位女性研究人员。多年后,又成为我国首位女性天文台长。后来接受采访时,叶叔华说:"几千年来的传统观念对女性存有偏见,女性的人生负担依然沉重。女性在工作中有成就,一方面要靠机遇,另一方面要靠个人努力,往往需要比同等条件的男子付出更多。在女性成才问题上，教育是最根本的，女性应该从小就认识到男女虽有差别，但只是在生理上、体力上而言的，这些差别并不意味着女性比男性差。事实证明，通过努力，女性可以做得比男性更好。"

她也的确是身体力行做到了这一点。当时新中国刚刚成立，一切都处于探索阶段，科研条件也很艰苦。和当初对宇宙的浪漫幻想完全不同，天文观测的工作实际操作起来是相当枯燥的。叶叔华进入观象台的第一项工作是观测恒星，计算恒星时，再换算成世界时。简单来说就是给国防、测绘等尖端领域报时。这对时间精确度要求极高，工作人员经常要站在户外全神贯注地观测。夏天的蚊虫叮咬尚能忍受，到了冬天，因为怕影响观测结果，即使在刺骨的寒风中冻得手脚发麻，观测员也不能戴手套。可即便是竭尽全力地工作，结果往往也不尽如人意。事实上，这个全国唯一从事时间工作的天文台仪器老旧，科研水平与世界标准也无法相提并论，精确度在全球授时公报中常常排名垫底。叶叔华至今还记得，当年在会上，一位测绘专家严厉地批评了她们的工作，说："不用你们的结果还好，用了，反而把我们的测绘工作搞糟了！"这让她暗下决心，一定要把精确度提上来，走在世界科学前沿！

米粒妈记得小时候打开收音机，常会听到准点报时，"北京时间七点整""北京时间八点整"，其实这个"北京时间"的诞生，距今也才不过几十年。没错，"北京时间"不是与生俱来的，而是通过人为观测、计算得出的。

1958年，徐家汇观象台着手筹建我们国家自己的"综合世界时"系统，叶叔华主动请缨，肩负起这个重担。"最初，我承担的报时工作之一就是通知外滩观象台的一个金属显示球降下来。每天中午12点整,我通过电话对外滩那边的人喊"一、二、三",以让那个球准时落下来。这是最简单的表示上下午时间的方法。""就这样,我不知道接电话的人是谁,对方也不知道我是谁,我们用一根电话线合作了大半年。"科研工作的日常就是这样枯燥,日复一日地测算、校正,真正称得上是"分秒必争"。

经过7年艰苦卓绝的工作,1965年,我国的"综合世界时"系统终于通过国家鉴定,正式作为时间基准向全国发布,"北京时间"自此诞生了!米粒妈觉得用"胆大心细"这个词来形容叶老再合适不过了,她最常挂在嘴边的一句话:"办一件事,假设只有40%的把握,如果停在那里不动,就会慢慢变成20%的把握,最后变为零。但积极争取,可以将其变成60%、70%,最后将事情办成。"所以只要是她认定的方向,都会努力去争取。

1972年,叶叔华发现国际上已经在做一项VLBI(甚长基线干涉测量技术)的新技术了,这项技术对国防、探索宇宙都有很重要的影响。她当即就决定,我们也一定要做这个项目。但经费怎么办呢?这可难不倒"灵魂拷问"过天文台台长的她。刚一提出申请,叶叔华就直接被拒绝了,但她没有气馁,找到领导,在办公室静站了15分钟,得到了见上一级领导的机会。在主管领导那里,她又是晓以利害、软磨硬泡,终于取得了经费。最终,叶叔华也以实际结果证明,她再一次带领我国的科研团队站上了世界顶峰。她主导研发的这套系统,在我们探索宇宙的历程中,发挥了极其重要的作用,从探月卫星"嫦娥"到全国卫星导航系统"北斗",至今仍在为我们的航天探索事业保驾护航。

近一个世纪，叶老的经历完美诠释了女性科研工作者的勇气、坚韧和力量。如今已经 95 岁高龄的叶叔华先生仍在坚持上班，奔走在科研、科普工作的一线，也不断地在为女性权益发声，正如她在演讲中所说的："女性的头顶有一个'玻璃天花板'，如果你想要获得平等，就要为之奋斗，展示出你的实力。只要我们女性努力做到更好，女性的地位就会越来越高。"

林巧稚

亲手接生袁隆平，是钟南山的姑婆，一生只做一件事

这篇要给大家介绍的这位超级不得了：她喝过周总理买的咖啡，亲手接生过袁隆平，还是钟南山的姑婆。她生于晚清，立于民国，盛于新中国。一生独美，专心搞事业，是半点水分都不掺的绝对大女主。她拥有的头衔太多，而且每一个都很响亮：中国妇产科学的主要开拓者及奠基人、北京协和医院第一位中国籍妇产科主任、首届中国科学院唯一的女院士、全国人大常委会委员、北京市政协副主席、中华医学会副会长。没错，她就是万婴之母（因接生过5万多名婴儿而获得此称号）林巧稚。

1901年，林巧稚诞生于厦门鼓浪屿。此前，林母已经育有一儿一女，当看到老三依旧是个女娃时，她内心不由百感交集，郁闷、痛苦、无奈、自责……

因为，彼时重男轻女的思想甚重，连生两女常常会被视为"晦气"。看到这里，米粒妈估计可能会有人问："在这种情况下，林巧稚又是如何读书，如何当上妇产科医生的呢？"这一切全有赖于林巧稚的父亲。

林父不仅曾出国留学，而且从事的还是教学和翻译工作，是那个年代少有的思想开明的高知人士。他对所有子女都疼爱有加，认为女孩也有受教育的权利，也应学习求知。所以，林巧稚从小就练就了一口流利的英语，后来更是被送到厦门女子师范学校（当时的新式学堂）上学。父亲思想前卫，女儿也很争气，12门功课9门名列第一，从小就是妥妥的学霸。

令米粒妈感到惋惜的是，林母早在林巧稚5岁时就因宫颈癌去世。林巧稚心中从此埋下了"当医生"的念头，越长大，这个愿望就越强烈。

1921年，20岁的林巧稚刚从高中毕业，就立马表示想学医，并且提出要考北京协和医学院。此举遭到许多人的强烈反对，毕竟与其同龄的女孩当时都在议婚生娃。

这要是再念下去，就真的成老姑娘难嫁人了。除此之外，林父年纪也大了，经济能力已大不如前。协和医学院8年学制学费不菲，且协和医学院是出了名的难考。如此内忧外患，但林父还是大手一挥："你想做，那便去做吧！"有了父亲的支持，林巧稚不日就远赴上海参加考试。但令人万万没想到的是，在这么重要的考试中，林巧稚竟然连试题都没写完！

当年，报考协和医学院的考生足足有500人，但校方只录取25人。在5%的录取率面前，只要答错一题，被录取的概率就会大大降低，更不用说是没写完考卷了。究竟是发生了什么事，竟然让做事一向靠谱的学霸马失前蹄呢？原来，有一名女考生突然中途晕倒，监考老师因性别有碍不便施救，林巧稚见状根本顾不上考试，立刻冲出去救人。人救完后，考试也结束了，林巧稚只能归家，并将此事告知父亲。林父听完后非但没有指责她，反而对她大加赞赏："你做得对！但去助人，莫问结果。"

谁料，一个月后，林家竟奇迹般收到协和医学院录取通知书。原来，监考老师将林巧稚的所作所为都看在眼里，特意写了份报告表明此事。好人好事加持加上各科答题质量过硬，她最终弥补了缺考分数，遂被破格录取。

纵观林巧稚的前半生，每一处重大抉择点上都有父亲的影子。如果不是有幸遇上如此睿智的父亲，林巧稚可能早就泯然众人矣。所以说，好的父母才是孩子一生最大的靠山。

虽有惊无险，如愿以偿迈入协和医学院，但这并非胜利的号角，恰恰是另一场战斗的序幕。

前面提到过，协和医学院是8年学制。但事实上，后面5年才是正式学期，前面3年仅是预科。说白了，前3年是用来淘汰人的。在3年考核期里，学生要修完6门课程，且每科成绩达到75分才算及格。若有一门不及格，留级；两门不及格，退学！这相当于时刻都有被开除的可能，光是想想，米粒妈都替他们感到压力山大。就连老师也劝说："要是跟不上学习进度，不如趁早另谋出处，别浪费时间。"熬过3年预科，跨过5年学期，林巧稚最终一鸣惊人。

1929年，林巧稚正式从协和医学院毕业。她不仅以第一名的成绩拿到最高荣誉奖学金，成为首个拿奖的女生，还成为协和医学院史上首个成功留院的中国女医生。但她还没来得及喘息，连助理医师的职位都还没捂热，另一场危机又迎面而来。在大雪纷飞的平安夜里，一个因宫外孕血流不止的病人突然入院。但有资格动手术的高级医生正好都不在，就算他们立刻赶回来也来不及。当时，摆在林巧稚面前的只有两个选择：要么自己上，要么让病人转院！但越级持刀本就要担责，没医好的话，将会彻底身败名裂。可风雪天里让病人转院，几乎等同于叫病人去死，在这种两难抉择中，她再一次做出一贯的选择：助人！所幸她的学业基础够扎实，人生第一次手术完美收官。不久后，林巧稚还因此被破格提拔为住院医生。

由于工作表现太过出色，后来她又得到了三次外派出国学习的机会。从职场小白到标杆医生，别人5年才能走完的升迁之路，她几乎无缝衔接，而这份殊荣全因一念之仁。林巧稚习惯在术前握握病人的手，并帮病人擦擦汗。她认为："医生给病人开的第一张处方是关爱。"但却遭到当时的妇科主任，美国人惠特克讽刺："林大夫，你以为拉拉产妇的手，给产妇擦擦汗就能成为教授吗？"坦白说，米粒妈觉得，光靠随手给予善意的习惯的确不能，但以此为信念做出漂亮的工作成绩，一切便只是时间问题。果不其然，1940年，林巧稚正式升任妇产科主任，成为协和医院史上第一位中国籍女主任。

可身处乱世福祸相依，下一刻会发生什么，谁都难以预料。1941年年底，协和医院不幸被侵华日军占领，所有医护人员都惨遭驱赶。所幸这一变故并没有磨灭林巧稚的斗志，更无法阻挡她行医的脚步。没有医疗场地，她便自己开辟一个。1942年，她在北京胡同里开了一个林巧稚私人诊所，常常以减免费用的方式救助许多贫苦百姓。刚开始，不少同仁并不看好她这一举措，但最终统统折服于她6年的坚守和8887份病历档案。抗日战争结束后，协和医院重新恢复经营，并多次邀请林巧稚返院。1948年，她带着自己的学生重返协和医院，从此再没有离开过。

1949年10月1日，举国百姓翘首以盼的"开国大典"举办。此前，协和医院收到一份邀请林巧稚参加大典的请柬。但大典举行时，林巧稚却依然在医院值班。旁人看到后，惊讶地问她怎么不去，她淡笑回答："我是个医生，去做什么呢？我的病人更需要我，我需要守护在她们身旁。"

那一年，林巧稚48岁，却依然未婚未孕。看到这里，米粉们是不是以为林家人的担忧一语成谶了？其实不然，林巧稚并非难嫁，而是她主动选择终身不嫁的。在她第一次受聘为协和医生时，聘书上赫然写着："聘任期间凡因结婚、怀孕、生育者，作自动解除聘约论。"在旧时代的糟粕面前，二八芳华的林巧稚毅然决定："为了能挽救更多生命，为了医学事业，我此生不婚！"是不是感觉特别燃！米粒妈估计，她可能是民国里最早主动践行单身主义的独立女性。除了医者仁心、思想前卫外，林巧稚敢为人先的精神，也很令人佩服。

1962年，林巧稚收到一份"求救信"："我是一名怀着第五胎的母亲，前四胎都没活成。其中三胎都是出生后得了新生儿溶血症夭折的。我已经走投无路了，您是我最后的希望，求求您，救救我腹中的婴儿。"新生儿溶血症，在当时基本上是无治之症，国内外对其都束手无策。面对如此难解的问题，米粒妈觉得，大多数人都会望而却步。但林巧稚没有被吓倒，二话不说就投入战斗。经过没日没夜地研究与讨论，她最终摸索出"脐带换血"的治疗方案，完成了中国首例成功救治新生儿溶血症的手术。同时，也为这个世界性的难题奉上一个有效的解决措施。更令人难以想象的是，她这股旺盛的生命力，即便在病痛和死亡面前，都不曾衰败过。

1978年12月，林巧稚高强度运转的身体终于不堪重负，被确诊出患上3种疾病：高血压动脉硬化、脑血栓及心脏病。但即便是在这种情况下，她依然坚持出诊，4年里完成了50万字的著作——《妇科肿瘤学》。

1983年4月22日，林巧稚病入膏肓，在昏睡中，她嘴里断断续续呢喃着："产钳，产钳，快拿产钳来！"临终前，她留下了最后一句话："又是一个胖娃娃，一晚上接生了3个，真好！"让米粒妈忍不住想哭的是，这句话并非梦语，而是昨日回顾。前一天，她还接生了6个娃娃，而那天晚上正好3个。

米粒妈觉得，林巧稚波澜壮阔的一生完美诠释了"人可以生如蚁，而美如神"这句话。但成就她的，不仅仅是殷实的家境、开明的父亲，还有她敢于挑战、敢于坚持的奋斗精神。这样的大女主，才是值得我们和孩子崇拜的优质偶像。

凌叔华

第一个征服欧洲的女作家，文采不输林徽因，高贵不输陆小曼

她出身名门贵族，家境比同样出身富贵家庭的陆小曼更加显赫。她才华横溢，1924年泰戈尔访华，赞她比林徽因有过之而无不及。她与冰心、林徽因一起被评为"民国三大才女"。她就是凌叔华，一个作品经常出现在文学教科书上，却差点被时代遗忘的传奇女性。

1900年，凌叔华出生在北京一个仕宦与书画世家。说起她的家境，可以说是"既有荣华富贵，又处尊居显"。凌叔华的爷爷凌朝赓富甲一方，家财万贯，咸丰初年闹灾荒，凌家每天都捐米数十万石。凌叔华的父亲凌福彭是举人出身，与康有为是同榜进士，官至一品，曾任北洋政界约法会议议员，创建了北洋工艺学堂和天津商务公所。据说，凌叔华小时候住在有99座房子的大院里，是稍不注意都会迷路的程度，家里仆人、司机、厨师应有尽有，显赫至极。

唯一美中不足的是，凌叔华的母亲是三姨太，按照封建一点的说法就是，凌叔华是庶出，一般不会太受重视。可作为天选之女，凌叔华走的压根不是常人之路！老天爷对她的偏爱简直让人嫉妒。

很小的时候，凌叔华就表现出了超乎常人的绘画天赋。一次，凌叔华在家中花园画画，父亲的一位朋友看到后，非常惊讶，他告诉凌叔华："你的画很有风格，你有天赋，将来一定会成为大画家，我要给你父亲讲，让他给你找一位老师。"父亲凌福彭本身就对辞章和绘画非常感兴趣，还组织了"北京画会"，家中常有文人墨客进出，他与姚茫父、王云、萧厔泉、周启祥、金城、王梦伯、陈半丁、陈寅恪等著名画家皆是朋友，家中拥有非常多的古董书画。所以，发现凌叔华的天赋后，他十分重视，尽心尽力栽培女儿。

6岁时，凌叔华就拜了慈禧太后最宠爱的画家缪素筠为师，7岁时又被著名山水画家王竹林收为弟子，后师从女画家郝漱玉。凌叔华拜了无数名师，得到了不少高人的指点，甚至到了后来，连齐白石都曾教过她国画技巧。

除了绘画，凌叔华在写作上也很有天赋。少女时期的凌叔华就读于天津第一女子师范学校，22岁那年考入北京大学预科班，和即将毕业的冰心成为同学。翌年凌叔华升入本科外文系，主修英文、法语和日文。大学期间，她开始用白话文写作，1924年，凌叔华以瑞唐为笔名，在《晨报》副刊发表了《女儿身世太凄凉》《资本家之圣诞》等作品。由于作品风格独特，文采斐然，初入文坛，凌叔华就受到了颇多关注，小有名气。

1924年4月，印度著名诗人泰戈尔访华，徐志摩和林徽因贴身陪同，凌叔华后来的丈夫陈西滢是负责人之一，凌叔华也是工作人员。他们一行人高谈阔论，就艺术展开深入的交谈，那时，泰戈尔十分欣赏凌叔华，曾对身边的徐志摩说："凌叔华比林徽因，有过之而无不及。"

凌叔华的父亲凌福彭位居高位，好友众多，那时的凌家常有聚会。当时凡是叫得上名的人物都出入过凌家，凌叔华家的客厅要比后来名声大震的"林徽因客厅"早了十多年。

泰戈尔访华期间，齐白石想邀请泰戈尔等人参加刚刚成立的北京画会，但苦于没有场地，这时，便有人提议到凌家的大客厅聚会。那时还在读大学的凌叔华，画技已经十分高超，有时甚至到达"偶有一点染，每有物外之趣"的程度。

著名美学家朱光潜在看过凌叔华的画后，对她赞赏有加，曾评价她的画："取材大半是数千年来诗人心灵中荡漾涵泳的自然，在向往古典的规模法度之中，流露她所特有的清逸风怀和细致的敏感。看她的画，我们能在静穆中领略生气的活跃，在本色的大自然中找回本来清净的自我。"

那时的凌叔华朝气蓬勃，就像是天不怕地不怕的小霸王，在凌家的客厅上，她一时兴起，竟当众质问泰戈尔："今天是画会，敢问你会画吗？"泰戈尔也没有生气，反倒觉得有趣，真就在她备好的檀香木片上画了一些莲花和佛像，还连连鸣谢。晚年的凌叔华回忆起这场聚会，羞愧地感叹自己那时年轻气盛，目无尊长。

无论是自身才华的锋芒，抑或是旁人的肯定和赞赏，都让凌叔华才女的名号越打越响，成了圈子里的"明星人物"。

当时，媒体将凌叔华与林徽因、冰心三人并称为"民国三大才女"。

1926年，凌叔华从燕京大学外文系毕业，以优异的成绩获得了该校的金钥匙奖，随后被故宫博物院聘为画师，任职于书法绘画部门。

在泰戈尔访华期间，凌叔华结识了同样才华横溢、锋芒毕露的徐志摩，二人成了最好的朋友。那时的徐志摩在追求林徽因的路上到处碰壁，又遭遇亲人离世，生活有诸多不如意，遇到凌叔华后，将她当成了倾诉的对象。1924年，徐志摩写信给凌叔华道："我一辈子只是想找一个理想的'通信员'，最满意最理想的出路就是有一个真能体会、真能容忍、而且真能融化的朋友。"

作为朋友，凌叔华确实十分尽责，一直十分耐心地倾听徐志摩的苦闷，也时常劝导他。可在那个较为封建的年代，男女之间交往过于密切总叫人浮想联翩。短短半年内，徐志摩和凌叔华的书信来往竟高达六七十封，媒体添油加醋，给二人传了不少绯闻。对此，凌叔华也曾公开澄清过，可终究是无济于事。《不容青史尽成灰》的作者刘绍唐还曾八卦评价道："仅有凌叔华是最有资格做徐志摩的妻子、徐家的媳妇。"米粒妈暗戳戳地想，这或许就是最早的CP（配对）粉了吧？！

二人的绯闻传了好久，直至1926年，凌叔华公开订婚，对象不是徐志摩，而是陈西滢，舆论才慢慢平息了下来。

陈西滢是北京大学外文系的教授，比凌叔华大4岁，二人在泰戈尔访华期间相识，后自由恋爱走进婚姻殿堂。可婚后的凌叔华却过得并不太幸福。

当恋爱的激情褪去，面对的只有家庭的鸡毛蒜皮和枯燥的日常，丈夫陈西滢个性沉闷木讷，对于文艺女青年所向往的风花雪月，他既不了解，也不感兴趣。渐渐地，家庭和婚姻为凌叔华带来的只有折磨。

只能说，凌叔华与陈西滢根本没有准备好，便匆匆踏入婚姻的殿堂，这是导致他们婚姻不幸的重要原因。在那个年代，结婚后也少有人离婚，一证定终身，没有后悔药可吃。

抗战爆发后，凌叔华与丈夫迁往四川乐山。1947年辗转去了欧洲，定居伦敦。在欧洲，凌叔华曾进联合国国际了解速成班学习并获得文凭，后又在伦敦给大学讲授东方艺术与戏剧，从事西方文学与艺术的研究。

1953 年，凌叔华的自传体小说《古韵》在英国出版，震惊了欧洲文坛，受到广大读者的追捧，被誉为"第一位征服欧洲的女作家"。《泰晤士报文学副刊》曾评论说："叔华平静、轻松地将我们带进那座隐蔽着古老文明的院落。她向英国读者展示了一个中国人情感的新鲜世界。高昂的调子消失以后，古韵犹存，不绝于耳。"那个在中国文化界赫赫有名的大才女，到了欧洲，也没有泯然于众人，同样展现了自己惊人的才华，征服了文坛。

1989 年，在异国漂浮了 42 年后，凌叔华终于叶落归根，回到了祖国，彼时，她已身染重病，只能用担架抬下飞机。她最后的愿望也不过是希望自己能回到童年长大的地方，再看一看自己深爱的祖国。

回国不到一年后，凌叔华病逝于北京景山医院，享年 90 岁。

凌叔华的一生，跌宕起伏却又熠熠生辉，她出身高贵，又天赋异禀，妥妥的大女主设定，小说都不敢这样写。可她又似乎很平凡，同样要忍受婚姻里的鸡毛蒜皮，出国后家道中落，拮据度日。她明明家世、才华、样貌都是一流，可在陆小曼、林徽因、冰心一众耀眼的才女里，却像是被时代遗忘似的，只有提到她的成就时人们才能想起有这么一个人。她一生都在追寻着爱与自由，浪漫至死不渝。

凌叔华的传奇不应该被时代所遗忘。

杨 绛

92 岁写书出版 100 万册，但她的人生不止有"我们仨"

提起杨绛，人们总是第一时间联想到钱锺书，赞美他们无与伦比的婚姻，之后便想起《我们仨》这本包含了无数思念的散文集，但是对杨绛本人却知之甚少。在米粒妈看来，杨绛先生或许是一颗收敛光芒的珍珠，可她的光亮却从不会被湮没。

她有才华，通晓英语、法语、西班牙语三门外语，翻译的《堂吉诃德》迄今仍被公认为最优秀的翻译佳作，92 岁写出的《我们仨》销量超百万册；她有傲骨，被下放干校时认真劳作，可面对诋毁绝不承认，从不抱怨苦难，也绝不向命运低头；她有爱心，把自己和丈夫的稿费和版税捐赠给了清华大学，并设立"好读书"奖学金，鼓励学生认真做学问。杨绛的一生经历了太多太多，家国动荡、亲人离去，可一切落在她的脸上只剩下从容。

其实米粒妈一直很喜欢大女主的故事，不仅是因为爽，更是因为能够从中汲取更多前进的力量，但了解杨绛后，米粒妈却有了新的感慨：当一个人得到了内心的平静，搭建了属于自己的内心秩序，即便再大的风浪，在她面前也只是一朵浪花而已。

杨绛本名杨季康，1911 年出生在一个书香门第。父亲杨荫杭年轻时先后在日本、美国留学，可以说是中国第一批思想先进的海归。

在父亲的影响下，杨绛特别喜欢读书，用"一天不读书，就浑身难受"来形容她，一点也不夸张。有一次父亲问她："阿季，三天不让你看书，你怎么样？"她回答："不好过。"父亲又继续追问："那

风 骨

一星期不让你看了呢?"杨绛为难又无奈地说:"一星期都白活了。"

如果说习惯影响命运,那杨绛就是这句话的代言人。因为爱读书,所以学习和写作是杨绛眼中简单的事,更是一件享受的事,进入大学后,什么奖学金、优秀学生的荣誉称号更是拿到手软。

但其实,关于杨绛的大学学业还有这样一个小插曲。

当年,杨绛一直梦想着考上清华大学。可是当年清华大学外文系没有南方女生的名额,无奈之下,杨绛只好前往东吴大学继续学业。可能有的人会觉得,错过了就算了,可杨绛却卯着一股劲儿,说什么也要圆了自己的梦,于是来到清华大学攻读研究生。其实,米粒妈觉得杨绛不是"倔",只是想要跟随自己的心,而这也是父亲教会她的人生道理。

在高中文理分科的时候,杨绛左右摇摆,十分迷茫,跑去请求父亲的帮助,可是聊了半天父亲也没有帮她做决定,而是将这个问题重新抛给了杨绛:"没什么该不该,最喜欢什么,就选择什么。"从那个时候开始,杨绛便记住了一件事,自己喜欢的,才是正确的。

后来,杨绛与钱锺书在清华大学校园中相遇、相爱、结婚。钱锺书获得了公费留学牛津的资格,放心不下的杨绛,杨绛毅然决定陪丈夫前往英国留学。

钱锺书童年时被过继给了大伯,日子过得很苦,或许是因为心灵无处寄托,他便只一心读书,生活能力几乎为零,但在学术上,却是难得的天才型选手。

如杨绛所说:"我了解钱锺书的价值,我愿为他研究著述志业的成功,为充分发挥他的潜力、创造力而牺牲自己。"

米粒妈觉得,这份选择背后有对爱人的爱意和怜惜,但也有一份清醒和自持,因为她是杨绛,她深知自己的能力,才从不畏惧会变成一个人的附属品。

如今,大家想起杨绛,脑海里的词语大多是"温和""慈爱",可是米粒妈细细了解后才发现,她其实也是一位十分有棱角的人。

20世纪40年代,百姓的日子在战争中总是十分难过,杨绛也不例外,辛辛苦苦给小学代课,每个月却只能获得三斗米的酬劳,甚至还可能有生命危险。

有一天她乘电车去上课,日本兵例行检查,杨绛仅仅是起身晚了一些,日本兵便走到她的身边,十分轻佻地用手指挑起她的下巴。身为大家闺秀的杨绛又怎能受辱,本就对日本的侵略十分不满的她立刻大吼:"岂有此理!"当时车上的乘客都惊慌失措,就连日本兵也愣住了,可能也是被杨绛震慑住了,日本兵便下了车,没有再过多纠缠。等电车重新开动,身边的人纷纷劝她,千万不要意气用事,保命要紧。杨绛这才反应过来自己到底做了什么,心里也止不住后怕,可当时,她却偏偏无法压制自己的怒气,因为那是属于她的骨气与骄傲。

哪怕面对危险,杨绛也会下意识地维护自己的尊严,绝不后退,可有的时候用"温柔""善良"来形容她,米粒妈又觉得过于平淡。

"文化大革命"时,人人自危,如果哪个人被贴上坏标签,人们大多躲得远远的,生怕连累自己,可杨绛却愿意伸出自己温暖的手,帮助那些处在悬崖边的人。

当时,杨绛的同事郑土生就在日复一日的折磨中想到了自杀,在了结生命之前,他一一还清了自己欠所有同事的钱,其中包括杨绛的75元钱。可这样匆忙还钱的小事还是让杨绛起了疑心,她没有收下这笔钱，而是偷偷放回了他的抽屉并且留下纸条："我的钱不用现在还，马上我们都要下干校了，你拿着钱买生活必需品吧，来日方长，你要注意身体。"发现纸条的郑土生激动得浑身发抖，他以为自己已经孤身踏入了黑暗，没想到还有人给他带来了一束光，帮他走向光明。

其实可以想象，在即将掉下深渊的时候被人拉了一把的经历，到底有多么宝贵。或许在杨绛看来，这只不过是一件小事，是出于善良的本心做出的选择，可对于失去希望的同事而言却格外难得。

这也是米粒妈最敬佩杨绛先生的地方，无论在何种境遇之下，她都能保持本心，从未随着世事而世故，而是一直做着那个纯粹的自己。或许，这才是真正的傲骨，也并不单单为了维护自己的尊严，还要按照自己内心的秩序，勇敢而善良地生活。

在创作上，杨绛的成名其实早于钱锺书。以至于当《围城》出版，人们在问"钱锺书是谁"的时候，大家纷纷回答是杨绛的丈夫。

战争年代里，杨绛一边赚钱养家，一边写剧本，她的第一部作品《称心如意》在舞台上演了几十年。有口皆碑的作品经得起时间的考验，更说明了杨绛的厉害之处。

在钱锺书的小说《围城》拍摄前，导演专门前来向杨绛请教，杨绛对照着剧本，逐段给出了修改意见，按照修改之后的剧本拍摄的《围城》，一经播出便名声大噪。

要是在今天，不知道得上多少次热搜呢。

"围在城里的想逃出来，城外的人想冲进去。对婚姻也罢，职业也罢，人生的愿望大都如此。"这段电视剧里著名的旁白也出自杨绛之手，直到今天也被无数人引用，有人说杨绛是最懂《围城》

的人，米粒妈却觉得，她也是最懂文学创作的人。

在学术上，杨绛也有自己的坚持，明明已经通晓英、法两国语言，可近60岁时，她却决定从零开始学习西班牙语。我们常说"活到老，学到老"，可真正践行的人少之又少，其中一个重要原因就是没有了精力。可那时，杨绛不仅一边在干校劳作，还能一边努力学习，更令人敬佩的是，半路出家的她自学西班牙语后翻译了《堂吉诃德》，迄今也被公认为是最好的译本，累计发行了上百万册。

种种成就，处处开花，在文学上、翻译上，杨绛都做到了极致，可命运却并不打算放过她，让她的后半生写满了艰辛。

在时代的洪流之下，杨绛被发配去打扫最污秽不过的厕所，从知识分子到洁厕阿姨，杨绛没有一声抱怨和委屈，而是拿起工具勤勤恳恳地干活。她从不敷衍，而是把厕所打扫得干干净净，甚至会在有空时躲在干净的厕所里读书，这种心态米粒妈除了敬佩还是敬佩。在这期间，将近60岁的她除了打扫厕所还要干农活，可是不论做什么，她都淡定接受，然后认认真真完成。

后来，当浪潮退去，杨绛仿照《浮生六记》创作出了《干校六记》，记录下了自己在这期间的经历。一字一句都没有一丁点的抱怨，仿佛只是客观地在讲述着一段与自己无关的经历，甚至还有些苦中作乐的味道。在自己的绝对原则面前，杨绛从来不曾让步，但在命运的洪流中，她好像一直在顺从地前进，随遇而安，因为生活总要继续，日子也要过下去。

80多岁高龄时，丈夫和女儿因病倒下，她两边跑，可终究没能留下任何一个人。

女儿去世一年后，丈夫也撒手人寰，可即便最后，她也平静地告诉丈夫:"别担心,我会把一切都处理好。"

女儿离开了,钱锺书也安心地走了,只留下她一个人打扫三个人的战场。

在之后的日子里,她整理了钱锺书所有的手稿和作品,以92岁的高龄,写下了令人读一次便落泪一次的《我们仨》。

米粒妈还记得第一次看完这本书的心情,有看到回忆的幸福感,也有失去的怅然和孤独。

命运公平,让她的才华得以展示,也让她遇见了灵魂伴侣相伴一生;命运不公,让她的心爱之人都早早离开,独留她一人在18年里依靠回忆度日。

米粒妈觉得,杨绛这一生都活得像一棵竹,淡然地挺立在那里,不怕风、不怕雨,永远保持本色。

幸福到来,她安然享受,苦难降临,她也淡定接受,不恼不怨,即便是再大的痛苦在她面前也不足为惧。她的一生不是什么爽剧,没有打脸的情节,也没有逆袭的痛快,但她却把平淡的生活写成了一首诗,让所有人知道,在任何情况下都能淡然处之也是一种人生滋味。

我们的人生或许和杨绛一样,没有那么多刺激的反转,只是在平淡的生活中度过一天又一天,我们倒也不如平静、从容地面对一切,勇敢地坚持自我。

陈衡哲

她是张爱玲和林徽因的老师，决定终身不婚却被男神狂追

说到民国才女，是不是第一反应都是张爱玲、萧红那样的跌宕悲情，或者林徽因那样的传奇绚烂？今天米粒妈想给大家讲的这位，是我们耳熟能详的这些才女们的老师。

她教过的学生包括张爱玲、林徽因、萧红、苏雪林、冰心、凌叔华、丁玲、石评梅、庐隐、吕碧城，几乎涵盖了中国近代史上咱们叫得出来的所有才女了！

这简直就是"才女教母"！而且跟咱们熟知的这些才女不同，她没有坎坷的情路，也没有跌宕的遭遇。她出身名门，一路顺风又顺水。爱情事业双丰收，幸福美满地度过了一生。作为民国第一女学霸，她的人生没有那么多花里胡哨的传奇色彩，就是一个字——稳！

她是第一位公派、并以西洋史为专业的女留学生，也是历史上及北京大学第一位女硕士、女教授。她就是人生赢家——陈衡哲。家里有女儿的，一定要给女儿讲讲她的故事。

陈衡哲出身于江苏常州一个书香世家，因为世袭的书香氛围，她得以拥有深厚的中国文化底蕴。祖父陈梅村是清朝进士、一代名儒，曾任杭州知县。"衡山陈氏"在当时是非常有名望的诗礼世家。祖母也是名门闺秀，能文善画。

陈衡哲的父亲陈韬是举人出身，在当时是当地有名的学者和诗人。母亲庄曜孚是当时和吴昌硕、齐白石齐名的书画大家。陈衡哲的姑母和姨妈们也都在绘画、诗歌、书法等领域有所建树。这样的书香世家培养出的女儿，自然是个饱读诗书的大才女。

除了先天的文化培养外，对她思想启蒙最关键的是她的堂姐和舅舅。在他们的影响下，陈衡哲才真的从思想上开拓了先进性。

她的堂姐是常州著名的才女陈撷芬，曾与秋瑾创办中国最早的爱国妇女团体"共爱会"，被孙中山称为中国妇女解放运动和近代新闻事业的先驱。受堂姐的影响，妇女解放的新思想早早就在陈衡哲心里播下了种子。

陈衡哲的舅舅是军事家庄蕴宽。他曾在广西创办陆军干部学堂，著名将领李宗仁、白崇禧等都是他的学生。他思想新潮，崇尚西方技术，当时13岁的陈衡哲专门由舅舅教授过《普通新知识》《国民课本》等。

舅舅曾经教导陈衡哲的话，使她铭记一生，并践行了一生："世上的人对于命运有三种态度，其一是安命，其二是怨命，其三是造命。我希望你造命，我也相信你能造命，我相信你能与恶劣的命运搏斗。"舅舅的进步思想和胆识魄力影响着陈衡哲，再加上堂姐对女性解放的先进思想的熏陶，陈衡哲渐渐成长为一个才学过人的进步女青年。

在那个年代，作为女孩子都逃不脱父母之命、媒妁之言的命运。但7岁的陈衡哲却拒绝了缠足，18岁的她又拒绝了家庭对她的婚姻安排。抗拒缠足又抗婚，陈衡哲跟家里闹了矛盾，无奈之下只能逃到常熟姑妈家住了3年。

1914年，清华大学学堂在上海招生，录取的学生将由中国政府用美国归还的庚子赔款保送赴美深造，陈衡哲顺利通过了考试，成为我国十位考取奖学金赴美的第一批公派女留学生之一。

她先在纽约州的普特南女子学校学习英语，1915年秋进入瓦沙大学历史系，主修西洋历史，兼修西洋文学。

在美国，她面对全新的世界，也打开了更加广阔的眼界。她越发觉得女性被困在家里，结婚生子，一辈子被困于柴米油盐，是多么可惜。世界上有太多理想需要自己去追寻了，于是她决定成为一个不婚主义者。

陈衡哲应该是现代中国第一位奉行独身主义的女性知识分子，而且她说到做到，拒绝了身边无数的追求者。那时候美国的同学间都流传着陈衡哲不好追的传闻，到最后根本没人敢追她了。

全世界都知道陈衡哲是独身主义，但就是有真心敬慕她的人会冲破一切奔向她。

在美国，陈衡哲遇到了两个爱慕欣赏她的人，其中一位是胡适，另一位就是她未来的丈夫任鸿隽。

胡适当时在老家已经订好了一门亲事，那就是悍妇界扛把子，一言不合就抄刀子的超能老婆江冬秀。当时胡适为了反抗这门亲事，跑到美国留学，陈衡哲的才学和先进思想使他情愫暗生。

陈衡哲当时用"莎菲"作为笔名，将一篇译作投稿给了《留美学生季报》。当时这份报纸的主编就是正在康奈尔大学化学专业读书的任鸿隽。他被陈衡哲的文采折服，一下就被她吸引了。

这份报纸后来由胡适继任了总编辑，所以他也因此认识了陈衡哲。

当时胡适正在疯狂倡导白话文，他的《文学改良刍议》打响了"五四"白话文的第一枪。但是他的疯狂安利也引发了巨大的争议，很多人都对白话文持嘲讽态度。

正在胡适孤立无援的时候，陈衡哲什么都没说，而是直接在《留美学生季报》上发表了她的白话小说处女作《一日》。

历史上官方承认的第一篇白话小说是鲁迅的《狂人日记》，但后来也有考证说陈衡哲的《一日》早于《狂人日记》，它才是历史上的第一篇白话小说。

对于胡适来说，这种无声却坚定的支持比什么都暖心，更何况又是大才女的支持，他激动地评论道："当我们还在讨论新文学问题的时候，莎菲已开始用白话做文学了。"

胡适当时是暗恋陈衡哲的，这种爱慕更有几分敬重的意思。但一来因为母亲明令要求他必须回家迎娶江冬秀，二来陈衡哲奉行独身主义，他也不敢造次，所以这份爱就一直被他埋在心里了。

在后来的岁月里，胡适一直支持着陈衡哲的事业，他把爱慕升华成了一种"友达以上"的朋友之义，与陈衡哲夫妇一直保持着"三个好朋友"的铁杆友情。

而先后担任过北京大学教授、东南大学副校长、四川大学校长、中华教育文化基金会干事长、上海图书馆馆长等职务的近代科学奠基人任鸿隽，早在第一次读到陈衡哲的投稿时就已经情根深种。他的爱更加绵长温润，他会写诗给她，然后她再回他一首。他写一首《对月》，她回赠两首《风》《月》。

任鸿隽给陈衡哲的爱，绝不是单纯出于荷尔蒙和一时冲动的情感，而是夹杂着知识分子间的惺惺相惜，还有尊重、欣赏与保护。他说了一句话，让陈衡哲决定毁弃自己不婚主义的信条而嫁给他。他说："你是不容易与一般的社会妥协的。我希望能做一个屏风，站在你和社会的中间，为中国来供奉和培养一位天才女子。"

随后已经离开美国的任鸿隽第二次赴美，穿越三万里来跟陈衡哲求婚，终于打动了她。

之后的岁月中，夫妻俩相濡以沫，不离不弃，直到生命的最后，都视对方为唯一的知己。

1920年，陈衡哲在芝加哥大学获得了硕士学位，在胡适的推荐下，她被北京大学校长蔡元培聘任，成为现代中国第一位大学女教授。

正处于事业巅峰时期的陈衡哲，因为怀孕而毅然决然辞去了北京大学的教职工作，这件事轰动了整个学术圈。大家都觉得她可能是神经不太正常了，这还是那个奉行独身主义的新女性吗？

她就这样毫不犹豫地顶着中国第一位女硕士、女教授的头衔，在众人的哗然中回家做了全职主妇。然而她给出了最有说服力的理由："母亲是文化的基础，精微的母职是无人代替的。"对于事业和家庭的平衡之道，陈衡哲的观点是，"当家庭职业和社会职业不能得兼时，则宁舍社会而专心于家庭可也"。

陈衡哲认为，真正的女性解放，是从观念和行动上把自己塑造成对家庭和社会有益的人，而不是自求多福，孤立地对抗家庭和社会。米粒妈真的特别喜欢这句话，她将所有人的疑惑直接消除了。她是真的从内心深处与自己的女性身份和解了。她的观点远远把同时代的人甩在身后：身为女性，对幸福的定义不是已婚还是未婚，也不是做全职妈妈或者职场妈妈。拥有选择权，比什么都重要。而真正基于文化的根源去思考而作出的判断，一定是极其理性的，绝对是不拧巴、不纠结的决定。

她精心教养三个子女，直到将三个子女都培养成了精英级的人中龙凤。长女任以都最像她年轻的时候，在获得美国哈佛大学博士学位后，在美国任大学教授；次女任以书毕业于美国瓦沙女子大学，大学毕业后，回国照顾双亲，任教于上海外国语大学；三子任以安获美国地理学博士学位，也在美国任大学教授。一家两代，五个教授，堪称书香满门了！

陈衡哲虽然从学校辞职了，但是她利用这段时间创作了大量的文学作品。其中有散文、杂文等。其文学著作《小雨点》《西风》《衡哲散文集》相继出版，学术著作《西洋史》《文艺复兴小史》《欧洲文艺复兴史》，至今都有相当的影响力。

把孩子培养成才之后，陈衡哲依然在学界拥有着超高的地位。当时她被西南联大请去做讲座，头两排本留给教授们坐，但来的教授太多，连姚从吾、雷海宗这样知名的教授都只能站在台角听。

那个时候，陈衡哲已经辞去教职多年了，但她讲完课后，教授们纷纷上前向她致敬。有叫她"老大姐"的，也有叫她"陈先生"的，唯独没有人叫她"任太太"。

所以说，尽管陈衡哲在巅峰期毅然选择了回家相夫教子，她的成就依然可以使她在社会上拥有属于自己的名字和地位。她的身份是丈夫的妻子，是孩子的母亲，但同时，她也依然是那个才华横溢、令人敬服的陈先生。

1961年，与她相伴了40年的任鸿隽突发脑血栓去世。他们夫妻俩一生和谐美满，相互敬重，那种灵魂上的契阔相守是很难用寻常的夫妻之情概括的。

陈衡哲的悼亡诗中有很多关于这方面的内容："何事最难忘，知己无双""人生事事足参商，愿作屏山将尔护，恣尔翱翔"。

他们夫妻的感情已经铭刻于骨，除了生活上的彼此依附，还有精神和灵魂上的投契。

"文化大革命"期间,陈衡哲遭到两次抄家,她与丈夫任鸿隽的珍贵照片、书稿、诗作几乎全部被烧毁。

1976年,86岁的陈衡哲在上海逝世。正如杨绛对陈衡哲的评价所说:"陈先生才子佳人兼于一身。"

米粒妈写过很多女性的故事,她们的人生全都多彩瑰丽、精彩绝伦。但是最成功的一种,莫过于陈衡哲的这种。

她在那个变革的时代,思想早已超脱了时代的局限,但她一生为家庭、为事业做出的抉择,又是那样的温润平常。

正如小时候舅舅教导她的:"有人安命,有人怨命,但你要造命。"她用自己的行动突破了很多社会对女性的局限,成为许多的"女性第一人"。但她又并没有叛逆超脱于女性身份之外,而是安然地耕耘在养育和教育的职责中。

有人说陈衡哲是幸运的,她接受过良好的教育,又遇到了挚爱她的爱人。但米粒妈觉得,准备充分的人,才配获得幸运,陈衡哲的幸运是靠自己争取的。无论是社会成就,还是婚姻家庭。

"一个真正解放了的女子,必是受过相当教育,明了世界大势,有充分的常识,独立的能力,与自尊的人格的。"这是陈衡哲说的话,也是她一生为人所践行的标准。

独 立

独立的灵魂,是行走于世界的根本

吕碧城

民国第一"剩女",却是上海滩最富有的女人

米粒妈经常跟闺蜜聊民国的大才女们。前两天回忆了一下,还是聊张爱玲、林徽因、陆小曼、萧红比较多。毕竟这几位的感情线太有名了,聊她们特别有话题。

相比她们,吕碧城就偏冷门了。也是,人家净琢磨怎么提升事业,悄声赚钱了,留给咱们吃瓜的地方实在不多。不过呢,把大部分精力放在事业上的吕碧城,把履历一亮,绝对甩其他人一大截。

中国近三百年最后一位女词人、中国新闻史上第一位女编辑、中国第一位女权运动提倡者、中国第一位女性撰稿人、中国第一任女校校长、中国第一位动物保护主义者、民国第一女参政、民国第一女徽商……

因为过于有钱,她经常出国游学。游就游吧,还顺手写了本名为《欧美漫游录》的爆款旅行攻略,一边玩着就把钱赚了。她的经历,就算放在百年后的今天,也是让人望尘莫及的存在。真是传奇中的传奇,扛把子中的扛把子。

1883年,吕碧城出生在安徽宣城旌德县。她家境殷实,父母都特别有文化。父亲吕凤岐是清朝的进士,曾担任过国使馆协修、玉蝶馆纂修等职务。母亲严士瑜是有名的才女,诗词歌赋无一不通。后来吕凤岐受不了官场的弯弯绕绕,就辞职回家,跟妻子一起专心教导儿女。

吕家原有六个孩子,两个儿子,四个女儿。不幸的是,儿子们相继早夭,只剩下女儿们。吕凤岐就把所有精力都花在女儿的教育

上。从结果来看，他的教育非常成功，四个女儿才学非凡。大姐吕慧如担任过南京两江师范学校校长，二姐吕美荪也曾担任北洋高等女学堂的总教习，小妹吕坤秀在厦门女子师范学校当老师，是有名的诗人和教育家。吕碧城就更不用说了，那一水儿的"中国第一"明晃晃地摆在那儿。

吕碧城5岁的时候，有一天跟父亲在花园散步。吕凤岐随口吟诵了一句："春风吹杨柳。"没想到吕碧城马上接了一句："秋雨打梧桐。"对仗工整有意境，这可把吕凤岐高兴坏了：我女儿，天才！自此他培养起三女儿更加用心了。吕碧城7岁时，已经可以画大幅的山水画。12岁时，诗词方面更是超出了一般的读书人，能写出"夜雨谈兵，春风说剑，冲天美人虹起"这样大气磅礴的诗句。她家乡的人夸她夸得更狠：自幼即有才藻名，工诗文，善丹青，能治印，并娴音律，词尤著称于世，每有词作问世，远近争相传诵。讲真，有这样惊世才学的吕碧城，如果一生顺遂，大概率会找个好人家，早早结婚生子，操持家务，就跟自己的母亲一样。但如果要走之后那条不平凡的路，就要经历常人难以忍受的磨难。

吕碧城12岁那年，父亲生了大病，不久之后就去世了。那个年代，女性的地位很低，没有财产继承权。家里没有男丁、资产又丰厚的吕家瞬间成了吕氏族人眼中的"肥肉"。为了谋夺财产，族人甚至软禁了吕碧城的母亲和妹妹，逼得她们饮鸩自杀。要不是有人及时发现，可能她们都救不回来了。12岁的吕碧城还未了解这个世界，便开始瞥见人性的肮脏与阴暗。愁苦之间，她想起父亲的至交好友，时任江宁布正使、两江总督的樊增祥，赶紧写信向他求助。在樊增祥的帮助下，母亲和四妹得以脱险，财产也拿回了一部分。

接下来给父亲办丧事，几乎也是靠吕碧城一个人打点。这件事在当地引起了极大的反响，很多人都夸吕碧城英勇救母。

值得一提的是，早先吕碧城才学远播，父亲早早给她定了一门亲事。她本以为大祸临头对方能搭把手，结果这家人一看什么都捞不到，不帮忙不说，还以"这样的女孩以后肯定不服管"为由，退了婚。看看，这是什么人家啊，我真气得想骂人！

别觉得我小题大做，过去跟现在不能比。现在别说退个婚，结婚当天反悔，也不是个新鲜事儿。但在过去，女孩被退婚，基本等同于名誉尽毁，再找好人家根本不可能。这不是断人活路嘛！说到这儿我还得为吕碧城手动点赞。

12岁的女孩刚经历过人生至悲至痛，看着薄凉的未婚夫一家，一句多余的废话都没说，拉着求情的母亲走了。随后，她们母女五人投奔到塘沽舅舅严凤笙家，一住就是好几年。住在舅舅家，吃喝不愁，但也仅限于此，保守的舅舅不允许姐妹几个出门抛头露面，吕碧城只能在家读书写字解闷。

1904年年初，舅舅要给吕碧城说亲，她立马就拒绝了，还说："我要去天津女子学堂读书。"这句话直接捅了马蜂窝，舅舅劈头盖脸就是一顿骂："女孩子家读什么书？你都被退婚了，有人要就不错了！在家生儿育女，相夫教子尽本分就够了！"吕碧城一听就不干了，与其把自己的一生交给根本不认识的男人，还不如自己出去闯一闯。当天晚上，她就收拾了行李，偷偷坐上了开往天津的火车。纵观吕碧城的一生，这正是她命运转折的开始，这一年，她21岁。

去天津是好事，但吕碧城漏算了一点：钱带少了。买了火车票之后，基本就没剩多少了。好在，她遇见了生命中第一个贵人——

天津佛照楼旅馆的老板娘。老板娘听了吕碧城的遭遇，把她带回家暂住。吃住解决了，下一步就是养活自己。在天津，吕碧城只有一个认识的人，那就是舅舅曾经的秘书方小洲，当时在《大公报》就职。她给方小洲写了一封求助信。没想到，这封信让她遇到了第二个贵人。说来也巧，吕碧城的信被当时《大公报》的创始人英敛之看见了。用词精准、文采非凡、字迹飘逸，这不正是自己要找的编辑人选嘛！英敛之赶紧把吕碧城招进《大公报》当编辑，于是中国新闻史上第一位女编辑诞生了。这份工作简直太适合吕碧城了，她这几年的所思所想井喷式地爆发了出来。她先后发表了《论提倡女学之宗旨》《敬告中国女同胞》《兴女权贵有坚持之志》等文章，呼吁女性解放，鼓励女性自强自立。

那可是 1904 年，中华民国都还没成立呢。吕碧城的文章一发表马上就成了社会热点话题。当时的政文两界名流，就没有不知道她的，一时之间，吕碧城成了当时炙手可热的文化名媛。英敛之把吕碧城引荐给"近代启蒙思想家"严复，吕碧城还拜了严复为师。后来，严复还把吕碧城举荐给袁世凯。当然这是后话。

我更想说女扛把子之间的友谊。吕碧城出名之后，引起了秋瑾的注意。吕碧城的文章都署了自己的真名"碧城"，而秋瑾也曾用"碧城"这个笔名发表进步言论。

"碧城"遇"碧城"，那还不擦出革命的友情啊！1904 年 5 月，秋瑾去天津拜访吕碧城。一个是巾帼英雄，一个是女权先驱，两人志趣相投，一见如故，很快就成了无话不谈的好朋友。秋瑾特别佩服吕碧城的才学，为了避免别人把两人发表的文章混淆，她甚至放弃之前的笔名，改用"鉴湖女侠"发表文章。这时候她俩谁都没想到，

3年后两个人就阴阳永隔了。

1907年7月，秋瑾在浙江等地响应起义，但被埋伏的清军逮捕。她不愿意出卖同伴，只留了一句"秋风秋雨愁煞人"应付清军。1907年7月15日，年仅32岁的秋瑾就义了。当时风声很紧，没人敢为秋瑾收尸。还是吕碧城冒着风险，派人为秋瑾收殓，又联络吴芝瑛、徐自华这些秋瑾生前的好友，把她葬在西湖边上。这还不算完，为了纪念好友，吕碧城用英文写了一篇《革命女侠秋瑾传》，发表在纽约、芝加哥等外刊上，引起了国外很大反响。解气是真解气，但也给她自己带来不小的麻烦。当时的清政府搜查到了吕碧城和秋瑾往来的书信，准备以通敌的罪名逮捕她。如果逮捕公文不是落在吕碧城的爱慕者、袁世凯的二儿子袁克文手里，吕碧城肯定难逃一劫。

讲真，那个年代出名的美女不少，才女也不少，但像吕碧城这样敢于为女性发声的并不多见。自打她出名之后，得到了很多进步男青年的倾慕。袁克文就是其中的一个。人家不只是官二代，还是正经的民国四大美男之一呢，诗词歌赋、琴棋书画样样精通。他救了吕碧城一命，吕碧城登门表示感谢，两个人由此相识。你要是以为能看到一段才子佳人的爱情故事，就要失望了，这两人啥也没发生。袁克文倒是想，但吕碧城看得太明白了。身为袁世凯的二公子，民国四大美男之一，少得了红颜知己吗？非要做个类比的话，大概跟《金粉世家》里的金燕西差不多。爱是真爱，忘也是真忘。爱了就追，忘了就分，这样的男人，注定不是能相伴一生的人。吕碧城不是冷清秋，被贵公子浪漫一追就沦陷，她始终很清醒：袁属公子哥，只许在欢场中偎红倚翠耳。

1907年，吕碧城24岁。在民国，这个年纪的女性差不多都结婚了，依旧单身的吕碧城成了亲朋好友催婚的对象。可吕碧城哪是别人催就将就的人，遇不到合适的，她宁肯单着。当时著名的外交家胡惟德刚刚丧偶，想娶一位德才兼备的妻子。他看上了吕碧城，托了傅增湘来说媒。吕碧城觉得两人不合适，便直接拒绝了。可胡惟德不甘心，想再努把力，又写信托严复再次求亲。看到这儿是不是觉得吕碧城要被感动了？故事还没完，听我继续往下说。

那个年代可没有快递，信件走得特别慢，再加上时局不稳，有时候一封信能拖上几个月才能邮到地方。好巧不巧，这封信就被拖延了，等严复收到的时候，胡惟德已经死了心，跟一位留学生定了亲。吕碧城的家里人都觉得可惜，毕竟从学识和身份上来说，胡惟德是个很好的人选。可吕碧城对这种"配对"没兴趣，不喜欢就是不喜欢，谁也不能强迫她，对于人生伴侣这件事，吕碧城绝对是宁缺毋滥。

后来我们知道，吕碧城单身了一辈子。有人问，就真的没遇到一个合适的吗？

还真没遇到。吕碧城晚年时，说过这么一段话（我就直接翻译成大白话了）："我这一生能看上的男人不多。梁启超先生很好，可惜已经结婚了；汪精卫先生十分有才，可惜年纪太轻；汪荣宝先生很不错，可惜也结婚了；诸贞壮先生诗写得很好，可惜年纪太大了。我找伴侣，有没有钱，家境好不好，都不重要。我最看重对方的文学素养，要找就找个灵魂伴侣。结婚容易，知己难寻，就单到了现在。好在我也不差钱，过好自己日子得了。"哈哈，她是不是特别刚？

吕碧城的刚是有原因的，毕竟那是民国，一个绝大多数女性还要依附男人生存的年代，她的刚来自于她的见识和独立。碧城心里一直有个理想：妇女解放，男女平等。

但想要实现，光喊口号肯定不行，想让女性自强起来，首先就要像男人一样，有接受教育的机会，她把一腔热情倾注在办学上。1904年9月，北洋女子公学成立，吕碧城当了总教习。学校的办学方向与时俱进：学术兼顾新旧，分为文理两科，训练要求严格。因为办学效果显著，1906年，北洋女子公学增设了师范科，学校也改名为北洋女子师范学堂，吕碧城也成为中国第一位女校长。很多赫赫有名的人物都在这里读过书：邓颖超、刘清扬、许广平、郭隆真、周道如，等等。不夸张地说，这所学校绝对算得上现代女性文明的发源地了。

本以为自己会在学校教一辈子书，但中华民国成立后，袁世凯当上了临时大总统。

新官上任三把火，袁世凯开始推行新政、修建铁路、兴办学堂，等等，力求跟封建王朝的制度划清界限。为此，还力邀吕碧城到总统府任秘书一职。不得不说，这一招儿真的太迷惑人心了，很多人对这位新总统好感倍增。吕碧城也是其中之一，她欣然接受了这个职位，也想为国家尽一份力。理想是丰满的，但干着干着，吕碧城就觉得不对了，她发现自己满腔的热忱和抱负根本施展不出来。一方面，人家只把她当花瓶，不让她接触核心工作；另一方面，官场黑暗复杂，她也适应不了。再加上看不惯袁世凯称帝，吕碧城愤然辞职，从此离开了政坛，转而扎进了上海的商界。

吕碧城为什么有底气终身不婚？我觉得最主要的原因还是财务自由。在那个年代，靠写文章出名赚钱的才女不少，但豪横到能在美国第一贵酒店住上6个月的，也就吕碧城一个（大多数富豪也就住一个星期），她经商实在是太成功了。因为有一定的积蓄，她先是在股市投入了大笔的资金，后又跟洋人做茶叶生意。也就几年的工夫，吕碧城就成了上海滩最有钱的女富豪。有了钱就花呗，吕碧城在上海静安寺路自建了欧式大别墅，家里的陈设富丽堂皇，钢琴、油画、古董应有尽有。据说她还请了两名印度巡捕，专门负责自家安保。不是没人抨击她招摇过市，但人家一句话怼回去："那么多男富豪比我过得奢侈，你们怎么不说？我有钱，怎么花是我的权利。"

1917年北方发生水灾，吕碧城听到消息后，立马成立了"京直水灾女子义赈会"，奔走各界为灾民筹集善款，自己也捐了十万大洋。这下，抨击她的人都闭嘴了。当然，成为女富豪的碧城从来没有放弃精神追求，世界这么大，总得去看看啊！

1918年，35岁的吕碧城去了美国，进入哥伦比亚大学学习英语和美术。1922年学成回国后，沉淀了一段时间。1926年，她又一次出国，走遍了欧美国家。在这期间，她第一次用中国古典诗词去描写在西方的所见所闻，写成了前边提到的那本《欧美漫游录》。当然，除了撰文，她还写了大量的诗词，被誉为"近300年来最后一位女词人"。随着阅历的加深，吕碧城的心境越来越平和。她几乎不再出现在大众的视野里，而是投身在慈善事业中，默默帮助别人。虽然不差钱，但是吕碧城并没选择定居国外，由于国内时局动荡，她决定在香港安享晚年。

1943年1月，61岁的吕碧城因胃病在香港逝世。朋友们按照她的遗愿，没有将她土葬，而是将其火化后再将骨灰和面粉混合，搓成小丸，抛入大海，供养鱼群。自此，这位传奇女性的一生，算是正式落下了帷幕。

说实话，像吕碧城这样，不乱于心，不困于情，从未被俗世捆绑，一如既往保持独立和清醒的女性，真的少见。我听过有些人说，吕碧城是个例，大多数人没有这样的才华、美貌和经历，只能随波逐流过日子。这话没错。可大家想过没有，如果她当年没有挺身而出想办法保全母亲和姐妹，那等待她的就是家破人亡；如果她接受舅舅给她找的人家，那她将会碌碌无为过一生；如果她接受袁克文，嫁到袁家，那冷清秋的结局或许就是她的结局。客观原因固然重要，但改变她这一生的，始终是那份不依靠他人，独立自主的信念。独立的灵魂，永远是我们行走于世、卓然于众人的根本。

裕容龄

13 岁轰动欧美,她是中国第一女舞蹈家

前阵子,一闺蜜分享了一段视频给我:一位身穿清朝服饰,踩着花盆底的女性,操着一口流利的英文,对着镜头侃侃而谈。然后跟我说,这也太牛了,没想到清朝的女性的口语这么好,还这么有格局,也不知道是谁。我说,这位女性叫裕德龄,会八国语言,是光绪皇帝的英语老师。闺蜜都惊了,这你也知道?我呵呵一笑,你忘了我最近研究啥了哈,民国前后的女扛把子,可都是我研究的对象。不过,别看裕德龄是精英女性,她妹妹裕容龄更牛,那可是中国芭蕾舞第一人,被誉为"东方蝴蝶皇后"。别看裕容龄生在晚清,是位贵族格格。可她的一生,只要稍有了解的人都会说一句:这个女人,太不一般了。

裕容龄的父亲裕庚,汉军正白旗人,是清朝的外交大臣,经常出使各国。他有五个孩子,三男二女,裕容龄是他最小的孩子。别看裕庚是正经的贵族,八旗子弟,但是思想一点都不刻板。作为第一批接触西方文化的官员,他对孩子的教育非常开明,没有因为裕德龄和裕容龄是女孩就忽视她们。那时候按照大清律例,官员家的女孩都要登记在册,以便成年后参加选秀。据说裕庚不希望女儿们一辈子锁在深宫中,就没有把两个女儿的名字上报给朝廷。所以,在他就任驻外公使时,女儿们能够跟他一起到国外游历。

在裕容龄 6 岁那年,中日甲午战争爆发,裕庚被派遣到日本做公使,母亲和姐妹俩跟着裕庚远渡重洋去了日本。作为清朝的驻外公使,少不了应酬,需要出席各种酒会和舞会。裕容龄两姐妹没少

被父亲带着出去见世面。有一次，裕庚带着她们看歌舞伎表演，裕容龄马上就被吸引住了，被舞姿折服的同时产生了一个念头：我也想跳这样美的舞蹈。但是，她刚跟父亲提出想找歌舞伎学舞蹈，就被严厉拒绝了。估计很多人都奇怪，裕庚这么开明的一个人，女儿的要求也不过分，为什么不答应呢？很简单，在那个年代阶级森严，歌舞伎属于"下九流"，身为清朝贵女的裕容龄学舞蹈，相当于自甘堕落，裕庚当然不答应。可裕容龄认准的事儿，谁也阻止不了。既然父亲不帮忙，她就自己找机会学。她发现家里的日本女仆能歌善舞，就让女仆教自己日本舞蹈。没过多久，她就掌握了基本的舞蹈韵律和技法。

有一天，日本大臣土方先生和夫人来拜访裕容龄的母亲，裕容龄趁机穿上和服，表演了一段日本古典舞《鹤龟舞》。裕容龄跳得极好，被客人大加赞叹，但她的父母却皱着眉头一句话都没说。等客人一走，裕庚直接把裕容龄叫到跟前训斥，身为清朝贵女，怎么能给外人表演舞蹈，这不让人笑话吗？裕容龄出于对舞蹈的热爱，不管父亲怎么反对都要学。裕庚一看女儿这么坚持，也没办法，只能同意她继续学，不过也规定了，只能学来消遣，不能登台演出。之后，裕庚请了日本红叶馆的名师，教导裕容龄姐妹学习舞蹈。当然，文化课也没落下，除了学习贵女的课程，还要系统修习英语、日语、法语等课程。

裕容龄是个非常有天赋的孩子，仅仅练了四五年，舞技就十分出众。本来想继续学习，但裕庚接到调令，被任命为驻法公使。于是在 1899 年，裕容龄 10 岁的时候，全家从日本来到了法国。

刚到法国，人生地不熟，找不到合适的舞蹈老师，裕容龄只能

独立

在上学之余自己练习。一次偶然的机会，裕容龄看到现代舞创始人伊莎多拉·邓肯的芭蕾舞，马上被其折服，于是决定拜邓肯为师。裕容龄在大师面前表演了一段自编的舞蹈，邓肯看她有天赋又刻苦，就收她为徒。估计谁也没想到，这个喜欢跳舞的小姑娘会成为第一个把芭蕾舞带回封建王朝的先驱者。有大师的教导，裕容龄的舞技越发精湛。

1902年，13岁的裕容龄在巴黎公开登台表演，她的《玫瑰与蝴蝶》轰动了整个巴黎，很多欧美的媒体纷纷报道，把裕容龄誉为"蝴蝶舞后"。英国的社会名流杂志还用了一整版来报道容龄一家人。要知道，能上这份杂志的，之前可都是卓别林这个级别的大师。一开始，裕庚看到女儿登台表演，被气得火冒三丈，可看到女儿的才华和成就，也就不说什么了。

1903年，裕庚卸任驻法公使，带着一家人回到了中国。当时的清政府刚刚经历了八国联军侵华事件不久，想多了解一些洋人的思想做派。慈禧太后就把裕容龄姐妹召进宫，做自己的御前女官。因为姐妹俩精通多国外语，在很长的一段时间里都担任翻译工作。

慈禧太后喜欢新鲜事物，裕容龄经常给她跳舞解闷，因为跳得实在太好了，慈禧还破例让裕容龄继续钻研舞蹈。在这段时间里，裕容龄把自己学到的西方舞技巧融入中国舞，编排出不少经典的舞蹈。自此之后，整个后宫也逐渐流行跳西洋风格的舞了。裕容龄和裕德龄被慈禧太后封为"郡主"。能被慈禧太后赏识，在封建皇宫跳西洋舞，这份荣光也算是独一份。可是，身在皇宫，谁苦谁知道。那个时候在皇宫当女官可是没有工资的，甚至为了不被刁难，还得靠父亲花钱打点关系。裕容龄和裕德龄空有"郡主"的名号，只能看着别人的眼色行事，稍有不慎说错话，就会连累家人。裕容龄有着艺术家向往自由的灵魂，繁多的宫廷规矩让她身心俱疲。

除了姐姐裕德龄，裕容龄唯一的安慰来自慈禧的贴身太监小德张。当时小德张20多岁，能言善辩，做事机智稳妥，帮了她不少忙。两个年轻人认识久了，相互倾诉苦恼，慢慢就产生了情愫。他们知道两人不会有结果，能看看对方，说几句话，就已经很满足了。两个人偷偷恋爱了4年，皇宫里谁都没有察觉，还是裕庚无意间发现，才知道女儿竟然跟一个太监产生了感情。裕庚知道，这件事要是被慈禧太后知道，全家都得受牵连。于是1907年，裕庚以自己重病为由，让两个女儿出宫陪自己去上海治病。裕容龄天真地以为，等父亲病好了，就能回宫见到小德张。

没想到，1908年光绪皇帝和慈禧太后先后去世，年仅3岁的溥仪登基。随后辛亥革命爆发，统治了中国数千年的封建王朝土崩瓦解，中华民国正式成立了。裕容龄别说回皇宫了，整个家族都在为生存奔走。她这一生，再也没有见过小德张。

喜欢的人再也见不到了，嫁谁不是嫁呢。带着这样的念头，裕容龄答应父亲嫁给晚清最后一个状元刘春霖。只是，刘春霖虽是晚清状元，但内心认同的是新思想，他特别看不上清朝的贵族，以自己"配不上"为由，拒绝了这桩婚事。

裕容龄最后嫁的是一位名叫唐宝潮的将军。唐宝潮是北洋政府国务总理唐绍仪的侄子，跟裕容龄一样去过法国，两个年轻人有很多共同话题，相处了一阵子，1912年在法国巴黎举行了婚礼。

婚后两个人琴瑟和鸣，生活幸福安然。裕容龄以为这辈子会一直这么安稳地过下去，没想到一生最大的劫难在后头。

婚后的裕容龄不想把时间荒废在后宅,她凭着出色的外交能力成为北洋政府的宣传干事。同时她也没耽搁舞蹈事业,参与到各种救灾筹款的义演中。1922年,裕容龄在上海真光剧院,为救济郊区农民组织慈善义演,并亲自上台演出;1928年,在由京畔中外慈善家举行的演艺大会上,裕容龄导演了《华灯舞》《荷花舞》等舞蹈,为国家解忧;抗日战争时期,裕容龄已年过五旬,但依然为了支持抗日救国,登台跳舞筹款。

新中国成立后还发生了一件事。有一次,裕容龄参加新中国的国庆外交宴会,被同桌的外宾问了个问题:当年中国共产党进北京,你害怕吗?这个问题可不好回答,一不小心就会被认为立场有问题,容易落人口实。裕容龄反应很快,说了句:"我是中国人,共产党员也是中国人,我为什么要害怕中国人进北京?"这回答,真漂亮!据说这句回答被汇报给了周总理,被赞为外交辞令的范本。

1955年,周总理点名让裕容龄进到中央文史馆工作,跟溥仪做了同事。1957年,裕容龄把自己在慈禧身边工作时发生的事情整理成《清宫琐记》,这本书还成了当年的畅销书。但是,随着"文化大革命"的到来,这本书却成了裕容龄的罪状,她深爱的舞蹈变成了"走资"的证据。裕容龄是位"头可断、血可流,宁折不弯"的女子,不管怎么逼问羞辱,就是不肯屈服。

偏偏祸不单行,裕容龄曾经是清朝贵族,受过严格的宫廷礼仪训练,那气质不是普通人能比的。平时看不惯裕容龄的大有人在,于是有邻居落井下石,跟抓她的人说了很多裕容龄的坏话。结果裕容龄就遭了罪,她的双腿被硬生生打断,后期因为得不到及时治疗,直接残废了。而跟她相濡以沫的丈夫,也因重病去世了。

紧接着,裕容龄的家被砸,家居用品被抄走,房屋被占,她只能窝在马棚里生活。

这种境遇放在普通人身上早就垮了,可裕容龄却没有。每天早上洗漱之后,她都会给自己梳一个欧洲贵族女子的优雅发式。生活再艰难,也要把腰杆子挺得直直的。就连唾骂过她的人见了,也不得不说一句,这老太太人倒架不倒。好在,在马棚住了不久后,容龄被准许回到自己家里。可彼时的家已经不能被称为家,家里除了能遮风挡雨,连床都没有了。在此关键时候,裕容龄给周总理写了一封长信,说了自己的困境。

不久之后,周总理派人给她送来了床、椅子、桌子这些生活用品。文史馆还为她雇佣了一段时间的保姆,以照顾裕容龄的饮食起居。老太太精神不错,说话谈吐情趣依然,跟来看自己的人聊天,能逗得陪她的人哈哈大笑。她的保姆回忆起这位老太太时说,她的头发从来不要我帮忙梳理,妆容也是自己动手,只有她自己能做到那样精致。探访过裕容龄的摄影师张祖道也说,这位双腿残疾的老妇人即便坐在破旧屋子的小床上,也依旧气度高华,眼中有光。

1973年1月,裕容龄因感冒引发肺炎,在北京大学医院去世。

据她的邻居说,即使到了只能爬行度日的地步,她身上也依旧干干净净的,发型从来都是一丝不乱。

有人说,裕容龄晚年过于凄凉,这话说得没错。不过,这并不影响她生命的精彩。裕容龄的一生,看似高起低落惨淡收场,却又宠辱不惊突破自我。就像她说的那样:"任何绝境面前,你都可以选择一种姿态让自己活得无可替代。"

江东秀

不识字的旧式女性,却书写了民国传奇婚姻故事

这篇文章里要写的,是号称"民国第一悍妇"的,文学大师胡适的原配夫人江冬秀。别看来自农村的江冬秀没什么文化,学识也跟丈夫胡适差了十万八千里,但是她这些炸裂的操作,不要说从前,就是放在今天都让人叹为观止:手撕小三、渣男,上法庭为别人的原配辩护……一个是没什么文化的村妇,一个是享誉文坛的大文人,他们两个人的相处模式,我今天必须写出来分享给你们:他俩的瓜搁现在,比八点档连续剧还要精彩!

江冬秀出身于安徽旌德县的一个名门望族,由于受封建礼教的束缚,没受过什么正规教育。仅仅读过几年私塾,文化水平基本上也就是能认识字的程度。江家和胡家本身是有亲戚关系的,一次,江母到胡适姑婆家走亲戚,一眼相中了胡适,就特别主动地要把女儿嫁给胡适当媳妇。两家老人一交换生辰八字,咦?还真合适!就这样定下了这门包办婚姻。

胡适作为新思想的领军人物、高级知识分子,婚事竟然是被长辈"按头安利"的、彻头彻尾的正宗包办婚姻,这事儿让他的朋友们嘲笑了他一辈子。得知自己的婚姻莫名其妙被包办了,胡适自然是非常反对的。所以他订完婚后就赶紧前往美国继续求学深造了。在美国,他一待就是十年,而在这十年间,他充分接受了西方自由恋爱的先进思想,而且还和一个美国姑娘开始了热恋。所以,胡适就给家中的母亲写信说想解除与江冬秀的婚约。但是被母亲一口回绝,甚至以死相逼,说什么也要让他回国履行婚约。胡适一脸懵,心想:"母亲怎么会如此决绝?"

原来,江冬秀早就听说胡适不想与她结婚,所以顾不上过没过门,直接以儿媳妇的身份到胡适家照顾胡母。这番操作胡母哪能不感动呢?所以胡母让胡适赶紧回来跟江冬秀完婚。胡适的父亲早逝,他是母亲一手拉扯大的,母亲在他心中地位非常高,母命不可违,他只能硬着头皮跟美国的女朋友分手,回家迎娶江冬秀。为嫁给胡适,江冬秀俯首低眉,把局面牢牢地控制在自己手里。

婚后,为了迎合胡适的新思想,她把代表着封建思想的裹脚布扔了。江冬秀勇敢地打破封建制度的行为获得了胡适的赞赏,她从思想上跟胡适产生了共鸣,也逐渐走进了他的心里。

二人的婚礼也是按照西方婚礼的形式举办的。对于封建女性来说,没有"明媒正娶、八抬大轿"的仪式感,肯定会不开心。但江冬秀完全不在乎,虽然没什么文化,但她的思想也有"超前"的一面。

顺利进入婚姻后,她开始拿捏家庭地位。无论丈夫在外面有多风光,多有话语权,回到家过日子,就是我江冬秀说了算!在家里,江冬秀与胡适绝对是平等的关系。

但是,拿捏得再稳,男人的花花肠子也总是会暗戳戳地向你示威,就算是大教授胡适也没能免俗。一次胡适生病,需要去杭州休养一段时间,而那时他的表妹曹诚英也在杭州。听说表哥过来养病,表妹就少不了来探望探望。一来二去,表哥表妹,郎情妾意,你侬我侬……就勾搭上了。当时江冬秀还被蒙在鼓里,后来徐志摩把这事儿告诉她了,她当时就气炸了!要知道,她可是"第一悍妇"江冬秀啊!当时她给胡适来了一场大哭大闹。胡适是有头有脸的教授,哪见过这阵势啊?即使这样胡适也不怂,主动跟她提出离婚,要跟他的小表妹结婚。江冬秀一听，直接拿起菜刀追着胡适就砍，嘴里还说着："如果你不跟曹诚英断绝往来，我就杀了你和两个儿子，然后再自杀。"说着还把菜刀扔向了胡适。好在胡适闪避及时，没有被飞刀给剁了，这危及生命安全的操作直接把他吓破了胆，连声道歉叫"姑奶奶"。文人最注重脸面，这么闹下去他在学术圈里的脸面岂不是要丢尽了，所以从此他再也没敢提"离婚"二字。

这还不算完，收拾完胡适，江冬秀还去收拾了情敌曹诚英。俗话说，君子报仇，十年不晚。这件事已经过去好久了，曹诚英后来又跟一个留学生在一起了，江冬秀直接去搅黄了她的好事，而且还把她做小三、打胎的事全给抖出来了。不用说，留学生男友一听这个，当时就抛弃了曹诚英。这波操作真是太彪悍了，有人说她太泼辣，但米粒妈倒觉得，她是个不达目的誓不罢休的人，她要的是家庭幸福和谐，所以才拼命维护自己的家，不容他人侵犯。

或许胡适被彪悍的江冬秀给镇住了，此后的岁月里他再也没有什么花边新闻。

捍卫完自己的家庭权益，"路见不平一声吼，该出手时就出手"的江冬秀，还帮别人一起捍卫。大教授梁宗岱要和他好脾气的太太何氏离婚，和才女沉樱结婚。江冬秀看不过去，到法庭为何氏辩护，最终使梁宗岱败诉，这事在当时轰动了整个京城，也因为这件事，梁宗岱愤而离开了北京大学，带着女友沉樱出走了。

这个举动真心了不起。面对渣男的始乱终弃，江冬秀带领女性维权，这在当时那个年代，是多么惊世骇俗的一件事。

江冬秀非常"社牛"，在丈夫的交际圈中，她从来没有畏畏缩缩，而是真诚待人，不虚伪，用自己独特的人格魅力征服了胡适身边的文人。胡适的朋友们也对江冬秀赞赏有加。

后来，胡适夫妻去美国生活，但那时候胡适没有收入，家庭经济状况十分不好。江冬秀在麻将桌上赢来的钱也成了胡家的经济收入之一。

再后来，胡适在台湾任研究院院长时，江冬秀也经常邀朋友来家打牌，胡适也从不干预，当四缺一时，她还要胡适来凑一角。所以，身为院长的胡适，为了维护前院长（蔡元培）规定不准在公房打牌的好传统，曾对他的秘书说："请帮我买所房子给我太太住，因为太太打麻将的朋友多，在公房打牌不方便。"

除了打牌，江冬秀还有一个爱好就是看武侠小说。寓居纽约期间，她把金庸的武侠小说看了个遍。怪不得她骨子里快意恩仇的彪悍气质这样鲜明，因为她天生就有侠者风范。

有一件事充分印证了她的勇敢。一次胡适外出，只有江冬秀一个人在家，突然一个彪形大汉破窗而入。江冬秀直接把公寓大门打开，厉声对盗贼大喊："GO！"那盗贼估计被这一声给吓住了，看了她一眼，真的跑了。那时候江冬秀不会讲英语，只会几句日常单词。如果是寻常独自在家的女性，估计只会喊出"Help！"但她直接一声"GO！"吓退了盗贼，真是太彪悍了！

江冬秀处处维护丈夫，让他能够完全不用操心家里的事。两人就这样互敬互爱地度过了后半生。直到1962年胡适病逝，才让他们分离。江冬秀的晚年是在台湾度过的，直到85岁无病而终。对她来说，这一生无憾了。

江冬秀表现出的生活智慧、婚姻智慧，使她在那个女性地位低下的年代，也能获得如愿以偿的幸福。在那个渣男横行的年代，没什么文化的江冬秀能稳稳地守护住家庭，得到自己想要的东西，不光有性格的彪悍，还有寸步不让的坚决。胡适这一生不好评判，但江冬秀这一生可是过得美满顺遂，在那个年代的女子中，也算是一股清流。

郭婉莹

为爱放弃豪门，她用行动诠释了什么是贵族

一提起上海滩你会想起什么？米粒妈脑海里第一时间浮现的，就是那些穿着旗袍的优雅女性。想起在《花样年华》里身穿旗袍的张曼玉，只有"惊艳"二字可以形容了。她们可能会穿着旗袍参加聚会，也可能穿着旗袍喝着精致的下午茶，但你却绝不会想到，有人竟然会穿着旗袍刷马桶，这个人就是郭婉莹。

说实话，民国女性米粒妈也写了不少了，她们历经苦难而绝不低头，小小的身体里都蕴含着巨大的能量。看着她们将自己的一手烂牌打出了王炸，米粒妈也总是感慨这才是真正的大女主。可是郭婉莹不同，她一出生就是"公主"，人生却在命运的捉弄下几经波折。在人生的短短几十年中，郭婉莹当过大小姐，做过阔太太，更体会过堕入贫民窟的生活，可她的脸上从未留下一丝被岁月折磨的痕迹。由俭入奢易，由奢入俭难，可即便再落魄，她的背永远挺拔，她的心也永远坚韧。

1909年，郭婉莹出生在澳大利亚的悉尼，父亲是有名的华人富商，母亲的家族也在上海创办了先施百货公司。她6岁时，父亲应当时政府邀请，回到上海经商并创办了永安百货，也就是如今华联百货的前身。从那时起，她也有了另外一个称号：永安百货四小姐。出生在种满玫瑰的庄园里，童年生活在上海的花园洋房中，出门坐的是福特轿车。用现在的话来形容，米粒妈觉得郭婉莹不是个"富二代"，而是个实打实的"小公主"。有不少人觉得，家族如此富有，又是父母最疼爱的小女儿，郭婉莹的性格肯定难免骄纵。然而事实上，由于严格的家庭教育，郭婉莹温婉有礼，丝毫没有一点大小姐的架子。

在那个年代，思想越来越进步，女子也可以上学读书，于是郭婉莹进入了上海最好的学校——中西女塾。这所学校有点类似于咱们现在说的贵族学校，读书的大多是有钱人家的孩子，宋庆龄和宋美龄也都毕业于这所中学。进入学校以后，她们要脱下身上漂亮的衣服，摘掉华丽的首饰，换上统一且朴素的学生服，在那里，她们没有仆人伺候，床铺、物品都要自己收拾得整整齐齐。这也是郭婉莹学到的第一课——独立。当学校里的同学是同一阶层，教授的知识自然也要与该阶层相符。在这里，她们要学习如何成为一位真正的"名媛"：说话的语调、走路的姿态，甚至如何吃饭、如何操持一场宴会，都必须严格遵守固定的标准。可能有人会觉得，这不就是一个高级版"贤妻良母"培训班吗？或许在今天看来，这些课程有些过于刻板，也没有让她们在科学知识上有多么大的进步，但米粒妈觉得学校在这个过程中也教会了她们另一种知识：永远保持坚强、勇敢、自尊的品格，永远富有同情心……就像学校的校训所说的那样：成长、爱人、生活。

在接受了良好的教育以后，郭婉莹随之建立起了一套自己的评价体系，虽然一言一行有标准，但她深知，人生没有标准。于是她更加向往着不一样的人生，可当时毕业的女孩大多十八九岁，基本上都会按照家族的安排，要么结婚，要么出国留学。郭婉莹的父亲同样如此，要求她与一名同样家庭背景的男人联姻，但郭婉莹拒绝了，她要寻找自己的爱情，而不是在别人的安排下走入婚姻。于是，她主动退了婚，独自一人前往北平的燕京大学心理学系深造，在这里，她也邂逅了自己未来的丈夫——吴毓骧。坠入爱河的单纯少女，固执地选择自己喜欢的男人，却不知道自己选错了对象。

吴毓骧说起来也很有来头，是林则徐的后代，只不过家道中落，凭借自己的才学考上了公派留学生，身上也自带着世家的书香气，风流潇洒又幽默有趣。这样的男孩子，谁又会不喜欢呢？

25岁的郭婉莹带着满满的期盼步入了婚姻，婚后的他们也的确有过一段幸福的时光，可好景不长，因为吴毓骧出轨了。郭婉莹可能从未想象到，自己千挑万选的丈夫竟然会让自己陷入如此境地。可更令她崩溃的还在后面，丈夫出轨的对象不是别人，而是一位年轻的寡妇，还是自己曾经的朋友。悲伤？愤怒？我们无从得知当时的郭婉莹是什么心情，她在朋友的陪同下来到那个寡妇的家里，轻轻敲开门，得体地说："我要带我的丈夫回家。"出于旧式女子的宽容和时代环境的限制，郭婉莹选择了原谅。

可这次出轨事件却给她敲响了警钟，她才明白，自己想要的生活不该仅仅是将所有的目光放在一个男人身上，而是应该永远保有一种面对生活的冲劲。

于是，郭婉莹开始一心一意搞事业。她和朋友合伙开了一家服装店，结合中西风格，研究出了能体现中国女性美的服装，他们还曾举办服装表演，事业有声有色，她的生活也越来越精彩。

可后来，抗日战争爆发，吴毓骧失去了工作不说，甚至还迷上了赌博，这下子家里的重担一下子全部落到了郭婉莹的肩膀上。她不得不靠替报纸拉广告来维持生计，最困难的时候，家里甚至无米下锅，她只能放下自尊，搬回娘家生活。回到娘家就可以安心啃老吗？郭婉莹的自尊不会允许她这样做。她一直没有放弃任何谋生的机会，也趁此机会不断学习、不断进步。

米粒妈不知道在生活一次次的冲击之下，她有没有抱怨过自己嫁错了人，却可以清晰地看见，在每一次错误的选择之后，她都将此转化成了走向正确道路的契机。从全职太太到事业女性，从温室花朵到冬日寒梅，郭婉莹一直在成长，也在磨砺中愈发坚强。

抗战胜利以后，郭婉莹度过了一段无忧无虑的日子，丈夫在事业上有所发展，她靠自己的英文优势和经商经验，为丈夫助力不小。可不久之后，命运的浪潮又无情地向她拍来，吴毓骧突然发病去世。

除了 14 万元的债务，吴毓骧什么都没给她留下。在那个几毛钱都能买肉的年代，这是一笔普通人无法想象的巨款。她也不再是永安四小姐，只是最普通不过的劳动者。在农场里，她挖鱼塘、挑河泥，磨破了细嫩的肩膀；她用锤子把大石头敲成小石块送去修路，手上满是血疱；冬天的时候，还要负责剥冻坏的大白菜，那双弹钢琴的手早已变形。如果只是劳动倒还好，可那时候，郭婉莹的房子和首饰都被没收，只能带着孩子搬到不足 7 平方米的小破屋里居住。地方小又怎么样，她照样能生活。郭婉莹把屋子打扫得一尘不染，还固执地坚持着自己从前的习惯。

在煤球炉上用铁丝烤面包，用搪瓷缸子煮一杯茶，想给孩子买宠物却没钱，就买来一只小鸡仔，培养孩子的爱心。更让米粒妈惊讶的是，即使刷马桶时，为了保持仪态，她也会穿上旗袍，要知道，那个时候她已经 60 岁了。相信很多人都会觉得，都这种情况了，你还讲究什么呀？身边的人都不理解，可在郭婉莹心里：这才是人的样子，有尊严、有体面。从十指不沾阳春水到日复一日参加艰苦的劳动，她没有叫过一声苦、喊过一声累，反而是欣然接受。生活给我蜜糖,我就安享蜜糖;生活给我考验,我就披甲上阵。在一次次考验中,她愈发顽强,也愈发淡然。

后来,当她再次回首那段日子,有人问她后不后悔当初没有和亲人一起迁往国外。

她却给出了完全出乎意料的回答:"如果我不留在上海,我会和去了美国的家里人一样,过完一个郭家小姐的生活,那样,我就不会知道,我可以什么也不怕,我能对付所有别人不能想象的事。"在不幸当中,是骨子里的自强和优雅化解了一切痛苦与不甘,反而让她看到了苦难的另一面。

郭婉莹的晚年或许在外人眼里有些凄凉。她没有跟随子女到国外生活,而是独自留在了上海,享受着一个人的悠闲日子。无论任何时候,只要待客必先化妆换衣服,满头银发也要梳得仔仔细细,直到离开人世也永远保持着最后的优雅。在葬礼上,有人给她写了一副挽联:有忍有仁,大家闺秀犹在。花开花落,金枝玉叶不败。米粒妈始终觉得,优雅从来都不是某种外在,而是内心坚韧的灵魂。

努力去改变可以改变的,接受不能改变的,从容面对一切,才会让岁月这把杀猪刀,对我们格外宽容。

萧 红

她是最懂鲁迅的女人，撞了一辈子南墙，就是不回头

命运一直给予她磨难，她不但扛住了，还闯出了自己的一片天。她就是写了《回忆鲁迅先生》，被鲁迅先生誉为"文学洛神"的萧红。

萧红，原名张廼莹，1911年出生在黑龙江呼兰县一个地主家庭。家里有钱有地有长工，父亲是县教育署署长，这样的家庭在当地也算得上名门望族。但是萧红从小就爹不亲娘不爱。父亲永远冷着一张脸，只要萧红做错什么，直接上脚踹。母亲对她骂骂咧咧，不听话就用扫帚打，偶尔还会用针扎她手指。后来母亲去世了，父亲娶了后妈进门，她倒是没打过萧红，就是经常对着萧红指桑骂槐，她们之间一点儿感情都没有。

在这个家里，只有祖父给了萧红爱和温情。这一老一小，常常在后花园玩，祖父教她识字读书，她给祖父带来欢笑。在《呼兰河传》里，萧红这样写道："祖父非常爱我，让我觉得这世界上，有了祖父就够了，还怕什么呢？"也是因为祖父的坚持，她才上了小学。这时候的萧红，有爱她的祖父，有喜欢的书读，日子过得还算开心。心理学家阿德勒说："幸运的人，一生都在被童年治愈；不幸的人，一生都在治愈童年。"也许正是有这样一个童年，她才能挺过之后的那些磨难。

1926年，萧红小学毕业，想去哈尔滨上中学。父亲觉得女孩子没必要见世面，坚决不允许。萧红特别刚，说道："你要不让我上学，我就当修女去！"那时候女孩子当修女不是什么光彩的事，父亲怕丢脸，只好让她去了。现在看，萧红当时的坚持太对了，她在学校学习知识、练习画画、参加爱国运动，视野一下子就打开了，年少的倔强被磨砺成了坚韧。

说句实话，萧红的父亲让她读中学，除了女人的坚持外，也有自己的考量，女儿在外边上学，"身价"自然会不一样。他把萧红定给了当地小军阀的公子汪恩甲，打算等她一毕业就结婚。萧红不愿嫁，可那时祖父已经去世，家里没人能做她的依靠，她能做的，唯有离家出走。那年她还不到20岁，可惜啊，她的运气不如张爱玲，家中断了她的经济来源，她又没有稿费支撑，走投无路是可以预见的。

鲁迅先生在《娜拉出走后》里说，经济难以独立的娜拉结局只有两种：要么堕落，要么回来。不愿回家的萧红流落在街头，忍饥挨饿，遭人白眼。没想到，有天萧红在街头遇见了那位跟她订过婚的汪恩甲。汪恩甲看着"只穿着一件夹袍，一条绒裤，一双透孔的凉鞋，蓬乱着头发，面带饥色，好像好几天没洗脸"的萧红，直接花言巧语骗了她。他说自己喜欢萧红，以后不会把她关在家里生孩子，还让她到北平读书。萧红信了，这不就是她希望过的日子吗？别说小姑娘没脑子，饥寒交迫之下，谁能拒绝这份诱惑呢？兜兜转转，萧红又转回到了原点。她跟自己的前未婚夫同居了。

同居之后，萧红过了一段好日子，只是读书这件事，汪恩甲一直拖着没给办，他还把萧红骗回哈尔滨，住在一家旅店里。起初还跟萧红甜言蜜语、海誓山盟，半年多之后就腻了。有一天他以回家取钱为由，离开了旅店，直接一去不复返。你说渣男走就走吧，居然还欠了600多块的住宿费，相当于把萧红留在这儿抵债。这时候的萧红已经怀了孕，大着肚子跑都跑不了。旅店老板一看住店的钱要不回来,就打算把萧红卖到堂子里抵债。一般女人到了这种境地,也就认命了,可萧红没有。

男人不可靠,那就靠自己,只要活着总会有希望。她选择自救,她给哈尔滨《国际协报》写了一封信,里边写下了女子在乱世中求生的艰难,呼吁社会的公正和道义。报社的主编欣赏萧红的文笔,指派萧军来探望她。那时候这两个人谁都没想到,他们会一起经历风雨,患难与共多年。

萧军来看萧红纯属偶然,他原本想着过来了解一下情况就回去交差。没想到眼前的女子不但会写诗、画画,还写过《郑文公》,感觉立刻就不一样了,他把身上仅有的五毛钱留给萧红,自己步行十多里路回家。看到这儿,大家都明白,萧军喜欢这个倔强的姑娘,他想救她。可600块现大洋不是小数目,一时半会儿谁也凑不出来。事也凑巧,哈尔滨发了百年不遇的大水,旅店老板一看旅店保不住就跑了。换句话说,600块钱不用还了,萧红自由了。现在萧红只剩下一个问题,肚子里的孩子怎么办?她和萧军根本养不起。孩子生下后,只能送给别人,他们俩则艰难地求生。

可能有人会问,那个年代养孩子,给口吃的就行,两个人能写能画,怎么就养不起了?怎么说呢,那个动乱的年代,他们没有自己的住房,只能住在旅馆里。喝水都没有茶杯,只能用脸盆接热水;房钱欠得多了,伙计把他们的被褥床单都撤走了。这样的生活,确实很难养活一个小婴儿。但困顿的生活并没有磨灭萧红的意志,反而激发了她创作的热情。

只有靠自己,生活才会有希望。萧红开始写作,萧军鼓励她,让她写资本家的压榨、工人的斗争。他觉得写主旋律的斗争,更容易出彩。萧红拒绝了，她要写就写自己熟悉的土壤、悲苦的农民、尖刻的地主，她要写悲苦的小人物。于是，她在《国际协报》上发表了第一篇短篇小说《王阿嫂的死》，这篇小说大悲大苦，刺痛人心。那一年萧红22岁。这篇小说让萧红拿到了6块钱的稿费，这可不是小数目，省一省两个人能吃一个月。

随后萧红开始持续不断地写作，《可纪念的枫叶》《静》《偶然想起》……写得越多，稿费越多，生活也就越好。但副作用是，萧红开始抽烟。因为萧红写的是悲苦的记忆，吸烟能抚慰回忆带来的伤痛。那个年代，女人吸烟很少见，萧军也反感。换作20岁之前的萧红，可能还会为了萧军戒掉，但现在的萧红不会，她知道自己要的是什么。于是为了这件事，两个人好一阵，又吵一阵，萧红到底还是没有戒掉。其实这个时候，已经能看出两个人的理念不同了。萧军偏好写时代的动荡和波澜，萧红愿意写小人物的苦难和艰辛；萧军渴望上战场打鬼子，萧红更想用文字唤醒民众。不过乱世中，两个人抱团取暖总比一个人孤独生活要好得多。他们相伴了五年，一起从哈尔滨流浪到青岛，一起去上海拜见鲁迅先生。

说到鲁迅先生，他可是萧红和萧军的大贵人。鲁迅先生帮他们批改了作品《生死场》和《八月的乡村》，还帮他们把作品推荐给上海的刊物，看他们经济窘迫，直接借给他们20块钱。正是有了鲁迅先生的帮衬，萧红迎来了作品大爆发的1935年。她的《生死场》《商业街》都出版了，零零碎碎还发表了一些散文和短篇。我在看她写的《回忆鲁迅先生》这本书时，看得出萧红不只是懂得鲁迅先生，还把他当成了父亲，所以书里对先生的描写才那么亲切可爱。

讲真，父亲对女儿的择偶，影响真的蛮大的。萧红在跟鲁迅先生的相处中，才真正审视了自己跟萧军的关系，真正看到自己对伴侣的需求。她需要一个真正懂得她敏感灵魂的丈夫，而萧军需要的是以自己为重的妻子。既然不合适，也磨合不了，那就只能各走各道。用他们好朋友聂绀弩的话来说，二萧宿命般的分了手。

萧红跟萧军分手之后，又选择了谁呢？端木蕻良。端木蕻良是笔名，本名曹汉文，清华大学的毕业生。他特别喜欢萧红的小说，有些片段还能背诵出来。萧红最在意什么？写作。但跟萧军在一起时，尽管她在圈子里更有名，但萧军和他的朋友只把她当作普通的家庭主妇，而不是作家。有这么一个欣赏自己才华，读懂自己灵魂的人，萧红怎么可能不想抓住呢？

1938年，萧红和端木蕻良在武汉结了婚。举办婚礼的时候，不少人起哄，让他俩讲讲恋爱经历，萧红是这么说的："我和端木没有什么罗曼蒂克的恋爱史，我对端木没有什么过高的要求，我只是想过正常百姓式的夫妻生活。没有争吵、没有打闹、没有不忠、没有讥笑，有的只是相互了解、爱护、体贴。"萧红没说的是，虽然端木性格温和，但没啥担当，大事小情都得萧红自己解决。但萧红觉得很公平，人不能什么都要，要一头，就得舍一头。自己做的选择，那苦就只能自己吞。跟端木结婚后，少了很多争吵，萧红迎来了创作的第二春，她的《呼兰河传》《马伯乐》，都是在这段时期创作的。

1940年，因为大陆太过动荡，萧红和端木去了香港。端木在《时代文学》做主编，萧红在家写作、做家务，也过了一段平静的日子。只是，多年的积劳成疾和胆战心惊，让萧红的身体千疮百孔，失眠、头疼、胃病。萧红也不是那么在意身体，那个年代，谁身上没点小病呢，她心里有个庞大的写作计划，这些年积累的素材，足够自己写上十年不止了。估计她自己都没想到，自己能病得这么重，她得了肺结核。

1941年年末，太平洋战争爆发，飞机开始轰炸九龙，萧红病得起不了床，端木把她安排在香港岛的一家酒店，她住进了张学良弟弟张学明长期包租的房间。在这期间，萧红也没放下写作，她在构思《呼兰河传》第二部。她以为自己的病会慢慢好转，可天不遂人愿，病情恶化了，最后她还是被送进了医院。医院说她得了喉瘤，需要做手术。结果做手术时才发现，她的喉咙里根本没有瘤子，是医院误诊了。

这么一折腾，萧红的身体更虚弱了。1942年1月22日，萧红在香港病逝，享年31岁。临终前，她写了最后的遗言：我将与碧水蓝天永处，留得那半部《红楼》给别人写了。

萧红这一生，命运极其多舛，没有任何金手指或者玛丽苏，她的传奇都是自己一步一个脚印走出来的。其实不少人看了她的经历，觉得这个女人自私、冷漠、无情，有文采却一生靠男人，但是代入那个时代想想，萧红绝对是一位了不起的女性。

她曾经说过，我最大的痛苦和不幸，都因为我是个女人。确实，如果萧红是个男人，还会有人说她自私、冷漠、无情吗？可能有，但不会这么普遍。

我觉得萧红的女性意识已经超过了性别和时代限制，为此她吃过大亏，受过大苦，可也全然接受每一个后果。这也正是我最敬佩她的一点，一生受尽嘲讽和冷眼，一生勇往直前。正如她自己所说的："我不能决定怎么生，怎么死，但我可以决定怎样爱，怎样活。"

许广平

勇敢追求鲁迅，前半生甜蜜，后半生操劳

米粒妈在公众号上发表过一篇文章：《鲁迅的孙子居然写不好作文？有趣的灵魂能遗传》中，讲到了"有趣灵魂"鲁迅先生的很多奇葩日常。在前一篇文章《她是最懂鲁迅的女人，撞了一辈子南墙，就是不回头》，又提到了鲁迅的好友萧红，这个"恋爱脑"才女的八卦轶事。所以今天，米粒妈想给大家写一篇关于鲁迅先生的妻子许广平的故事。

许广平的人生里，有很多婚姻哲学。她的炽烈、坚韧、浪漫与贤良，集所有大女主的品格于一身，像是新旧交替的乱世里开出的一朵艳红的木棉花。

许广平出身于官宦家庭，她的祖父曾是浙江巡抚，但父亲是庶出，所以在家族中的地位不算高。许广平幼年时，父母就将她许配给了香港的一户马姓人家，这在封建社会很常见，她后来一生挚爱的鲁迅先生，也是向封建礼教屈服，被家里安排娶了自己完全没感觉的朱安。

鲁迅跟朱安成亲的第二天就远走他乡，而朱安在老家空守了40年，孤独而终。

比起鲁迅用无声反抗的方式白白牺牲了一个无辜女性，许广平的抗争方式就硬核得多了。她直接跟父亲提出："我宁可一辈子不结婚，也不会嫁给他！"

许广平19岁那年，父亲去世了。而早已定下婚约的马家，开始频频逼婚。许广平不想接受这门亲事，她想，得赶紧跑了才行。

想来想去,她决定去投奔天津的姑妈。还好仕宦家庭有着开明的文化氛围,姑妈欣然答应了许广平到天津读书的要求,于是,她进入了直隶省立第一女子师范学校就读。尽管许广平已经逃到了天津,但马姓公子还不死心,屡次给许广平写信催婚,而且言语还很轻佻。许广平就不客气了,直接回信痛斥马氏父子,最后对方只能解除了婚约。

凭借硬核的抗婚操作,许广平成功摆脱了封建包办婚姻的束缚。她以优异的成绩从直隶女师毕业,担任了一段时间的小学教师后,她觉得自己的学问不够用,决定继续深造。她考入了国立北京女子高等师范学校,在这里,她遇到了她的初恋。

在一次青年才俊云集的聚会上,有不少准备出国深造的高材生。许广平在聚会上听见了熟悉的广东乡音。一回头,他看见一个帅哥,就主动热情地上前问道:"你也来自广州吗?"帅哥说:"对啊,我叫李小辉,很高兴认识你。"就这样,两个人聊了一个晚上,回去后,两个人都辗转难眠,情窦初开的男女头一次滋生了爱的萌芽。花前月下,杨柳湖畔,咱们能想到的青年男女能恋爱的方式,这俩人体验了个遍。这是许广平第一次体会到自由恋爱的幸福和浪漫。

但好景不长,一场瘟疫来袭。先是许广平挚友常瑞麟的两个妹妹被传染了,许广平不顾自身安危去照顾她们,结果自己也被传染了。男朋友李小辉心急如焚,彻夜照顾许广平,结果他不幸被传染,许广平康复的时候,他却与世长辞了。这就是令许广平刻骨铭心的初恋,它来时美好,去时却满含生离死别的痛楚。

一年后,她遇到了未来与她羁绊一生的国文老师鲁迅先生。鲁迅有浓重的绍兴口音,语气中带点威严,又有一些诙谐。当他在课

独 立

堂上旁征博引，不时来点幽默之语，学生们既崇拜又敬慕。许广平非常喜欢鲁迅的课，每次都早早来到教室，抢第一排的座位。她性子直，每次都直接打断鲁迅的讲话提出问题，鲁迅却毫不介意，每次都笑呵呵地作答。

一年后，许广平鼓起勇气给鲁迅写了一封信。在信中，她问："先生，有什么法子在苦药中加点糖分？有糖分是否即绝对不苦？"两天的忐忑之后，她收到了鲁迅的回信，信很长，而且鲁迅对这个问题的答案也很有意思："苦茶加'糖'，其苦之量如故，只是聊胜于无'糖'，但这糖就不容易找到，我不知道在哪里，只好交白卷了。"不得不说，许广平的爱情都是自己主动出击的。在聚会上看见帅哥主动搭讪，在课堂上爱上老师主动写信。而且看看人家提的这暧昧的哲学问题，一秒拉近关系！

就这样，两个人的书信往来越来越密切，感情也在书信中逐渐升温。那时候，鲁迅虽然从没理过自己远在老家的妻子，但这段名存实亡的封建婚姻确实是存在的，他觉得自己是个已婚人士，所以迟迟止步不前。

许广平来到鲁迅的住处，在一番长谈之后，她主动上前紧握住鲁迅的双手，偎依在他的胸前，鲁迅的心扉就这样被打开了。沉默了许久，鲁迅缓慢地吐出了四个字："你战胜了！"可以说鲁迅和许广平是从不同的角度向封建糟粕猛烈开火，鲁迅用笔，而许广平则是用她炙热的爱情。这俩人是真正的三观一致，不过不得不说，鲁迅虽然笔头上反封建反得挺厉害，但在生活中还是相当大男子主义的。

谈恋爱的时候，两个人甜蜜了一阵子。鲁迅会为许广平替自己抄写了一万多字手稿而感动地轻抚她的手,也会为了照顾她的近视眼,买最好的电影票。但是结婚以后可就360度大转变。婚后鲁迅不再陪许广平去公园了,理由是"公园嘛,就是进了大门,左边一条道,右边一条道,有一些树"。

婚后的许广平成了全职主妇。她每天忙得几乎没有自己的时间,她要为往来的客人下厨,精心准备各种菜肴。少则四五样,多则七八样。鲁迅喜欢吃北方菜,许广平曾经提议请个北方厨子,但鲁迅嫌贵,没让请。而且鲁迅吃饭是在楼上单开一桌!许广平每天给他开小灶,用方木盘端到楼上,小菜盛在小吃碟里,鱼肉必定是身上最好的一块。好家伙,这是老公还是老太爷呀?所以说封建糟粕并没去除干净,大男子主义的苦,许广平还是没少吃。

许广平在婚姻中活成了女战士:带着孩子,帮鲁迅抄着书稿;打着毛衣,还得给客人做美食;外加给丈夫开小灶……萧红回忆说,许广平买的日用品和自己的衣物都是便宜货,剩下的钱都用来印了书和画。恋爱时的激情不再,许广平吃了很多生活的苦,但她甘之如饴。

其实米粒妈在她身上看到了维系婚姻的一种觉悟,那就是身份切换的清醒。当激情褪去,当代的很多年轻人会选择吵架、分居、离婚,但是真正懂得经营婚姻的女人,理性地切换了状态,变身成家庭生活的扛把子。所以说,维系婚姻一定是要有付出和牺牲的。当然现代社会男的也得付出哈,毕竟付出是相互的嘛。

和全天下的已婚男一样,鲁迅先生在婚姻中也现出了审美疲劳的状态,对家里的不感兴趣,对外面的女性朋友却殷勤得要命……

搭电车一个钟头去找萧红,风雨无阻。半夜十二点没车了,让萧红打车,并吩咐许广平把萧红的车钱付了。萧红不怎么做菜,在鲁迅家勉强做的韭菜盒子,鲁迅会扬着筷子要再吃几个。

鲁迅在婚内的两首诗里提到了许广平。第一次是婚后五年写的:"惯于长夜过春时,挈妇将雏鬓有丝;梦里依稀慈母泪,城头变幻大王旗。"在这首诗里,许广平似乎是他若干负担中的一个,和其他种种共同构成了一个男人中年危机的梦魇。第二次是婚后十年写的,许广平生日,他送她《芥子园画谱》做礼物,并题诗:"十年携手共艰危,以沫相濡亦可哀;聊借画图怡倦眼,此中甘苦两心知。"这首诗则生动描述了他们甘苦与共,爱情变成了亲情。

白头偕老、从一而终的极致爱情,其实本来就是违背人性的。如果跟着感觉走,厌倦才是常态。厮守到最后,更多靠的是道义和责任。

鲁迅比许广平大17岁,所以不可避免的,他要比她先走一步。临终时他对她说:"忘了我,管自己生活。"这应该是在他认知范畴里非常开明的婚姻观了:我死后,你不需要守着贞节牌坊了。

接下来的时光,是许广平一个人的时光。鲁迅去世前每月给老家的原配朱安寄钱的任务,也落到了许广平的身上。她独自坚持了六个月,每月给朱安和老太太寄钱,虽然许广平千方百计克服困难给朱安寄生活费,但时局艰难,她还是不得已暂停了给朱安的汇款。

抗日战争爆发,许广平凭着满腔热血,加入了抗日救国后援会。朋友们都劝她说:"上海现在已经沦为孤岛,恐怕很危险。"但许广平却说:"现在是全民抗战时期,那么多妇女在用自己的工作,为民族解放事业流血流汗,我不会坐以待毙的。"1937年冬天,日伪统治下的上海,物价飞涨,生活艰难。许广平却购置了100支手电筒，捐赠给浴血奋战中的新四军将领。1939年，妇女俱乐部主席茅丽瑛被日伪暗杀后，她不顾个人安危，仍然坚持参加她的追悼会。许广平还与郑振铎等人组建了复社，出版了《鲁迅全集》。她还拿起手中的笔，在《上海妇女》《妇女界》《上海周报》《文汇报》上发表大量文章，纪念鲁迅先生，为抗战爱国事业开辟了新战场。

太平洋战争爆发后，上海沦陷，上海地下党劝许广平到解放区去，她没有同意。

没过几天，20个日本兵闯进了许广平的家，她把早就准备好的一瓶哮喘药交给正在生病的周海婴后，独自走上了囚车。连续审问了几天，许广平始终守口如瓶。到第5天时，恼羞成怒的日本人先是重拳猛击她的头部，然后用皮靴猛踢，还脱去她的外衣，并用皮鞭狠狠地抽打她。到了第8天时，见到没有效果，日本人决定采用电刑。这是一种十分残酷的刑罚，不是一般的人能够承受的。然而，意志坚定的许广平面对电流一次次地通过自己的身体，硬是一次次地咬着牙关挺了过来。

在狱中，许广平一共遭受了十几次电刑，但是她没有交代朋友和组织的任何有价值的信息。被关押了76天之久，许广平终于在鲁迅日本友人的帮助下被释放，出狱的时候，她的腿几乎无法走路。她在狱中的表现令所有人叹服，都说她绝对称得上女中豪杰。郑振铎说："这是一位先驱者大无畏的表现！这是中华儿女们的最圣洁的精神的实型！"

在晚年的岁月里，许广平几乎用所有精力去整理鲁迅的文稿，回忆与鲁迅共度的时光。她写成了将近10万字的《鲁迅回忆录》。晚年的许广平又将爱情不断在心中美化，这就像是一个轮回，对她来说，爱完整了，一切又回到了原点。

许广平与鲁迅的婚姻其实只存续了 10 年，严格说来两个人根本就没有名义上的婚姻，许广平是始终没有明媒正娶的身份的，但是她的这份爱情却是非常完整的。

米粒妈觉得，在许广平的爱情中，更多的是一种向内的修行，而爱的对象只是这份爱中的一部分，剩下的部分，是跟自己对爱的信念在相处。不管是恋爱期的美化，婚姻期的琐碎厌倦，还是晚年追忆时的留恋，许广平都坚守着自己的爱。不管身处怎样的境遇，她都与当下的生活顽强地抗争，这才是一个大女主的强者风范。

沉 樱

曾与张爱玲齐名,她说,我是一个不被驯服的太太

才华与样貌样样都不差,却遇上渣男,最后华丽回归让渣男后悔死是啥体验?

这篇里要写的这位民国女性名叫沉樱,她以爱情小说而闻名,曾与张爱玲齐名。或许大家对她还有印象,没错,在写胡适夫人江冬秀那篇时,曾提到过梁宗岱为了和一个才女结婚要抛弃原配妻子。

这个才女就是沉樱,她当年也是被欺骗了,是妥妥的受害者。

沉樱,本名陈樱,原名陈瑛。

18岁那年,梁宗岱被家里人"骗"回老家,一进门就要他和父母朋友家的女儿何瑞琼结婚。作为新时代的新青年,梁宗岱当然不干,但他父母也不是吃素的,都把你骗回家了你还能跑得掉?梁宗岱左躲右躲,还是没能逃得过,最终在一票亲朋好友的见证下结了婚。

1923年,梁宗岱要去法国留学,他就与妻子何瑞琼商量:我去法国读书,顺便打个工,我把打工赚到的钱给你,你可以拿着钱去读书,前提是等我回来后,咱俩就离婚。何瑞琼答应得很爽快。

万万没想到,梁宗岱到了国外,那真是海阔凭鱼跃,天高任鸟飞,每天光顾着谈恋爱,把打工赚钱的事情忘得一干二净,在只给了何瑞琼十美金后,就没了下文。何瑞琼没办法,只得把自己的首饰典当掉才有书读。

这也就算了,可等到梁宗岱回国后,他和法国的那个女友就不得不分手了,这让他觉得实在是太难过了;再加上被北京大学聘为

教师，工作有点忙，他一想，得找个人来照顾我，于是就写了一封信把何瑞琼叫到北京来了。有人伺候了，工作稳定了，就有空闲时间了，就又可以谈恋爱啦！

在北京大学的时候，梁宗岱遇上了沉樱。沉樱和何瑞琼完全不同，从小家境不错，复旦大学毕业，受过良好的教育，是公认的才女，长得也很漂亮。那时的沉樱已经凭借着一篇《回家》在文坛一举成名。她的文章，连鲁迅和茅盾看了都拍手称赞。一见到沉樱，梁宗岱就陷进去了。他忘记自己是有妻子的人，开始追求沉樱。沉樱也被梁宗岱的才华深深折服，在不知道梁宗岱已有家室的情况下，两人在一起了。

可何瑞琼这边却是承担了义务，但好处是啥也没有，读书的钱也没得到，丈夫需要的时候就让她来伺候，结果自己累死累活了，他还要出轨？何瑞琼自然不干。为了能和沉樱在一起，梁宗岱给了何瑞琼1000块封口费就想把她打发了。

何瑞琼越想越气，忍无可忍把梁宗岱告上了法庭。这就有了后来那桩著名的离婚案。可结果，法官都判梁宗岱败诉了，他也不肯给钱，左躲右躲，最后跑到日本去了。这要放在现在，梁宗岱肯定就是妥妥的老赖了，还能让你逃到国外去？高铁都不能给你坐！

得知自己"被小三"后，沉樱既气愤又伤心，可后来，她还是选择了原谅，和梁宗岱一起去了日本。米粒妈觉得，梁宗岱真的是妥妥的大渣男了，既负了原配何瑞琼，还让沉樱背上了"小三"的头衔，名声都被他连累了。只能说，两个女士都是受害者。

1935年，风波过去，梁宗岱和沉樱回国，两人在天津举行了婚礼。

一开始，两人相安无事，每天谈文学、聊翻译，日子过得很幸福。可时间一长，梁宗岱贪心的秉性就又暴露了。他既想拥有一个每天能和自己高谈阔论的才女，又希望这个才女是贤妻良母，最好就别出去抛头露面地工作了。写到这里，米粒妈板凳都想掀了，这不是又想把啥好事都占尽吗？但沉樱还是妥协了。

没了工作以后，沉樱觉得自己太依赖丈夫了，这段婚姻正在渐渐吞噬她的灵魂，把她的自我啃得渣都不剩。沉樱想出去工作，可是丈夫太大男子主义，再加上女儿还年幼，完全离不开人，就这样，她的生活渐渐封闭起来，日子过得枯燥又乏味。按理说，妻子都牺牲自我为家庭付出一切了，梁宗岱该满足了吧？不，他没有，他觉得沉樱没有整天低眉顺眼，事事听从他的指挥，还是不够贤惠。

作为受过高等教育的女生，沉樱自然有自己的思想，当初她吸引梁宗岱的不正是才华吗？但梁宗岱并不满意，于是，他又出轨了。

1944年，梁宗岱回家奔丧，遇见了一位年轻漂亮的女旦角甘少苏。甘少苏自小刻苦学戏，文化水平并不高，因此她对梁宗岱这样的大才子很是崇拜，千依百顺，做小伏低。于是，梁宗岱又陷进去了，特别是听说了甘少苏在23岁时，被一位军官强迫做了姨太太，曾经历过一段生不如死的日子，他更心疼了；立刻正义感爆棚，豪气万分地拿出三万大洋给了那位军官，使得两人顺利离了婚。

这下轮到沉樱撂挑子了，自己都已经牺牲这么多了，梁宗岱居然还不满足，她痛定思痛，决定离婚！有没有闻到一股熟悉的味道？米粒妈发现，梁宗岱这人有一个特点，那就是把别人的付出和牺牲都当成理所当然。

听说沉樱要离婚，梁宗岱急了，他本想吃着碗里的看着锅里的，这下碗要跑了,他赶紧挽回,写了很多封信向沉樱认错。那时的沉樱,一个人带着两个女儿,肚子里还怀着小儿子,可即便这样,她还是没有心软,决绝离开。

"我是一个不被驯服的太太,绝不顺着他,大概这也算是山东人的脾气吧。"见挽回无果,梁宗岱也撂下狠话:"走就走,孩子可以再生。"在那个战乱的年代,一个人带着三个孩子,日子有多艰苦实在是无法想象,最难的时候,沉樱曾靠变卖家具为生。还好,她都熬过来了,靠着教书和写作,一个人养大了三个孩子。

最狗血的是,过了好多年,叫嚣着"孩子可以再生"的梁宗岱,发现甘少苏失去了生育能力……他只能去求沉樱让他见见自己的孩子们,沉樱自然不愿意,孩子小的时候你在哪儿?现在知道自己妻子不能生育,你跑来了?又想啥好事都占尽。后来,沉樱想要带着孩子们去台湾生活,梁宗岱还跑来阻止,说不能走,孩子也有他的一半。沉樱理都没理,直接带着孩子们远赴台湾,与梁宗岱此生不再相见。

沉樱将几个孩子都培养得很出色,在工作之余,她重新开始自己的写作和翻译事业,出版了多部作品。1967年,沉樱自费出版了自己的翻译作品,来自奥地利著名作家茨威格的小说集《一位陌生女子的来信》。此书一经出版,立刻在台湾文坛引起了轰动,这本书加印了很多次,历经30年经久不衰,至今仍旧畅销。

后来,沉樱随儿女到美国定居,中美建交之后,她回到大陆探亲,走了多个城市,见了许久未见的卞之琳、朱光潜等好友。知道她要回来,前夫梁宗岱多次写信给沉樱要求见面,但沉樱都拒绝了。

两个女儿去探望过父亲,但小儿子不肯与梁宗岱相见,他出生时，父亲已经离开，是母亲含辛茹苦将他养大，他无法理解父亲当年的所作所为，更无法原谅。梁宗岱曾经难过地说："儿子与我素未谋面，却恨我至极！"他一直想和自己的亲生骨肉见上一面，但这个愿望，直到临终都未能实现，最后只能带着遗憾去世了。

1988年，沉樱在美国疗养院去世，她生前一直拒绝加入美国籍，死后也留有遗嘱，告诉儿女们要将她还尸于国，葬到北京。她即便因为各种原因离开故土，但死后还是想回到生养自己的国家来。

对于沉樱，米粒妈真的心怀敬佩，她年少成名，22岁就出版了自己的小说集。

后来所遇非人，丈夫出轨，她痛定思痛，即便身怀六甲也要及时止损，当断则断。她一个人辛苦将孩子们养大，重新开始自己的事业，也算是没有浪费自己的天分。

但对于前夫，沉樱也不曾原谅过，自大陆一别，便此生不复相见。等到孩子长大了，见不见父亲，都让他们自己决定，她既不鼓励，也不阻止。虽然沉樱不原谅梁宗岱，但后来也慢慢地与自己和解，不再咬牙切齿地恨他。

人生呐，说短不短，说长不长，只要熬得过绝境，前路自会柳暗花明。

坚 韧

在苦难中发芽,开出绚丽的花

张幼仪

经历了民国最有影响力的离婚案,她成为了自己人生的主角

民国最有影响力的离婚案的当事人,一说名字,大家都知道,那就是徐志摩和张幼仪。这件离婚案到底是怎么发生的呢?

还得从张幼仪说起。

1900年,张幼仪出生在江苏宝山一个官宦人家。她的爷爷是清朝的知县,父亲是上海宝山县巨富,家里的地产和文物数不胜数。所以张家在当地属于名门望族。他们家特别重视对孩子的教育,别看张幼仪是女孩,也请了名师教导她。

张幼仪这一代,可以说是人才辈出。她的大哥张嘉保在上海开了棉油厂,被称为上海滩"油霸";二哥张嘉森(张君劢)是中国国家社会党的创办人,有名的政治家和哲学家,被称为"中华民国宪法之父";四哥张嘉璈曾任中国银行总经理,是20世纪著名的银行家、实业家,被称为"中国现代银行之父";八弟张嘉铸任中国蔬菜公司的老板,是开发黄豆多种用途的先锋;九弟张禹九毕业于哈佛大学,是20世纪30年代著名的新月派诗人;妹妹张嘉蕊是服装设计师,也是知名的社会活动家。

对张幼仪来说,小时候唯一遭过的罪就是来自封建王朝的糟粕——裹脚。

那时候有权有势家族出来的女孩都要裹脚,因为那个年代"女子的脚越小,以后就嫁得越好"。

张幼仪3岁时,母亲就开始给她缠脚,连续三天下来,她哭得撕心裂肺。最后她二哥听着实在是心疼,跪着求母亲别给妹妹缠脚,说道:"如果妹妹嫁不出去,我养她!"在二哥的承诺下,张幼仪成了张家第一个不用裹脚的女孩。

可能是受到哥哥的影响,张幼仪特别喜欢学习。12岁那年,她在报纸上看到江苏省立第二女子师范学校招生,于是自己在家备考,只考了一次就被录取了。如果按照这条路发展,张幼仪妥妥能走出一条新女性的路线。可是张家虽然开明,毕竟还是传统的世家,女孩及笄之后(15岁及笄礼后算成年)要跟其他的世家结姻亲。

张家看上的就是徐志摩家,两家一个从政、一个从商,可谓门当户对。可是对张幼仪来说,这门亲事却是她痛苦前半生的开始。

徐志摩大张幼仪3岁,18岁的徐志摩早就在文坛上崭露头角,他师从梁启超,受的是正宗的西式教育,根本看不上充满"旧社会习气"的张幼仪。

第一次看照片时,徐志摩直接贬低张幼仪是乡下土包子。既然看不起人家女孩,那何必要娶呢?追求你的新式爱情,找个独立新女性结婚好了。自己无能,扛不住家里给的压力结了婚,还把不满发泄在张幼仪身上。无论妻子穿什么、说什么、做什么,怎么孝敬父母,徐志摩就两个态度:蔑视和厌恶。有人会问,张幼仪受过教育,家世也不差,怎么就不反抗呢?

原因有二。

一是那个时代对传统女性的要求依然是"出嫁从夫",不管丈夫怎么对待,妻子都得逆来顺受;二是张幼仪的性格温良恭顺,她觉得是因为自己没做好,丈夫才不喜欢自己,所以一直小心讨好丈夫。她以为相处时间久了,徐志摩就会好好待她。谁知道,结婚几个星期之后,徐志摩直接去了北京读书。他每次寄信回家,问候的都是父母，对张幼仪只字不提。放假回家小住，除了履行传宗接代的任务，眼里就没有张幼仪这个人。

1918年，也就是他们结婚的第三年，张幼仪终于怀孕，生下了长子徐积锴。她没有等到丈夫的另眼相看，只等到了丈夫出国留学的消息。这一去，就是两三年未归。

张幼仪的二哥觉得徐志摩很不像话，于是跟徐家一起劝徐志摩接张幼仪到英国团聚。徐志摩有什么办法，国外的一切开销还要家里出，只能写信给张幼仪，让她来英国陪读。这时候的张幼仪对徐志摩还心存幻想，于是买了船票，满怀欣喜地去了英国。

轮船刚刚靠岸，张幼仪一眼就认出了丈夫，但看到徐志摩一脸厌恶的样子，她的心里拔凉拔凉的。张幼仪在回忆录《小脚与西服》里说："我斜倚着尾甲板，不耐烦地等着上岸，然后看到徐志摩站在东张西望的人群里。就在这时候，我的心凉了一大截。他穿着一件瘦长的黑色毛大衣，脖子上围了条白丝巾。虽然我从没看过他穿西装的样子，可是我晓得那就是他。他的态度我一眼就看得出来，不会搞错的，因为他是那堆接船的人当中唯一一个露出不想到那儿的表情的人。"

徐志摩一接到张幼仪，便对着她的旗袍皱眉头，第一站就带着张幼仪去了商场买西式的裙子、帽子让她换上，又急着去照相馆拍了合影寄回老家，让父母以为他们小两口在国外琴瑟和鸣。

之前徐志摩为什么不愿意接张幼仪来英国？因为人家迷恋上了著名的才女林徽因，哪有工夫搭理张幼仪啊。要不是父母之命，他早忘了自己结过婚了。

张幼仪来陪读，他借口妻子语言不通，让她待在家里伺候自己的饮食起居,自己在外则疯狂追求林徽因。在这期间,他还让张幼仪再次怀了孕。当张幼仪告诉他自己怀孕了,徐志摩却毫不犹豫地命令她打掉。张幼仪不敢相信儒雅的丈夫居然说出这种话,她弱弱地反驳道,听说打胎很危险,有人因为打胎死掉了。徐志摩轻蔑地说,怕死的人多了!还有人因为坐火车死掉呢,难道你看见人家不坐火车了吗?

徐志摩一看张幼仪不答应,直接进一步逼迫,"冷暴力"加"出轨"双重出击。言语贬低、不理不睬这些都是轻的,他还直接把陌生女人带回家过夜,后来干脆就不回家了。怀孕的妻子一个人在异国他乡是生是死,他根本不关心。好在张幼仪的二哥把她接到巴黎照顾,后来七弟又带着她到了德国生活。等徐志摩再次出现的时候,他们的孩子已经出生一周了,那时候已经是1922年3月了。你以为徐志摩是来看孩子的吗?不是。他是来逼张幼仪签字离婚的,因为林徽因很快就要来了,他得在那之前做个了断。张幼仪认清了现实,没有跟徐志摩纠缠,直接签了字。

这就是中国第一件离婚案的始末。

徐志摩拿到离婚协议后欣喜若狂,离婚一个月后,徐志摩专门写了一首《笑解烦恼结》的新诗送给张幼仪,里边有一段是这么说的:"如何!毕竟解散,烦恼难结,烦恼苦结。来,如今放开容颜喜笑,握手相劳;此去清风白日,自由道风景好。听身后一片声欢,争道解散了结儿,消除了烦恼!"这还不算完,他还在国内《新浙江·新朋友》上刊登了离婚通告:"我们已经自动挣脱了黑暗的地狱,已经解散烦恼的绳结……欢欢喜喜地同时解除婚约……现在含笑来报告你们这可喜的消息……"

他是开心了，自由了。但张幼仪呢，她要养两个孩子，还要面对舆论的苛责，这对一个旧式女性来说，简直是灭顶之灾。当然，林徽因也没答应徐志摩，过了不久，林徽因就跟梁思成结婚了。

我们说回张幼仪。

张幼仪知道，若回国，家里人能照顾她们母子，但是风言风语也能把她"吞"了。她决定留在德国好好学习，这样就算以后回国了，也能养活自己和孩子。张幼仪在很短的时间内学会了德语，并边工作边攻读幼儿教育学位。只是没想到，在1925年，3岁的小儿子因病夭折。被离婚，失去儿子，一个旧式女性最大的悲痛莫过于此，但张幼仪挺过来了。就像她自己说的："去德国以前，我凡事都怕；去德国之后，我一无所惧。"

1926年，张幼仪回国了。

她回国有两个原因，一个是跟大儿子团聚，另一个是徐志摩要跟陆小曼结婚，徐家父母不相信徐志摩和她离婚了，要当面问清楚。问就问吧，张幼仪早就不在乎这个了。处理完徐家的事，张幼仪就去了上海。她凭着流利的德语和广阔的学识，到东吴大学做了德语老师。她的教学深入浅出、灵活有趣，她教的德语课很快就成了热门课，有的学生为了上她的课，站着旁听也愿意。

一个旧式女性有这样的成就，在当时可是非常罕见的事。连她八弟都说："六姐真是个女强人，短短时间里就有了这样的成就。"

1927年，不满足于教学的张幼仪，在四哥的帮助下，成为上海女子商业储蓄银行的总裁。一开始她也不懂业务，但她愿意一心钻进去，每天早出晚归四处联系业务。经过一系列的整顿，她直接盘活了这间银行。

张幼仪的商业嗅觉也很灵敏，很快又成立了一间女性服装公司——云裳公司。听着不起眼是吧，这间公司可不得了。当时云裳公司做出来的衣服就是上海滩的时尚潮流，时尚界的大咖都以穿云裳最新款为傲。很快，张幼仪成了服装界的风云人物，身价不菲。而后，张幼仪又做起了股票生意，别看当时是战乱时期，靠着精准的投资眼光，她依然赚得盆满钵满。

相较于张幼仪的崛起，徐志摩的生活就捉襟见肘多了。陆小曼是个只会花钱、不会赚钱的主儿。徐家看不上陆小曼的做派，坚决不给徐志摩经济支援。据说徐志摩为了维持陆小曼奢侈的生活，疲于奔命，到处讲课。还是张幼仪帮他出书，借他钱花。这做派，就连徐志摩都不得不承认，张幼仪真是一个有胆量有志气的女子。当然，以彼时张幼仪的眼界，早就看不上他了。

徐志摩的父母一直把张幼仪当女儿看待，这些年一直帮衬着她。张幼仪关照徐志摩，未尝没有投桃报李的意思。1930年，徐老太太因病重去世，徐志摩连丧事都不会操办，还是张幼仪从上海赶来，以干女儿的身份给老太太料理了后事。

隔年，徐志摩乘坐的飞机失事，不幸身亡。陆小曼只会哭，没能力操办葬礼，也是张幼仪出面，让中国一代诗人走得体体面面。徐家老爷子也是张幼仪负责养老送终的。至此，张幼仪跟徐志摩的纠缠总算是落下了帷幕。

之后张幼仪顺风顺水，1949年跟着儿子到香港定居。1953年，张幼仪遇到了真心爱她的苏纪之，两人结了婚。之后两人和和睦睦生活了19年，直到苏纪之因病去世。张幼仪就去了美国跟儿子生活在一起，于1988年在纽约逝世。在她的墓碑上，刻着"苏张幼仪"

的名字。可能有人不明白这四个字的意义，从表面看是"以你之姓，冠以我名"，实际上意味着她彻底放下了徐志摩，开启了新的人生。

张幼仪这后半生，有人相伴，儿孙孝顺，可以说过得非常幸福。她遇到徐志摩，是大不幸。但她没有自怨自艾，感叹命运的不公，而是把手里的一把烂牌打出了王炸。有人说，她的成功离不开家人的支持和帮助，这话没错。可我也认同她的那句话："我要为离婚感谢徐志摩，若不是离婚，我可能永远都没有办法找到我自己，也没有办法成长。他使我得到解脱，从而变成另外一个人。"所以说女人啊，靠山山倒，靠人人跑，唯有自己靠得住。共勉。

董竹君

13 岁被卖入青楼,29 岁带女儿净身出户,最终成为一代商业传奇

最近米粒妈看民国人物史入了迷。你要问为啥,我只能说民国时期,真是人才辈出、神仙打架的年代。只要你叫得出名字,一查他的生平资料,绝对是一部辉煌的扛把子传记。尤其是民国的女扛把子们,男人能干的她们能干,男人不能干的她们也能干。一手抓事业,一手抓家庭,什么都不耽误。这些女扛把子们的经历,就算过了百八十年再看,依旧让我有种"滔滔江水连绵不绝"的崇拜。

锦江饭店的创始人董竹君,出身贫寒,年少时被卖进堂子,最后凭着坚韧不拔的意志和审时度势的头脑,终成为一代商业霸主。郭沫若先生曾专门为董竹君题诗,称她为"诚哉女丈夫"。

董竹君一出生就拿了一手烂牌。

1900 年,她出生在旧上海的贫民区,乳名"毛媛"。父亲以拉黄包车为生,母亲靠给人帮佣贴补家用。虽然董竹君是女孩,父母也没有轻视她,反而节衣缩食,送她去私塾读书,希望她将来能嫁个好人家,不再过清苦的日子。只是没想到,在董竹君 13 岁那年,父亲因积劳成疾得了伤寒病,躺在床上奄奄一息。家里的主要劳动力倒下了,仅靠母亲给人帮佣,根本维持不了生计。刚出生的弟弟因为没有吃的,被活活饿死。迫于生计,父母只能把女儿抵押给长三堂子卖唱三年,拿到了 300 块大洋。

也不知道是幸运还是不幸,13 岁的董竹君长相清丽,歌喉婉转,由于读了几年书,身上有着青楼女子所没有的书卷气,人称"小西施"。她很快就成了堂子里的头牌,每天都有很多客人专门来听她唱曲儿。然而,她清醒地知道,不管是不是"卖艺不卖身",在老鸨眼里,自己是摇钱树,而在客人眼里,自己不过是消遣的"玩意儿"。"我戴上最喜欢的一对碧绿色翠玉耳环,穿一身当时最时髦的黑纱透花夹衣裤,将头发梳成最时兴的刘海剪刀式,手腕上戴了一对金花式镯子,漂漂亮亮地去时芳照相馆,然而我的心情却是那样的沉默。"董竹君这样想。

1915年,15岁的董竹君在堂子里当了两年的"清倌儿",已经有了固定"捧场"的客人。她一直暗暗留心观察这些人,寻找离开堂子的机会。那时候给她捧场的主要有两类人,一类是偎红倚翠的公子哥,另一类是壮志凌云的革命青年(当时革命党经常被迫害,常以青楼作为掩护场所)。第一类人不可靠,董竹君绝不沾身;第二类人接触新思想,对青楼女子怀有同情,是她重点接触的对象。

当时有一位革命青年引起了董竹君的注意,他就是夏之时。夏之时早年留学日本,回国后曾跟随孙中山参加辛亥革命。他来找董竹君,除了听曲儿,没做过任何调戏她的举动,反而教导她好好读书。夏之时从心底里尊重这个命运多舛的姑娘。

两个人接触多了,就互生了爱慕之情,英雄爱美人,美人惜英雄,很快就私订了终身。说实话,以当时夏之时的人脉和财力,帮董竹君赎身轻而易举。但董竹君并没有被爱情冲昏头脑,她知道,如果让夏之时出钱,自己就真的成了一件商品。现在千好万好,日后他厌烦了自己,难免会拿赎身说事儿。人家一句,你是我拿钱买回来的,董竹君就无话可说。所以,她跟夏之时确定了三件事:我自己赎身,你不用管;我不做你的女人,要做就做夫人;我知道你要去日本,你必须带我到日本读书。夏之时全都答应了。

于是，董竹君开始准备出逃计划。她先是装病，让老鸨放松警惕。接着在一个夜晚，把积攒下来的金银首饰、绫罗绸缎都放在屋里显眼的位置，自己穿着一身素衣从窗户偷偷跑出了堂子，跟夏之时会合。可能有人会问，为什么不把值钱的东西带走呢？这就是董竹君的聪明之处，她这么做相当于给自己赎身，用身外之物换自由。

这一年，15岁的董竹君和27岁的夏之时举行了婚礼。婚后，两人一起去了日本。夏之时送她去东京女子高等师范学校读书，还请来一位四川老师夏斧给她"开小灶"。这位夏老师给她重新取了名字叫"董篁"，字竹君。从此，董毛媛真正成了董竹君。

虽然嫁给了意气风发的革命党人，但总有人拿董竹君的身世说事，见到她就一副冷嘲热讽、瞧不起的样子。董竹君自尊心很强，哪能受得了别人这么对自己。可是，以自己目前的能力和才学，确实也拿不出手。她只能咬咬牙，白天去学校上课，晚上学习处理家事，忙到半夜是常有的事。就这样，在短短4年的时间，她修完了东京女子高等师范学院的所有课程，同时把家务整理得井井有条，烹饪、刺绣、装修、管账、陪孩子读书，等等，每一样都做得很好。晚上，董竹君还抽时间读书，一点一点扩展自己的视野。她的努力赢得了其他人的称赞，当时来她家做客的客人曾夸赞她："你们家前面琅琅读书声，后面一片织机声，真是朝气蓬勃，好一个文明家庭。"

看起来，一切都在往好的方向发展。可没想到的是，看似最支持董竹君的丈夫夏之时，却在婚后生活中暴露了自己的"真面目"。倒不是说夏之时欺骗了董竹君，只不过在热恋期，他隐藏了自己的缺点，婚后却完全暴露罢了。

董竹君曾在自传里写道，1915年，夏之时奉命回四川，走之前给了自己一把枪,平时可用来防身,但要是做了对不起他的事,就用枪自杀。这还不算完,夏之时还把在上海南洋中学读书的四弟叫到日本,监视董竹君的一举一动,防备她红杏出墙。

1917年,董竹君打算去巴黎留学,但当时夏之时被革命党任命为四川靖国招讨军总司令,他以照顾自己为由,强制董竹君跟他回四川合江。这些董竹君都能忍,毕竟那个年代的男人大多都是这个做派。

但在1919年之后,夏之时越来越过分了。由于夏之时在派系斗争中站错了队,再加上贪污受贿,很快被革职查办,从堂堂的大将军都督变成无所事事的闲人。他经受不住打击,开始堕落,沉迷于打麻将和吸鸦片,稍有不顺心,就对董竹君一顿大骂。有一次,董竹君太因过劳累而患上肺病,夏之时竟然毫不在意,在她患病期间,从来没去看过。

更过分的是,夏之时极其重男轻女。他们有五个孩子,四女一男。夏之时从来不管女儿们的教育和生活,要不是董竹君坚持,他连书都不想让女儿读。

1929年,有一次夏之时无意间发现女儿夏国琼跟钢琴老师通信,一看是男老师,便直接对着女儿破口大骂,说她不守妇道,私会外男。很难想象,这是一个曾经出国留洋、见过大世面的新派人士说出来的话。董竹君一看女儿被骂,赶忙维护女儿,反驳夏之时。没想到的是,夏之时恼羞成怒,直接跟董竹君动手,后来还冲进厨房拿菜刀,追着董竹君要砍死她。这一刻,她知道,他们的婚姻到头了。

董竹君提出离婚,可夏之时根本不同意,他认为妻子是自己的私有财产,只有自己不要她的份儿,妻子没资格主动离开。无奈之下,董竹君只能带着四个女儿离家出走,到上海生活。这件事当时轰动了整个成都,各大报社纷纷报道,有一家的标题是:"夏之时家中难都督,将军街出走女娜拉。"当时恼羞成怒的夏之时追到上海,想强拉董竹君回家,但她态度坚决,坚持要离婚。分居5年之后,两个人正式离婚。

  董竹君在感情上当机立断,在那个年代非常难得。但是一个女人带着四个孩子想在乱世中站住脚,不是一般的艰难。刚到上海的时候,因为不知道干什么,董竹君只能靠典当首饰养活自己和孩子。

  后来她发现纺织业有前景,就在1930年跟人合伙创办了群益纱管厂,因为技术过硬,价格公道,很快就站稳了脚跟,厂子越办越红火。可惜好景不长,1932年"一·二八淞沪抗战"爆发,工厂被日军炸成废墟,事业毁于一旦。为了筹集资金重建工厂,董竹君四处奔走集资。同时,怀着一颗爱国之心,到处发表抗战言论。结果,她因被人陷害而进了监狱,父母在担忧之下相继去世。那段岁月是董竹君最黑暗痛苦的日子。如果是一般人,可能就此一蹶不振了,但董竹君没有,一想到家里还有四个女儿,她就咬紧牙关坚持住了。

  董竹君终于在1934年迎来了转机。一位名叫李嵩的四川商人听说了董竹君的故事,心生敬佩,愿意借给她2000块大洋,让她东山再起。拿着这笔雪中送炭的钱,董竹君并没有脑袋一热重开纱厂,而是把目光投向了餐饮行业。当时在上海最受欢迎的菜系是粤菜和闽菜,川菜因为太过麻辣重口,不对上海人的胃口。董竹君觉得,如果把川菜的花色品种按照食客的口味改造一下,肯定有市场。董竹君的作风是想明白了马上就干。

1935年3月15日，锦江川菜馆正式挂牌营业。跟一般的餐馆不同，锦江川菜馆定位极高。董竹君一开始主打的就是文化饮食，她要把菜馆经营成上海的地标。所以她把饭馆开在市中心的华格臬路上，门前就是马路，还有大片的空地方便客人停车。菜馆是一栋一底三楼的单开间，她把底下两层打造成大堂，二、三楼隔成大大小小的雅间，厨房则放在顶楼晒台上，客人完全闻不到油烟味，用餐环境较好。装修上更是考究，结合了中西风格，极有档次。而且所有的餐具都是专门定做，上面印有锦江川菜馆的 logo——竹花。至于菜品更不用说，麻辣重口的川菜在董竹君的改良下，更加贴合上海人的口味，好吃不说，摆盘更加精致。

锦江川菜馆开业不久，便立刻火爆上海，有头有脸的人物都到这里来吃饭。当时名震上海滩的青帮大亨杜月笙、黄金荣和张啸林经常到锦江川菜馆吃饭。卓别林访问中国时，也曾到这里吃过香酥烤鸭。

1936年，董竹君又开了一家"锦江茶室"，专门接待社会名流，他们在此可聊天谈生意。同样，刚开业就高朋满座，红红火火。

那个时候，董竹君的名字响彻上海滩，一提到锦江饭店的董先生，没有人不敬佩。

董竹君在商业上站住了脚，但她并没忘记女性的艰难。1937年，她联合《大公报》的女记者创办了《上海妇女》杂志，宣传男女平等，为女性发声。她的锦江饭店也以女服务员为主，让她们在经济上先独立，进而达到精神上的独立。

但是也是在这个时候，日本开始全面侵华，自"八·一三事变"之后，大举进攻上海。日本人让董竹君在日本军部门口开个锦江川菜馆,她不愿成为汉奸,以找不到高级厨师为由跟对方周旋拖延。日本人一看董竹君不配合,就开始威胁她。后来董竹君实在是周旋不下去了,在1940年决定带着女儿们去菲律宾避祸。

想不到,1941年太平洋战争爆发,菲律宾也被日军侵占,董竹君一家回不去上海,只能在菲律宾过了好几年的难民生活。

1945年日本投降之后,董竹君才回到上海。那个时候的锦江川菜馆已经不成样子,董竹君废了好一番功夫才把饭馆整顿好。

1950年上海解放后,为了方便接待中央首长和外国元首,上海市政府找到董竹君,希望她可以承担此事。董竹君一口答应,她把锦江川菜馆和锦江茶馆合并,迁移到华懋大厦,更名为锦江饭店。然后把苦苦经营了16年的事业无偿捐献给了国家,自己则出任锦江饭店的董事长兼经理。这份魄力,没几个人能及。

不过,商场的女大亨终究没躲过"文化大革命"这场劫难。

1967年,有人举报董竹君是特务嫌疑分子,在没有任何证据的情况下,董竹君被关了整整5年。三天两头的审问、无休止的劳作、羞辱责骂都是家常便饭。但是董竹君一直坦然相对,70岁那年她还给自己题了一首诗:"辰逢七十古稀年,身陷囹圄罪何见。青松不畏寒霜雪,巍然挺立天地间。"以示不屈坚韧。

直到1979年,她才获得平反,恢复了名誉。

晚年她把自己一生的经历写成一本书叫《我的一个世纪》。当时央视的《东方时空》采访过董竹君,问她近百年的人生有何感受。董竹君说,我认为人生必然要经过许多坎坷磨难,对它一定要随遇而安。

1997年,董竹君病逝,享年97岁。她走的时候安详平和,没有任何遗憾。

董竹君这一生,可谓跌宕起伏,充满传奇色彩:13岁被卖进堂子;15岁成为督军夫人;29岁带着四个女儿独自创业;34岁离婚创立锦江川菜馆;51岁把事业无偿捐献给国家;52岁受周恩来夫妇邀请做客中南海;79岁开始写自传;97岁还想办个幼儿园。

在近一个世纪的人生中,董竹君就如同她名字的寓意一样,像一棵坚韧的竹子,在历史的长河中留下了浓重的一笔。"我从不因被曲解而改变初衷,不因冷落而怀疑信念,亦不因年迈而放慢脚步。"

潘玉良

13 岁沦落风尘，31 岁成为大学教授，画作售价千万，成为一代大师

这篇里要写的，是民国六大新女性画家之一——潘玉良。讲真，在这六位画家当中，潘玉良绝对是个异数。其他五位，或出身名门望族，或来自巨富之家，或生于书香门第，她们从小就接受良好的教育，接受最新式的思想熏陶。唯有潘玉良出身贫寒，经历坎坷，生前一直遭人辱骂。但时至今日，艺术成就最高的、名望最大的，也正是潘玉良。

虽然她已经去世 40 多年，可她的作品依然广为流传，很多画作更是价值千万元以上。她的《窗边裸女》拍出 3000 万港元，《海边三裸女》拍出 1667 万元人民币。巩俐和李嘉欣都扮演过这位传奇的女画家。不过，真实的潘玉良并没有这两位女明星的美貌，甚至可以用丑来形容。她的朋友，歌唱家周小燕这么形容："潘玉良真的是很丑，丑到什么程度，她走在香榭丽舍大街上是有回头率的，不是因为漂亮，是因为长得实在不怎么样。长得丑，穿得也怪。"不过，也正是因为这样，我们看她的故事，才会特别有感触。

小时候的潘玉良很惨，惨到绝大多数人落到她那个境遇，根本翻不了身。那时候的她还不叫潘玉良，而是叫陈秀清。1895 年，她出生在江苏扬州的一户贫苦人家。1 岁丧父，2 岁失姐，8 岁那年相依为命的母亲也撒手人寰了。母亲临终前，将她交给舅舅抚养，她自此改名为张玉良。

张玉良在舅舅家生活了 5 年多，有一天舅舅回家高兴地跟她说，给她找了个好地方，那边只要每天唱唱曲儿，就吃香的喝辣的。张玉良信以为真，就跟着舅舅走了。结果，舅舅把她骗到安徽芜湖最有名的堂子"兰心院"，把她卖了两担大米的价钱就跑了。

张玉良一直记得老鸨当时那看货物般的眼神和刻薄的话："小眼睛、厚嘴唇，这底子怎么长也长不成美人。"就是这句话，定了她未来的出路：一个最低等的堂子女人。那时候的张玉良只有13岁，年纪虽小，可也知道堂子不是什么好地方。在这里，女人就跟货物一样，没有做人的尊严，她不甘心一辈子就这样生活。为了从堂子里逃走不接客，她前后尝试了50多次，每次都被抓回来，每次等待她的都是侮辱咒骂和拳打脚踢。为了让潘玉良屈服，老鸨没少使阴招儿。可即使这样也没能让张玉良屈服，她宁愿选择死，也要清清白白做人。最后老鸨实在没办法，就让张玉良改做卖艺不卖身的清倌，找人教她学琵琶、京剧、唱曲儿。

虽然清倌也没好多少，但比原来的境遇好太多了。于是张玉良蛰伏下来，苦心专研才艺。她知道唯有如此，将来才有机会离开这里。

几年后，勤学苦练的张玉良成了芜湖最有名的清倌，达官贵人总会点她唱曲儿。终于，她等来了触底反弹的机会，遇见了愿意拉她出火坑的潘赞化。

那个时候的潘赞化是刚上任的海关监督，手里权力不小，所有商人都想拉拢他。有一天，芜湖的商人在"兰心院"设宴款待潘赞化，特意点了张玉良唱小曲儿。张玉良唱了有名的曲子《卜算子》，因为她性格倔强不屈，唱腔中带着一股悲壮苍凉。潘赞化听了心有感慨，就跟张玉良聊了几句。

没过几天，商人就把张玉良当作"礼物"，送到潘赞化家。潘赞化为人正直，当他知道张玉良只有17岁之后，便给了张玉良一包银圆，让家里的仆人送她回去。张玉良觉得这是个难得的机会，直接跪下恳求潘赞化留下自己。潘赞化听了她的遭遇动了恻隐之心，可是潘赞化当时已经结婚生子，所以他对张玉良说，如果我娶你的话，你只能做小妾。张玉良听后，表示愿意做小妾。潘赞化这才给她赎了身，将她留在了身边。

　　成婚之后，张玉良感恩于潘赞化的救赎之恩，于是改姓潘。从此，那个任人欺凌的张玉良重生为新女性潘玉良。

　　潘玉良从小生活贫苦，没有上过学，不识字。潘赞化就买了小学课本，一点一点教她认字读书。仅用一年的时间，潘玉良就能自己读书了。

　　后来潘赞化带潘玉良去了上海，在法租界租了一间房子，正好在美术学院教授洪野先生的隔壁。

　　有一次，潘玉良无意间看到洪野先生正在作画，回家后就开始临摹涂鸦。后来洪野先生看到她的画，就收潘玉良为徒，正式教她画画。当时洪野先生断言："此女一经雕琢，定会成为光彩夺目之器。"潘玉良也没有辜负老师的期待，在潘赞化的鼓励下，以素描第一的成绩考上了上海美术专科学校。从堂子里的清倌到美术学院的高才生，潘玉良用了6年时间。

　　我们现在看上海美专，觉得它是现代美术教育的启蒙学校。但在民国，上海美专可以说是"伤风败俗"的存在。男女同校不说，还开设人体素描课。当时的校长刘海粟聘请了中国第一位女模特，还引发了一场轰轰烈烈的"裸体官司"。上海督办勒令刘海粟立即撤回模特制。就是在这样的环境下，潘玉良为了练习基本功，依然坚持描摹人体线条。学校没有人体模特，就在家对着镜子画自己的身体。最后还把自己的作品在师生联合展览上展示了出来。按理说，学校里有这样为了艺术献身的学生，应该受到师生的尊敬。没承想，大家讨论最多的却是她的出身。学生们打着"誓不与妓女同校"的名义，要求学校开除潘玉良，否则就集体退学。

校长没办法，为了挽留学生，只能把潘玉良开除了。可想而知潘玉良当时的心情，她进了最开放的学校，却被守旧的思想狠狠地打了一巴掌。校长刘海粟非常欣赏潘玉良的艺术天赋，于是给她指了一条明路，那就是建议她去法国学画画。

在丈夫的帮助下，潘玉良拿到了留学的名额，孤身一人远渡重洋到法国深造。那一年，潘玉良26岁。

刚到法国，最大的难题是语言不通，所以潘玉良先在里昂中法大学学了一年法语。第二年，也就是1922年，她考进了里昂国立美术专科学校学习油画。从此，潘玉良在艺术领域中如鱼得水，一路开挂。1923年，在巴黎跟随吕西安·西蒙学习，和徐悲鸿成了同学；1924年，考入巴黎国立美术学院；1925年，考入意大利罗马皇家美术学院，直接升入三年级学习；1926年，正式跟随绘画大师康洛马蒂学习；1927年，作品入选意大利美术展览会，获得5000里拉的奖金，作品《白菊》在南京市教育局展览会展出。

1928年，潘玉良选择回国支援国内的艺术教育。此时的她在艺术圈已经颇有名望。中央国立美术学院聘请她当教授，昔日的母校上海美专也请她回去当老师。她的画展每次都爆满，就连同门师兄徐悲鸿想看画展，都得提前一天来排队。不过，虽然潘玉良得到了艺术界的认同和欣赏，但关于她的流言蜚语一点都不少。

这是因为，她画的人物大多数是裸女，模特还是自己。当时很多人表面上尊重她，背后可没少闲言碎语，上海美专的同事讽刺过她："凤凰死光光，野鸡称霸王。"不可谓不毒。

潘玉良怎么回应的？她根本不回应，而是做了两件事：一是不停地画画；二是持续办画展。1936年，她在南京办了第五次大规模的画展，把自己多年的作品都展览了出来。其中一幅名叫《人体力士》的油画特别引人注目。画的是一位裸体的中国大力士把压在花草上的巨石搬走，寓意着中国人抗战的决心。当时的教育部部长参观时，直接下了1000块大洋的定金，打算买回去珍藏。可就是这么一幅意义深远的油画，在展览期间，被人用刀子划了好几道长长的口子，上面还贴了侮辱性的字条：妓女对嫖客的赞歌。这件事让潘玉良受了很大的打击，不管她多么有天赋，取得多大的成就，总有些人拿她悲苦的出身作文章。

别的画家画人体画，那是打破旧思想，是时代先锋。而潘玉良画，就是给旧社会唱赞歌，侮辱艺术。她可以不在意别人对自己的人身攻击，但不能不在意别人对她作品的曲解。在这样的背景下，连起码的平等都得不到，还提什么理解和支持呢。正好，此时巴黎正在筹备万国博览会。深思熟虑之后，潘玉良决定先去法国参赛，再慢慢改变其他人对自己的看法。只是没想到，这一去就再也没机会回到祖国。

潘玉良刚到巴黎不久，就听到了日军侵占南京的消息。因为战争，她没法回国。怀着强烈的爱国心，她以李清照为原型，连夜做了雕塑草坯《中国女诗人》，表达身为中国人失去国土的悲愤之情。那时候的她早就获得了法国国家金质奖章、法国文化教育一级勋章、比利时金质奖章等高级奖章。想要过优渥的生活对她而言是件很容易的事，但是为了表示身为中国人的骨气，她还立下了"三不原则"：永不加入外国国籍，永不恋爱，永不和画商签约。不加入外国国籍，享受不到国家福利；不谈恋爱，只能孤身一人；不跟画商签约，经济来源没有保障。所以她在国外的日子并不好过，只能住在房租便宜的郊外，靠教学和救济金度日。这样的日子，一过就是几十年。

这段时间，唯一能慰藉她的，只有丈夫潘赞化的家书。其间，潘玉良多次跟丈夫说要回国，但因为战争的原因，都被潘赞化阻止了。后来，因为"文化大革命"，两个人彻底失去了联系。1959年，潘赞化因病去世，而潘玉良则完全不知道。

直到1964年中法建交，大使馆派人来看望潘玉良，她才知道丈夫已经过世的消息。这时候的潘玉良在欧洲艺术界已经是大师级的画家，就连卢浮宫都收藏了她的画作。但这些对她来说已经不重要了，丈夫的离世让潘玉良陷入巨大的悲痛中，她大病了一场，再加上多年来生活困苦，身体完全垮掉了，最后只能卧病在床。以她当时的身体状况，根本禁不住回国的车马劳顿，所以没办法回到祖国。

1977年7月22日，潘玉良在巴黎去世，临终前她向好友留下遗言：将所有的东西都带回祖国，潘赞化的项链和怀表交给他的子孙，画作捐给博物馆，还有那张自画像，也带回去，就算自己回到了祖国。

至此，一代画家魂归故乡。

潘玉良这一生，辉煌与磨难相伴。从堂子里的清倌到享誉国际的画家，她经历的苦难坎坷，常人难以想象。她就像走在刀刃上一样，每一步都必须小心翼翼。她沦落风尘，却不轻言放弃；她遭人诋毁，没有丝毫畏惧;她陷于贫苦,绝不屈服权贵;她身处异国,依旧心系故土。

在80多年的人生中,潘玉良挣脱了时代与命运的桎梏,活成了最真实坦荡、勇往直前的样子。

她一生坎坷,但也绽放出动人的光辉,她被世人誉为"画魂"。

潘 素

从沦落青楼到名满天下，女画家潘素的故事，每个女孩都应该好好看看

这位民国女性大概是拿了"逆天改命"的剧本，将一手烂牌打出了王炸的效果。

她命运多舛，年幼时摊上了不靠谱的家人，将她推入无尽的深渊；但她就是有这样的本事，即便身处黑暗，也要鹤立鸡群；只要给她一根绳索，她便会不顾一切地往上爬，誓要改变自己的命运。通过自己的努力，她成了著名画家，成就非凡，终于摆脱了那段黑暗的过去。她就是民国女画家潘素，一个长得漂亮、活得更漂亮的传奇女子。

潘素原名潘白琴，1915年出生于江苏。潘家原本也风光过，潘家的祖先潘世恩是赫赫有名的"苏州三杰"之一，可惜到了潘素她爹潘智合这一辈，潘家早已没落。按道理说家道中落更应该努力拼搏，寻回往日的风光和富贵，可潘素她爹偏不，每日游手好闲，妥妥地纨绔子弟一个。

但好歹瘦死的骆驼比马大，尽管家境已经大不如前，但潘素的母亲还是竭尽全力培养她，给她请来老师教她书画、音乐，希望女儿长大后能够安身立命，出人头地。可惜的是，天有不测风云，还没看到女儿长大成人，潘素的母亲就因病去世了。

潘母去世后，潘素她爹火速给她找了个后妈，后妈一进门，就看潘素哪哪都不顺眼；后来，看潘素琵琶弹得好，竟然将她转手卖到了青楼。至于潘素她爹，依然每天只顾着吃喝玩乐，压根想不起自己还有个女儿。

被卖到青楼这一年,潘素只有 13 岁。

因为长得漂亮,琴艺高超,潘素慢慢成了青楼的花魁,受到当时不少军阀、达官贵人的追捧,人称"潘妃",她在手臂上刺了一朵红玫瑰花,每天流连于名利场之中。直到她遇到了家境富裕的大才子张伯驹。

那时的张伯驹在父亲创办的盐业银行担任总稽核,二人相遇于一次偶然的应酬中,看到了那位传说中才貌双全的"潘妃",一曲琵琶音落,饶是阅女无数的张伯驹也被惊艳得走不动道。

金风玉露一相逢,便胜却人间无数;就一眼,张伯驹就认定了潘素。作为 7 岁入私塾、9 岁能写诗的神童,张伯驹当即提笔作诗,赠予潘素:"潘步掌中轻,十里香尘生罗袜。妃弹塞上曲,千秋胡语入琵琶。"

张伯驹将"潘妃"二字溶于诗中,还将潘素与"掌中作舞的飞燕、千里和亲的明君、罗袜香尘的洛神"相比,可见张伯驹对潘素的欣赏。潘素也被这位大才子迷住了,二人一见如故,觥筹交错间,便许下了终身之约。

以张家的财力,要为潘素赎身自然只是小事一桩;但麻烦的是,当时潘素已与国民党中将臧卓到了谈婚论嫁的地步。臧卓得知后,把潘素软禁在上海的一家酒店里。在北平的张伯驹得知后,赶往上海,买通了守卫兵,带潘素离开了上海。

1935 年,张伯驹在苏州迎娶潘素,一切苦尽甘来,有情人终成眷属。

嫁给张伯驹之后,潘素并没有心安理得地在家做富太太。她做了两个决定,这两个决定直接使她的人生跃向新的方向。

一是改名，摆脱过去。结婚之后，潘素与张伯驹去拜访当时著名的印光法师，皈依佛门，并请求他重新赐名。印光法师为她起了"惠素"的法号，她将法号当作自己的字来使用，"素"则成了她的名。从此，"潘妃"不复存在，留下的只有潘素。米粒妈觉得，皈依佛门或许是潘素告别过去的一种方式，以成为佛门弟子来洗脱那段风尘往事，将过去彻底变为历史。潘素下定了决心，一定要摆脱过去、脱胎换骨，但这只是第一步。

二是提升自我，重塑人生。潘素捡起了幼时曾学过的绘画，开始刻苦钻研，专心学习。那时的张伯驹在书画界已经小有成就，得知潘素想要学习绘画的想法后，便毫无保留地支持着，他利用人脉为潘素请老师，拿出张家珍藏多年的名画真迹供她观摩，又带她游历名山大川进行实地写生。21岁的时候，潘素正式拜师书法大家朱德甫，成为其门下弟子，学习花鸟画，后来潘素又分别追随汪孟舒、陶心如、祁景西、张孟嘉等名师学习，潜心学习各种画派，博采众长。潘素的选择没有错，她在绘画这方面的的确确有天分，再加上后天的刻苦和老师的悉心指导，很快便有了不小的造诣，成为中国著名的青绿山水画家。

她曾三度与中国近代著名画家张大千合作，张大千评价她的画："神韵高古，直逼唐人，谓与杨升可也，非五代以后所能望其项背。"

新中国成立后，毛主席和周总理也对潘素的画给予了很高的评价，还将她的画作为国礼赠送给外国元首。

从青楼女子跃升成为享誉国际的著名画家，潘素将自己的人生牢牢掌握在手里。

嫁给张伯驹前，他已有三房妻妾，嫁入张家之后，潘素却没有投入到"争宠"的事业中,更没有让自己沦为张伯驹"后宫的新人"。不是不争,只是不屑于争,潘素野心满满,从一开始,她努力的方向便是真正配得上张伯驹的夫人。不得不感叹,潘素实在是太聪明了,她深刻地认识到"授人以鱼不如授人以渔"的道理,利用张家的资源提升自我,通过自己的不断努力,在历史上留下了自己的名字。

结婚之后,张伯驹与潘素的感情一直很好,他们互相欣赏,相爱相知,是彼此的"灵魂伴侣"。夫妻二人,一人善绘画,一人善作诗,每每潘素画完,总要让张伯驹来题几句诗,一诗一画,相互衬配。张伯驹向来热爱收藏书画,他将那些藏品看得比生命还要重要,每每遇到珍贵书画,总想要收入囊中,别人开价他也从来不还,散尽家财也在所不惜。对此,潘素从来都是默默支持,看着丈夫变卖家产,也从不说一个不字。

后来,张伯驹被人绑架,绑匪狮子大张口要三百万元,潘素多番奔波,将自己的首饰全都变卖了,在最困难的时候,也没有动张伯驹的那些宝贝字画。重获自由后,张伯驹得知潘素不愿将书画变卖赎他出来,反倒很欣慰,若是看到国宝流落海外,那他即便是出来了,也不会开心。最懂他的,还是枕边人。

按理说,这些散尽家财才收到手的国宝应该好好珍藏,留给子孙后代才是,可这夫妇俩却压根不按套路出牌。1956 年,他们将家里珍藏的这些国宝级书画全部捐给了北京故宫博物院,并婉拒了国家 20 万元的奖励,只拿了一张奖状。千金散尽还复来,这世间,大概也少有像这对夫妇一样豁达的吧?

1982 年,张伯驹在北京去世。10 年之后,潘素也到泉下与丈夫会合了。在文章前面米粒妈提到过，张伯驹在认识潘素之前已经娶了三房妻妾，但后来大房夫人去世，新中国成立后，另外两位妻子又与张伯驹陆续离婚。所以真正与张伯驹走到最后的，其实只有潘素一人。

在张伯驹面前，潘素一直都是不卑不亢，面对过去的种种，她决定忘记，一切从头开始，她也从未因为自己的出身怀疑自我、低三下四。嫁入张家之后，她努力学习绘画，有了绘画的buff（增益）叠加，她变得更加优秀自信。

欲爱他人，先爱自己，你不看轻自己，便没有人能看轻你，即便是有，也无法扰乱我们内心的秩序。人生无常，一切事物都在不断变化。

从潘妃到潘素，从青楼女子到知名画家，命运给她出了一个又一个难题，她却交出了一份份满分的答卷。

金默玉

中国最后一位格格,坐了15年牢,76岁才开始创业,却成为一代教育家

这篇要写的民国女扛把子,是位格格。这位可不是普通的格格,她是中国最后一位格格,川岛芳子(汉名金碧辉,清朝和硕肃亲王爱新觉罗·善耆第十四女)的妹妹,既享受过荣华富贵,也遭受过牢狱之灾。她出狱后也没闲着,76岁开始创办学校,用自己挣的钱买了套房子。88岁时接受了《鲁豫有约》的采访,笑谈自己一生经历。这位格格,就是爱新觉罗·显琦,汉名金默玉。

金默玉的家世非常显赫,她的父亲是清朝八大世袭之一的肃亲王爱新觉罗·善耆。

这户皇亲国戚可太不一般了。晚清时,老北京之间流传这么一句话:"恭王府的房子,豫王府的墙,肃王府的银子用斗量。"意思是说,肃亲王家永远都不缺银子。

那他家到底有钱到什么地步?有钱到每年都要把家里存的银子拿出来晒晒太阳,因为怕银子发霉了。

而且肃亲王善耆本人是位全才,文韬武略、琴棋书画、武术戏曲、样样精通。但是呢,作为肃亲王最小的孩子,金墨玉并没赶上肃亲王府最鼎盛的时候。她出生于1918年,我们知道民国政府成立于1912年,也就是说,她出生时,肃亲王一家已经流亡6年了。别看清王朝覆灭了,这些遗老遗少的做派一点儿都没变。流亡在东北的这些年,锦衣玉食样样不缺,府里两百来人,一半都是用人。那一套清朝皇族的繁文缛节依然被严格遵守着,逢年过节祭拜祖宗,晚辈每天都要给长辈请安,用人见到主子要行礼,总之,所有的礼

节和规矩都跟清朝时一样。而出生在民国的金墨玉，对这些规矩特别看不上，总是找机会避开。给长辈请安，能不去就不去；用人给她磕头，摆摆手直接让人家起来。家里的哥哥姐姐站有站相，坐有坐相，但金墨玉却怎么舒服怎么来，一点儿都不注意形象。比如说，家里的姐妹一起出去看卓别林的电影，姐姐们端着架子，顶多弯弯嘴角，只有金墨玉笑得东倒西歪，放纵肆意。这时候，姐姐们就会用手捅她，提醒她注意仪态。可她根本不在意，换了个离姐姐们远点的座位，继续哈哈大笑。因为金墨玉跟其他的格格完全不一样，任性又叛逆，搞得家里人都叫她"革命儿"。而且金墨玉可不只是"窝里横"，她在外边也是"小霸王"一样的存在，同龄人都得听她的。

　　金墨玉到了上学的年纪，家里就把她送到日本，在东京女子学习院上学。能在这所学校上学的都是权贵家的孩子，她们从小家规森严，行为举止都特别规范。只有金墨玉到处闯祸，甚至还成了学校有史以来第一个被处以"警告处分"的贵族学生。

　　有一次，她在书上看到拿破仑用羽毛笔写字，自己也想要一支，就带着好朋友小坂去学校的小动物园里拔孔雀的尾毛。别看她人小，下手是又快又狠，一下就拔掉一根，然后用刀一削，做了根笔。结果被老师发现了，找她训话："像你这么淘气的，简直空前了！"金墨玉一点儿不害怕，直接回了句："是吗？老师，可别绝后啊！"老师被气得倒仰，一直教训她，不让她走。金墨玉一看老师真生气了，就把事前准备好的湿手帕拿出来，边拧边给老师看："老师，我都流这么些眼泪了，我知道错了。"老师也不傻，直接拆穿她："我没看你擦一回眼睛，怎么从兜里掏出来就流这么些眼泪？可能吗？"金墨玉一看骗不过老师，只能让老师训到满意为止。等她从办公室里出来,看到小坂在等她,就冲小坂吐了吐舌头,好巧不巧又被老师看见了。老师大声问:"你干吗呢你?吐什么舌头?"金墨玉顺嘴回答说:"我没有吐舌头啊,是嘴唇干了,舔舔。"噎得老师哑口无言。

可能有人会问,这样的"刺头",在学校会被孤立吧?还真没有,金墨玉虽然调皮捣蛋,可做事有分寸,不会伤害其他人,再加上敢于承担责任,愿意为同学出头,很快就成了班级的"头儿",人缘特别好。而且,别看金墨玉没心没肺,爱干出格的事儿,实际上,她是个难得的明白人,从小就知道自己是什么人,想要什么样的生活。

金墨玉在日本留学8年,如果不是第二次世界大战爆发,估计她会读完大学再回国。

虽然没完成学业,但她也不太在乎,该学的都学了,不差一张文凭。回国后,金墨玉做了一件让哥哥姐姐血压飙升的事,那就是她剪掉了长发,穿着花旗袍去照相馆照相。照完之后,还让照相馆放在橱窗里展示。把她哥哥气得,回家就对金墨玉一顿骂。金墨玉呢,掏掏耳朵当没听见,该干什么还干什么。金墨玉的理想是当一个职业女性,最好能当个记者,或者女演员。这在当时也没什么,毕竟很多女性都出来工作了。

但金墨玉的阻力可不是一般的大,别忘了她可是大清的格格。虽然民国已经几十年了,那帮遗老遗少的"体面"还没丢,他们觉得尊贵的皇家格格怎么能出去"伺候"别人,于是坚决不允许金墨玉出去找工作。如果是一般的格格,被长辈们集体训斥,也就怕了。可金墨玉是谁?她是一个有思想、有追求、有胆量的青年。她决定的事情，谁反对都没用。

最后的结果我们也能猜到，金墨玉出去工作了。但是，她没能当上记者，也没能当上女演员，而是去了一家日本公司当顾问，薪水高又不用坐班。有了不菲的收入，金墨玉的日子更潇洒了，穿旗袍、烫头发、打网球……什么流行，她就干什么。不过呢，也因为从小过惯了不缺钱的日子，她花钱都没数。平日里，看到喜欢的东西，二话不说，掏钱就买。跟女同事去西餐厅吃饭，永远是她抢着买单。如果有亲戚朋友上她公司买东西，一律挂她的账。所以每到发工资的时候，这儿结个账，那儿还个钱，最后她经常是一点儿钱都领不到，有时还倒欠公司的钱。我估计有人会说，一点儿钱都不攒，月月入不敷出，有哪个职业女性这么过日子的，还不是家里有钱，有人给她兜底吗？

确实，金墨玉家太不缺钱了，她在回忆录里这么说："我从小对钱没什么概念，从不接触钱，也不必拿钱，要什么有什么。不用我开口，哥哥们早给买好了，他们从几百样里挑几样好的，拿回来给我选，哪用得着我花钱？到了民国，开始时兴记账。去东安市场逛，大家都知道常去客人的身份，他们都知道我是肃亲王府的小格格，我一去他们就说'您随便拿'。我喜欢什么他们就给我送回家里，也不用我自己带回家。到了节假日、旧历年算账，家里的账单一沓，到时自有人给钱，但谁给的我都不知道。"

这样的金墨玉，实在算不上独立女性。可是，她又跟那些仗着祖辈余荫，前半生挥霍无度，后半生穷困潦倒的贵族子弟不同，她愿意在时代变迁中快速适应，承担责任。

说实话，金墨玉自己都没想到，她剩下的大半生竟然会经历这么多事。

　　肃亲王在世的时候，把家里的男孩都送到国外最好的军事学校学习，希望其中有一个能把肃亲王府撑起来的后辈。但是这帮少爷除了花钱，什么都没学会，有的甚至还抽大烟，醉生梦死地活着。家里钱是多，可也架不住只出不进，再加上日本人觊觎其庞大的财富，家里的产业很快就被败光了。

　　新中国成立前后，不少皇室贵族逃往海外，墨玉的哥哥们也不例外。他们留给金墨玉的只有100元钱、哥哥们的6个孩子，外加1个保姆和保姆的女儿，一家9口的生计都落在墨玉一个人身上。那时候金墨玉刚刚30岁出头，没结婚，也没孩子。为了养活这一大家子，她开始陆陆续续变卖东西，钢琴、留声机、沙发、地毯、皮大衣……能卖的都拿出去卖。按理说，这些东西够一大家子过几年好日子了，可墨玉不了解行情，经常贱卖。一件大衣原本几百块买来的，她卖出去好几件才拿回来一百块。等她了解行情了，东西也被卖得差不多了。撑了一段时间，钱花光了，金墨玉只能想别的办法赚钱。她给别人织过毛衣，也洗过衣服，但因为给别人洗衣服用的都是上等的肥皂，一个月下来，挣的钱还不够买肥皂的，非但没改善生活，反而赔了个精光。虽然生活再次陷入困境，但她并没有被击垮，有钱就潇洒过日子，没钱就快乐过日子，只要能有口吃的，她就不会绝望。

　　到了1952年，金墨玉的一个哥哥从日本给她寄回一笔不菲的生活费。金墨玉知道，钱再多也有花完的一天，只有钱生钱才能过好日子。一开始，她在自家院子里开了间西餐馆，结果根本没人来。后来，她发现北京城里有很多四川人，可是没什么好的川菜馆，就请了一位地道的川菜师傅,又开了一家川菜馆。因为味道好,饭馆很快就火了,短短两年时间就成了北京城最有名的川菜馆。他们一家子的生活总算是稳定下来了。再后来,饭馆被公私合营,金墨玉又考进北京编译社,一个月拿60元工资,一大家子吃饭也不是问题。很多人不相信,一个前半生自由潇洒的贵族格格,竟然这么能吃苦,还撑起了整个家庭的生活。但这就是金墨玉,岁月磨掉了她的叛逆和傲慢,留下了她的平和与坚韧。

这样的墨玉,很快遇到了一生的至爱——画家马万里。1954年,36岁的金墨玉结婚了,她感慨说:"若是过去,自己或许早已像姐姐们一样,嫁给某位蒙古王爷,成了满蒙联姻的工具。可我不愿意,我自己的事,谁都不能管。"她嫁的人,只能是自己喜欢的人。金墨玉的婚礼很简单,她让丈夫写了喜帖,自己借了件旗袍,跟家里人吃顿饭,就算礼成了。

而婚后的日子,跟金墨玉想的一样,两个人有商有量,彼此尊重,几乎没吵过架。

本以为往后余生都会这么过下去。没想到,好日子过了4年,命运又给金墨玉来了个下马威。1958年2月,离春节还有5天,十几名警察突然闯到她家里,把她带走了。3个月后,她直接被押送到劳改队。6年后的一天,正在干活儿的她被队长叫进办公室:"金墨玉,经过审查,现在决定判处你有期徒刑15年!"随后,她被带到秦城监狱开始服刑。

听起来很不可思议吧,好好过日子的人怎么就无缘无故地被判了15年?虽然金墨玉一直很本分,但在那个动荡的年代,她的身份无疑是致命的。皇室的格格、肃亲王的女儿、川岛芳子的妹妹,哪一个都够判几年的。为了不连累丈夫，墨玉在监狱中申请了离婚，独自度过了漫长的刑期。很多人觉得，人一旦进了监狱，就没了精气神儿，跟行尸走肉差不多。大多数人是这样的，可金墨玉不是。她在牢狱中，照样大声唱歌，跟人聊天说笑。在她身上，我们很难看到苦难留下的痕迹，看到的只有乐观豁达的精神和对美好生活的向往。

1973年，金墨玉刑满释放，为了生活，她去天津茶淀农场当工人。生活虽清苦，可她在这里遇到了第二任丈夫施有为。两个人互相依靠，倒也过得充实幸福。农场的工作过于繁重，久而久之，金墨玉患上了严重的脊椎骨炎和腰肌劳损。后来实在干不了活儿，农场就给她办了病退。可问题又来了，病退工资减半，两个人又得给婆婆寄钱养老，还得自己生活，钱根本不够花。没办法，墨玉生平第一次想到了求人，她给邓小平写了一封信。信里就提了一个请求：如今我已经干不了体力劳动了，但是还干得了脑力劳动，请给我工作。很快，她就收到了回信，邓小平不但给她平了反，还安排她回北京，在文史研究馆工作。这时候的金墨玉已经61岁了，说句实话，在文史馆干几年，然后退休好好生活，也没人会说什么。但她觉得不行，她还想办一所日语学校。为此她动用了身边所有的关系，常年奔波于日本和北京，只为筹集经费。

你知道她为了这件事坚持了多少年吗？整整13年。她先是开办了儿童日语班，经过4年的努力，在1996年，也就是她76岁时，她在河北廊坊建立了爱心日语培训学校，这是当时国内设施最齐全、最先进的民办日语专修学校。2000年，她又建立了廊坊东方大学城。2002年，与人合办了北京东方研修学院。

理想实现了,她才在廊坊买了一套房子住。周围的邻居都知道这位老太太了不起,干了一件别人都干不了的事。可金墨玉觉得自己很普通,没啥特殊的。所以在2007年参加《鲁豫有约》时,她大大方方跟大家分享自己的生活:凌晨六七点钟睡,下午两三点钟起,开心就放声大笑,对人能帮的就拉上一把。就像她自己说的,喜怒哀乐这四个字,那个哀跟那个怒啊,都应该搁到自己心里,但是喜和乐,可以跟很多人来分享。

　　2014年,95岁的金墨玉因心脏病发而逝世,这位末代格格传奇的一生自此正式落下帷幕。她这一生,享受过荣华富贵,经受过苦难折磨。在时代的洪流中,凭着自己的坚韧努力,让所有人忘记她的出身,改写了自己的命运。可能有人说,是因为金墨玉能力出众有人脉,最后才能成功,我们普通人很难能有她这样的成就。这话只说对了一半。爱新觉罗家族有很多子孙,几乎都是在精英教育下长大的。但有的人吸食鸦片,醉生梦死地过了一生;有的人为了过好日子做了汉奸;还有的人逃往海外享受生活……只有金墨玉,坚持做自己认为对的事,苦难中没有背叛祖国,折磨中没有陷害他人,为了理想干到底。说白了,人脉只是成功的条件之一,最根本的还是心态。

　　我们若一心向阳,生活再多磨砺,也能处处发现阳光和雨露;我们若坚定自己,就没什么可以击垮我们。

黄慕兰

她是《风声》中女特工的原型,经历 4 次婚姻,潜伏生涯太精彩

米粒妈写过民国时期的才女、名媛、明星、妻子、母亲,在那个战火纷飞、新旧交替的时代,风雨飘摇中的女性们在各自的生活里绽放出耀目的色彩。但是战火的背后,意味着动乱时代之下,必定有女性会像拼杀战场的男人一样投身其中。

那些工作在敌人内部的情报人员实在是太伟大了,她们将自己的灵魂和身体完完全全献给了党和国家,在那种信仰之下,她们壮烈的生命就值得写成一部部作品。

这篇文章里写的就是《风声》中李宁玉、顾晓梦的原型,她的人生是一部活生生的谍战剧。

她 110 年的人生被周恩来总理誉为"我党的一部百科全书";她出身名门,有着如花的美貌,一生经历 4 次婚姻,两度丧夫,数次入狱,身陷囹圄 17 年。她是谍战剧女主角的原型,她就是黄慕兰。

黄慕兰出身于湖南的名门之家,父亲黄颖初是清末民初有名的民主斗士,与谭嗣同师出同门。12 岁的时候,黄慕兰进入长沙周南女校,丁玲、杨开慧都毕业于这里。在开放的学习氛围里,黄慕兰也渐渐成长为一个有志青年。

但是因为当时仍然是封建年代,黄慕兰家里给她包办了一门亲事。1923 年,黄慕兰嫁给了这个包办家庭的富二代。虽然家境优渥,但是这个男人整日游手好闲,还抽鸦片、打丫鬟。黄慕兰实在看不惯这种大少爷做派,意识到自己必须离开他,她偷偷写了个条子给父亲,然后借口母亲生病,就逃走了。

这是她的第一段婚姻，因为有一对开明的父母，她得以逃了出去。后来黄慕兰回忆说："如果遇到的第一个丈夫是个不错的人，也许我这一生也就这样过了。"

但黄慕兰精彩壮丽的人生从这里才刚刚开始。她从一张铁路工会的宣传单上看到了革命军准备北伐的消息，于是决定追随宋庆龄、何香凝参加她们领导的妇女运动。

在这个过程中，黄慕兰看到了人才济济的革命队伍，而她凭借着出色的社交能力和相貌，当选为国民党武汉特别市党支部执行委员、妇女部长、中国济难会理事。

这时候的黄慕兰有美貌、有才华、有魄力，身边的追求者众多，郭沫若把她化身为长篇小说《骑士》中的金佩秋，茅盾也在《蚀》中借鉴过她的故事。

但黄慕兰已经心有所属，她爱的是中共中央机关报《民国日报》总编辑、中共中央军委机要处主任秘书和警卫团政治指导员宛希俨。黄慕兰加入共产党也是受他的影响。两个人在革命中相遇，有着共同的革命抱负和民族信仰。

结婚之后，他们没举办任何仪式，董必武在一次会议上口头宣布之后，他们登报启事"结为革命伴侣"。

婚后一个月，蒋介石制造的"四·一二"反革命政变使国共分裂。黄慕兰夫妇奉命前往江西开展地下工作。就这样，黄慕兰开始了她的"潜伏"生涯。

与丈夫并肩作战的日子是她最幸福的时光，黄慕兰怀着孕，还和宛希俨一起深夜在《圣经》上用米汤写密报、去旅馆对接头暗号……

这真的很像谍战剧里面的情节！身怀六甲的女情报员，每天和丈夫过着刀尖舔血的生活，但却又是无比充实幸福的。

这种甜蜜注定非常短暂，儿子刚出生三天，宛希俨就被调到赣西南领导土地革命和武装斗争。临别的时候，他看着刚出生的儿子对黄慕兰说：“如果到那边工作开展顺利，我会派人来接你和孩子过去团聚。万一有不测，请转告我父母，把孩子接回黄梅老家抚养，待他长大后让他继续革命。我们是革命的伴侣，党叫我们做什么就做什么，千万保重。”

没想到这是他对黄慕兰说的最后一句话，这次的分别竟成了永远的诀别。宛希俨离开后的4个月，黄慕兰接到了他牺牲的消息。这应该是黄慕兰经历的最大的一次人生打击了，听到丈夫的死讯，她心痛到无法接受。但是这份爱只能永远尘封，她要继续他未竟的事业，以告慰他的在天之灵。

把怀中的婴儿送回婆家后，黄慕兰孤身一人踏上了革命的征程，继续勇敢前行。

1928年，黄慕兰赴上海担任中央委员会机要秘书，在周恩来、康生、陈赓、潘汉年、李强的领导下工作。

在工作中，她遇到了她的第三任丈夫，时任中央委员的贺昌。两个人一起工作的时候，看到黄慕兰每天憔悴的样子，贺昌就一直开导她、安慰她。

黄慕兰也慢慢开朗了起来。后来，贺昌跟她表白，两个人在周恩来的特批下结为了夫妻。

与贺昌在一起的时候，两个人一个明一个暗。贺昌在前线冲锋，黄慕兰进行谍报工作，伪装成各种身份。

有了身孕之后,她忍受着各种孕早期的不适,化名潜入沪东恒丰纱厂当学徒,以纺织女工的身份领导工人罢工,并因此而被捕入狱。出狱后,她又乔装成贵妇,坐豪华游轮,护送共产党的巨额经费。这种潜伏工作中的身份切换,真的又刺激又带感!贺昌当时对她非常钦佩。

对于黄慕兰来说,她完成的每个潜伏任务都承载着千钧重的使命,那里面既包含着对家国命运的使命感,也包含着对亡夫、现任丈夫知己般的传承与协作。但与贺昌各自为战又相互扶持的日子也没有持续多久,1931年,贺昌被调往江西工作,一家人分居两地。4年后,贺昌率领部队转移时,在赣南遭遇埋伏,血战7天7夜之后,壮烈牺牲。

这是黄慕兰第二次失去知心的爱人,也是她最后一次在革命中与爱人并肩战斗。

她承载着两任丈夫的使命继续奋勇前行,即使孤身一人也永不后退,虽九死而犹未悔。

凭借着出色的能力,黄慕兰被任命为中国人民革命互济总会的营救部部长,这一次她接到的任务,是营救中央政治局候补委员关向应。这一次她依然需要潜伏,为了接触到任务的核心,她主动结识上海租界的知名律师陈志皋。当时陈志皋的父亲在上海法租界当了18年刑庭庭长,可以说在上海司法界一言九鼎。

黄慕兰舍身靠近陈志皋,通过其父亲的打点和疏通,成功释放了关向应。但是主动接近的代价自然也是要承受的,陈志皋对黄慕兰动了心,约她喝咖啡,看电影。黄慕兰也就势跟陈志皋交往起来,他还带她一起参加自己圈子的聚会。

在一次约会中，陈志皋的同学曹炳生无意间透露巡捕房抓了一个共产党大头头，说他准备投降，即将招供。说者无意，听者有心，黄慕兰默默记下了曹炳生的话，并赶紧汇报给了潘汉年。经过两人的推断，确定被捕的人可能是在上海的中央总书记向忠发。潘汉年加紧把消息汇报给周恩来，根据地得以被安全转移。黄慕兰的一次约会，可以说保全了中共上海地下机构，功不可没。

后来，国民党到处散布"伍豪（周恩来化名）脱离共产党启事"。黄慕兰与陈志皋一同设法，委托在《申报》担任法律顾问的法国律师巴和，起草了一条《周少山紧要启事》，拆穿了国民党污蔑周恩来的内幕。

陈志皋在与黄慕兰的相处中，越来越被她的聪颖和正义所吸引，甚至不惜血书示爱，向她求婚。虽然陈志皋风度翩翩，人也不坏，但是政治信仰不同，终究是道不同不相与为谋。再加上黄慕兰已经失去过两个爱侣，她再也不想在爱情中受苦了。

她向党组织说明情况，并说出了自己心中的犹豫。但党组织认为在当时白色恐怖的背景下，黄慕兰如果与陈志皋结合，会对接下来的情报工作非常有利。所以黄慕兰为了大义，接受了陈志皋的求婚。

跟陈志皋在一起后，他们也度过了一段岁月静好的时光，并生了4个孩子。新中国成立后，陈志皋借口做生意和初恋移居美国，把黄慕兰留在了杭州，却又不跟她离婚。被留在杭州的黄慕兰因受"潘杨案"牵涉，两次被关进北京秦城监狱，辗转17年。其间，陈志皋去信想设法接她去香港，但她拒绝了。

可以说，在跟陈志皋的这段感情关系里，黄慕兰更多是出于对革命的忠诚，到最后被背叛也好，被抛弃也好，其实她从失去两个挚爱的革命伴侣后，对爱情的向往早就所剩无几了。

直到1980年，邓颖超帮她平反后，她才再次担任上海市政府参事。

黄慕兰一生好强，对革命事业从未有过一丝动摇。她人生中挚爱的伴侣，也是因为同样的信仰而相互吸引，那种肝胆相照的情义是最坚定的。

2017年，110岁的黄慕兰在杭州逝世。她这荡气回肠又精彩绝伦的一生，可以说完完全全献给了共产主义的家国信仰。

这才是民国时代的大女主，在战火纷飞的爱与痛中，留取一片丹心照汗青。

严仁美

"世纪名媛",拒绝日本人追求,一生热爱祖国

还记得米粒妈给大家讲过的民国"最长待机"名媛严幼韵的故事吗,她丰富热闹的大家族中,有着盘根错节的上流社会关系网。

大家看后都想让米粒妈再继续深扒这个大家族中其他人的故事。所以今天,我再给大家讲一个名媛故事,她是严幼韵的侄女严仁美。

与姑姑严幼韵一样,严仁美也出生在严家事业最鼎盛的阶段。曾祖父严信厚是李鸿章幕僚,创办了中国首家银行——中国通商银行和上海总商会,是上海"宁波帮"的开山鼻祖。爷爷严子均经营多家钱庄商号,富甲一方。父亲严智多娶湖州南浔首富刘镛孙女为妻,严仁美是他们的长女。在当时的上海滩,严仁美绝对算得上是名副其实的千金小姐。她们家有钱到什么程度呢?据说上海滩仅有两辆最新款别克敞篷轿车,一辆是赵四小姐的,另一辆则是严仁美的。

出生就含着金钥匙的严仁美从小备受宠爱,但是在她很小的时候母亲就去世了,而疼爱她的奶奶也在同年去世。这使得父亲和祖父更加关注和疼爱她。

严仁美有一个特别要好的小伙伴,她叫吴靖,是表姐严淑英的女儿,大她3岁。她们俩可以说是从小一起成长起来的闺蜜,小时候一起跟着私人家教读书,年龄稍大后,吴靖离开家,进入启秀女校念书。

好朋友去读书了,这可把严仁美羡慕坏了。她一门心思也想跟

好朋友一样去上学。她反复央求父亲，父亲终于同意让她也去启秀女校读书。

严仁美10岁的时候，好闺蜜吴靖被父母接回天津老家上学，严仁美感到很寂寞。几年过去了，她听说五姑母严莲韵大学毕业，要去中西女中当老师，于是她又央求姑母带她一起去。求学心切的严仁美这一次却遭到了父亲的反对，父亲是比较典型的那种封建大家长，他觉得："女孩子家家的，读什么书！家里能请先生教，在家学学也就足够了。"

严仁美当然不妥协，她想到，既然父亲不支持我读书，那我就找个能压住他的人——爷爷。爷爷最疼爱严仁美，果然，在她的软磨硬泡之下，爷爷同意了。就这样，严仁美如愿进入了中西女中。中西女中在当时可以算是贵族学校了，入学前要考试，而且老师很多都是外教，授课都是全英文的。严仁美当时听课很费劲，一节课下来，大半都听不懂。为了赶上进度，她不停地向同学请教，不分昼夜地恶补功课，终于渐渐跟上了进度。

在中西女中，有很多当时的贵族名流，如宋氏三姐妹、张爱玲等，都毕业于这里。严仁美生性开朗，喜欢结交朋友。渐渐地，她在学校结交了7个家世非富即贵的小姐姐，组成了名噪一时的"民国八人团"。大家看一下这阵势，有点美剧《绯闻女孩》那感觉吧？这个千金闺蜜团，在学校只要一出街就能吸引全场的目光，她们踏青、游泳、飙车兜风，所到之处，男同学的目光都会被牵引。

就在严仁美的学业平稳上升，人缘也打开局面的时候，家族里发生了一件事：吴靖逃婚了。在豪门贵族里，敢公开抗婚的此前还没有先例。严仁美的父亲本来就不同意她出去上学，看到吴靖接受了新思想后，竟然干出这样离经叛道的事，于是当即下令："不许继续读书！也不许再和吴靖来往！通信也不行！"

校园生活刚刚开始色彩斑斓的严仁美，听到这个消息自然是要疯了，父亲见女儿的对抗过于激烈，于是提出了一个条件："你要是能科科都拿 90 分以上，就可以继续上学。"

父亲觉得她不可能达到这个要求，但是没想到，严仁美下决心刻苦读书，闺蜜团的所有活动她都不参加了，一门心思复习考试，居然拿了个全年级第一的成绩。父亲的条件达到了，这下总可以继续读完高中考大学了吧？没想到迎接她的是当头一棒。父亲说："考了第一也没用了，你已经许配了人家了，不能再念书了。"

严仁美的绝望可想而知，她被关在家里不能上学，这时候最疼爱她的爷爷也已经去世。她只能用绝食来对抗父亲，硬生生两天没吃饭。从小娇惯的严仁美哪经得起这样折腾？绝食再加上心情郁结，她被诊断出得了肺病。在那个年代，肺病是非常严重的疾病。

严父心急得不行，只能拜托严仁美的外公把她接到杭州去疗养。在杭州的日子里，严仁美整日郁郁寡欢。她想念开心的校园生活，想念能够读书的日子。

她羡慕姑母严幼韵、严莲韵她们都能考入名牌大学，为什么自己却没那么幸运。

严仁美与父亲僵持不下，到最后，两人只能各退一步：嫁人可以，但是必须继续去学校读书！父亲答应了这个条件，这场风波才算暂告终止。

在严幼韵头婚那场空前盛大的婚礼上，严仁美被富商马家的公子给相中了。

当时六姑母严幼韵大婚，15岁的严仁美刚刚出落成一个亭亭玉立的美少女，马家公子一眼就看上了她，于是向严父和后母提亲了。就这样，严仁美嫁给了苏州富商马冠良。婚礼那天，她请来了中西女中的校长、老师和闺蜜团里自己最要好的姐妹们。

虽然婚后严仁美可以继续上学，但是仅仅一年，她就怀孕了。孩子的到来紧紧拴住了严仁美，她的大学梦终究是碎了。

马家是封建家庭，严仁美嫁过去之后，过了很长一段深闺少妇的生活。平时要遵守马家的规矩，陪着婆婆出出进进，她学会了做西点，努力调整自己的状态，想要尽快适应这种妇人生活。

因为孩子的出生，严仁美其实已经认命了。日子这样平淡地过着，她也渐渐放弃了自己接受教育时的新思想，努力去迎合封建大家庭的习俗了。

但是，现实依然令她失望透顶，马冠良出轨了。得知这件事后的严仁美忍无可忍、无须再忍，她毅然提出了离婚。严仁美身后毕竟是上海滩的贵族势力，有宋、孔、盛几家做后盾，她的婚离得还算顺利。但是她所生的三个孩子中，马家只允许她带走女儿，两个儿子他们坚决要留下。

离婚后的严仁美住在干妈盛关颐的高级住宅里，那时候日本人在上海的势力日益膨胀，他们在上海的高级住宅区游荡的时候，有个叫山本的军官看上了严仁美。

山本的多次骚扰，可把严仁美吓坏了。这个日本人还挺执着，严仁美走到哪儿他就跟到哪儿。严仁美跑去哪个亲戚家躲着，山本就能追到哪个亲戚家。

严父也急得够呛，心想这叫什么事儿呢？得赶紧解决！于是发动家族亲戚一起帮严仁美物色结婚对象，只有赶紧嫁人，才能让山本死心。

很快，他们物色到了浙江世代在上海经商的李家，其公子李祖敏是光华大学经济系的高材生，有学问，而且人品好，能善待严仁美的孩子，思想也不守旧。

双方都同意之后，严仁美几乎是闪婚般地嫁给了李祖敏。而且为了躲避山本的追求，李祖敏的弟弟找来了十个保镖，婚礼上二人被前呼后拥，阵仗相当威风。别人都是伴郎、伴娘团，严仁美的二婚弄得是个保镖天团，这在当时被传为佳话。

婚后，严仁美和李祖敏相亲相爱，没过几年，就生下了一儿一女，一家人日子过得红红火火。

李祖敏对家庭特别有责任感，这让严仁美渐渐重拾了对婚姻和男人的信心。他们婚后还特别喜欢一起打球、健身，爱好广泛，玩得到一起去。

新中国成立后，严仁美终于从前夫那里拿回了三个孩子的抚养权，所以她的内心热烈地爱着祖国，对新中国有着强烈的认同感。她积极投入新社会工作，在抗美援朝时带头捐款。1956年全国实行公私合营的时候，她又和丈夫一起带头加入了合营队伍。

严氏一族这个时期很多人都迁往美国生活了，家人也准备帮严仁美申请"绿卡"。但是严仁美果断拒绝了，她放弃了去美国定居的机会，一直留在上海生活。

粉碎"四人帮"后，严仁美还亲手办起了两个实业，一个是侨友服务社，一个是侨星托儿所。

20世纪80年代，他们可以到海外走走了。严仁美夫妇仍不忘联络爱国华侨，争取海外投资。

20世纪末，与严仁美相伴半生的丈夫李祖敏去世了。106岁高龄的她依然每天坚持练字、读报、看电视、记日记，优雅地生活着。

米粒妈写过很多民国名媛的故事，但并不是所有出身名门的孩子都能像唐瑛、严幼韵那样，接受新式的教育。

在民国这个新旧交替的时期，封建礼教依然束缚着保守的家庭，尽管他们财力雄厚，但女孩子依然逃不脱封建婚姻的悲剧。严仁美在那个乱世中并不是最美的一个，也不是最聪明的一个，但她却是足够勇敢的一个。面对家里的阻力，她反复对抗，坚持要读书；当发现所托非人的时候，她能毅然离婚，勇敢退出；面对日本军官的纠缠，她果断拒绝，坚守着民族大义。

她的人生中有一道道阻碍她的门，她需要手握利斧，勇敢地冲破这一道道门，才能获得属于自己的幸福。而她真的始终都在努力地冲，而且在一定程度上战胜了命运。

她忠于自己，心怀家国，晚年淡定从容，深居简出，活成了人人羡慕的世纪老人。

在那个新旧交替的时代，严仁美的故事就像时代一样，冲破旧的黑暗，迎接新的黎明。

她历经百年沧桑巨变，把握住了自己的幸福人生，当得起"名媛"的称号。

杨秀琼

民国"美人鱼",当过特工,嫁入豪门,她的一生太传奇

每当看着奥运会赛场上我国运动健儿的精彩表现时,米粒妈就不免想起这个天赋异禀却生不逢时的游泳女将。她是我国游泳史上第一个获得"美人鱼"称号的人,更是代表中国参加奥运会的第一位女运动员。但她就像一颗流星,在游泳生涯尚有无限可能的19岁,就燃尽了青春,在怨声载道中走下神坛。但离开泳池的"美人鱼",虽在陆地上经受无尽磨难,却仍创造了属于她的传奇。

她就是杨秀琼,她还有一个鲜为人知的身份——蒋介石和宋美龄的干女儿。

杨秀琼祖籍东莞,出生地据考是香港大坑村。她的父亲是香港南华体育会游泳部的工作人员,因此在别的小朋友刚会走路的年纪,杨秀琼就能在水中自如来去了。看到女儿游泳天资不凡的父亲,在训练女儿时也是极为严苛,是标准的"虎爸"。

在杨秀琼的回忆里,她很小的时候就被要求在刮台风时下海训练。父亲这种极端的训导方式,不仅让杨秀琼的游泳技术进步神速,还锻炼了她静对风浪的心理意志。

1930年夏末,未满12岁的杨秀琼第一次在泳坛亮相。入水的她,就像鱼儿归了海,泳姿舒展灵巧,游速更是惊人地快。不出所料,她初次参赛就一战成名,被泳坛的前辈们夸赞后生可畏。同年10月中旬,首次参与全港渡海泳赛的杨秀琼,以32分39秒的成绩打破纪录并夺冠,承载着"天才少女"的赞誉登顶神坛。自此以后,她便开始了战无不胜、奖牌拿到手软的比赛之路。

1933年10月，杨秀琼从香港来到南京，参加当时的第五届全国运动会。这次的赛场上，杨秀琼如宝剑亮锋，以压倒性的优势，包揽了女子游泳5个项目的全部金牌。这场比赛的战绩让杨秀琼以"美人鱼"的称号名扬全国。

巧的是，当时宋美龄正在现场观赛。惜才爱才的她当下就认了杨秀琼做干女儿，并且出手阔绰地赠了她一辆美国紫竹轿车做见面礼。

但让米粒妈心痛的是，与杨秀琼的美誉一同噪起的是铺天盖地的取笑和嘲弄。

在那个思想尚未开化的年代，一个因游泳、健美出名的花季少女，无可避免地成了大部分看客亵笑、意淫的对象。在那些人眼中，看女子游泳比赛，与看"大姑娘脱了衣服在众目睽睽下洗澡"无异。刺耳的调笑让"美人鱼"这个名号也蒙上了一层肮脏的灰尘。

但心智远超常人，且内心坚定的杨秀琼，并未被风言风语阻挠脚步。15岁的她坚信，自己一定能在泳道上大放异彩。但坚定追梦的她又如何能预料到，最终让她摔得最狠的正是她深深热爱的游泳比赛。

南京全运会一鸣惊人后，杨秀琼在接下来的3年里稳扎稳打，以绝对实力把一个个冠军收入囊中。

1934年，她首次代表中国参加在菲律宾举行的远东运动会。这场运动会的4×200米接力赛战况激烈，前三段赛程里，中国队大大落后，压力全部给到最后一程的杨秀琼。所幸实力过人的她不负众望，最后100米迎头反超，拿下冠军。杨秀琼在这次运动会上一共拿到了4个冠军，为自己、也为国家狠狠争了一口气。她的夺冠事迹被国内媒体、杂志大肆报道，被赞为"民族女英雄"，也被捧成体育界最火的新星。

然而福祸总相依，对那时的运动员来说，冠军高坐神坛，败将就只配承担骂名。杨秀琼的游泳之路从风头无两到急转直下，不过短短2年。

1936年8月，第十一届奥运会在柏林举行，杨秀琼作为中国最优秀的女子游泳运动员，远赴万里为国出征。但很可惜，人外有人，天外有天，杨秀琼虽然在预赛中打破了自己的最佳纪录，但还是被对手远远甩在身后，只游了一轮就被淘汰了。

杨秀琼首战一败涂地的消息传回国内，被媒体表述为"成绩恶劣"，这一结局无疑刺痛了热情高涨的看客们那颗敏感的自尊心。他们认为杨秀琼玷污了"英雄"的美名，也辜负了所有人的期待。于是骂声四起，曾经对她交口称赞的捧场王，成了众口铄金的讨伐者。其中流传最广、讽刺性最强的是一张杨秀琼穿着五环泳衣坐在泳池边，一脸无辜地抱着一颗"鸭蛋"出神的漫画。这颗如影随形的"鸭蛋"把她过往所有的成绩全部归零。

从"美人鱼"到《蛋的时髦》，捧杀来得这么快，让年仅18岁的杨秀琼完全措手不及。

人们嘲弄她的比赛成绩还不够，连她的私生活也要肆意抹黑、诽谤。一个青春尚好的女孩，愣是被他们说成与一干政要来往暧昧的"狐狸精"。说到这儿米粒妈真的忍不住想吐槽，原来哪个时代都不缺损人不利己的"键盘侠"！更可怕的是，这些中伤并没有止于纸面。

1937年，在无数力量的逼迫和威压下，杨秀琼被屈辱地许给四川军阀范绍增，成了他的第 18 房姨太太。

这个在奥运会上首赛失利的女孩原本看到了自己的不足，痛下决心，要在下一次奥运会上赢回来。但当时的大环境下，没有人再多问一句她要什么，就硬生生斩断了"美人鱼"的尾巴，逼她到"陆地上"受尽磋磨。可砂砾如何能使珍珠蒙尘？美人鱼即便不能归海，也依然愿意忍着踩在刀尖上的痛，跳出最美的舞蹈。

1937 年时局动荡，抗日战争很快就在全国范围内爆发，原定于 10 月举行的全运会也泡了汤。杨秀琼因此失去了回到赛场的机会，但她心性坚韧，绝不甘于躲在红罗帐中任人鱼肉，而是趁此乱局把自己的命运握回了手中。逃离"姨太太"身份的杨秀琼先是大胆地追求了自己的爱情。

1938 年，杨秀琼与职业赛马师陶柏林在香港大酒店订婚，并于次年举办婚礼。这段被广为看好的婚姻却并不顺利。两人结婚后生了一子一女，但陶柏林却逐渐变本加厉地表露出家暴行径。

杨秀琼作为一个在感情和事业上都很有主心骨的女人，在最初的情爱消耗殆尽后，绝无可能继续容忍丈夫的恶行。于是，1941 年，杨秀琼当断则断，与丈夫彻底分开。

但这里米粒妈要插播一句：因为局势原因，两人的离婚手续在 1947 年才办理，杨秀琼拿到了两个孩子的抚养权。尝过爱情和婚姻的甜与苦，这时杨秀琼已经从满怀憧憬的小女孩儿长成了一个心怀家国的大女人。离婚后，她没有耽于小家小爱中无法自拔，而是成了国民政府的特别情报员。

1942 年，香港全面沦陷，局势十分危急，杨秀琼担负着香港、重庆两地秘密传播情报的重任。这份工作危险系数很高，她因此被日军宪兵队列入追捕名单，并遭到过关押。

所谓柳暗花明又一村，1943年，从日军围困中逃出来的杨秀琼辗转到了上海，并在这里，开始了她"独立女性"的新篇章。她先是进入了上海当地的体育会，逐渐上手一些文职工作；抗战胜利以后，她抓准机会加入上海《乔声报》担任记者，不久又转任行政院善后救济总署财务厅文员。

杨秀琼虽然失去了闪闪发亮的美人鱼王冠，但仍旧在自己每一份工作中尽己所能地发光发热，在每一个岗位发挥应有的价值。

1948年，与前夫办完离婚手续的杨秀琼，遇到了值得携手一生的另一半。这个人叫陈真广，是印度尼西亚的华侨商人。两人1948年10月成婚，婚后杨秀琼就随丈夫移居泰国。

别以为嫁了富商的杨大美女就会变成"金丝雀"，她可是丈夫事业上最得力的贤内助，住在泰国期间，还时时往来香港处理要事。

让米粒妈佩服的是，杨秀琼跟陈真广结婚最初这几年，真的事业家庭两不误，企业搞得风生水起，还生了两个女儿。

5年过后，考虑到杨秀琼思乡心切，夫妻俩又转移了事业重心，带着四个子女回到香港定居。

在香港的这段时间，杨秀琼逐渐转向慈善事业，她是香港拯溺总会女子部的首届主席，连任4年，还代表总会远赴伦敦出席救生会议。

1978年，卸下工作重担的她决定和家人一起移居加拿大温哥华，在那里安度晚年。

3年后，杨秀琼站在楼梯上拿高处的物件时不慎摔落，待家人发现将她送到医院时，她已撒手人寰。

从 12 岁成名到 63 岁客死异国，杨秀琼这一生可以说是相当传奇：在池水中遨游，她是泳姿矫健、劈波斩浪的"美人鱼"；在谣言中挣扎，她是意志坚忍、绝不伏低的新女性；在战乱中求生，她是心怀家国、有勇有谋的情报员；在事业中拼搏，她是出得厅堂、温和有力的女强人。

有人说，杨秀琼是那个时代"女权斗争"的一抹缩影，但米粒妈觉得，放在任何一个时代，她都是不折不扣的一段"中国脊梁"。她撑得起自己，扛得住家庭，更担得了民族大义。这样的女性，在任何时代背景下，都不会停止散发光芒。

李霞卿

民国最飒的名媛：拍戏、跳伞、飚飞机，还是抗日救国女英雄

今天米粒妈要写的这位影星很特别！

她曾用两年时间，让自己红极一时，却在巅峰时刻突然息影；她年纪轻轻便嫁入豪门，却因一场飞行表演，毅然出走家庭；她是中国女性跳伞第一人，是第一个获得中国认可的女驾驶员，是被日本通缉的女飞行员，也是航空救国的爱国女英雄。她就是人称"东方蜻蜓"的李霞卿。

1926年，上海民新公司第一部电影《玉洁冰清》开拍在即。但令剧组头疼的是，他们迟迟找不到适合女二号的人选。这时，公司老板黎民伟忽然注意到合伙人李应生的女儿——李霞卿。

彼时，李霞卿年方14岁，正值天真烂漫之际，只需本色出演便可。对于长辈的求助，李霞卿没有丝毫忸怩，二话不说便答应。

万万没想到的是，电影播出后，临时顶岗的李霞卿竟比女一号更受欢迎。就连影后胡蝶都忍不住感慨："从天上掉下个林妹妹，上海人可真有眼福！"

李霞卿走红后，李应生本着肥水不流外人田的想法，鼓励女儿继续在电影上发光发热。

扮演不同角色，尝试不同人生，对李霞卿来说，既新奇又有趣，她乐意至极。

短短两年内，她接连拍了《和平之神》《海角诗人》《天涯歌女》《五女复仇》《西厢记》等7部电影，堪称业内劳模。

在众多作品中，《木兰从军》最合乎李霞卿的心意，也是她艺术成就最高的代表作。为了拍这部片,她随剧组辗转7个省市,越过黄河去到荒漠,蹲在沙地里吃饭,睡过大卡车车厢,经历过严寒酷暑、跌打损伤,却没叫一声苦。工作人员先是暗自感慨:"这大小姐真不错,能处。"后来被另一件事震撼,他们才发现:小姑娘整天笑意盈盈的,并非强撑而是"真虎"!

某天,两个毛贼溜进《木兰从军》的拍摄现场,恰巧被李霞卿撞个正着。毛贼见来人是个小丫头片子,还上前言语调戏,正打算动手动脚时,没想到却被迎头暴打。原来李霞卿自小习武,拳术、剑术都相当不错,收拾两个毛贼绰绰有余。据说,其中有一人被吓得不轻,情急之下还跳了黄浦江。米粒妈忍不住感慨,李霞卿又美又飒、能文能武,还吃苦耐劳,难怪她火得势不可挡!

1928年,在中秋"圆月繁星"活动上,李霞卿与胡蝶、阮玲玉等明星一起被评为"星级七姐妹"。彼时她与未来的两位影后分庭抗礼,无数影迷期待她们共同缔造下一个繁华。但她却在当红时,突然转身离去,只留下一个众人争论不休的"息影之谜"。

除了讨论李霞卿为何息影外,人们最关心的另一件事:不拍电影后,她去干什么了?答案出奇地俗套:嫁入豪门,相夫教子。但这并不难理解,毕竟对那个年代的女性来说,缔结良缘乃头等大事。

值得一提的是,李霞卿的姻缘还是郑毓秀牵头的。就是米粒妈写的《从第一女杀手到第一女律师,她是民国里最传奇的"带刺玫瑰"》里的主人公,而且郑毓秀给李霞卿介绍不是别人,正是自己的侄子郑白峰。

郑白峰时任国际联盟的秘书,是一位前途光明的外交官。在李家人看来,这小伙虽然年纪比李霞卿大了些,但无论是家世、外貌,还是人品，都称得上良配。再加上，这对年轻男女对彼此都还挺满意。

于是不久后，17岁的李霞卿便正式嫁给了28岁的郑白峰。两人度过了一段蜜里调油的幸福时光，很快便生下一儿一女。

1933年，李霞卿偶然间现场目睹了一场飞行表演。

飞机巨大的身躯以不可思议的灵巧劲儿在空中翻来蹿去，一会儿急速俯冲，一会儿又冲上云霄。机翼划过的痕迹转瞬即逝，却深深烙印于李霞卿的心里，并点燃了她的渴望："就是它了，这就是我以后想干的事！"

一个女子跑去开飞机，这在当时是十分离经叛道的。

郑白峰对此十分排斥，他实在无法理解，家里一切事情都有专人打理，妻子只管享清福就好，为何还要跑出去瞎折腾？但又考虑到学习飞行绝非易事，再加上妻子态度执拗，他便打算让妻子出去碰碰壁。他原本是希望妻子受挫后能知难而退，却没料到对方竟迎难而上、越战越勇。

李霞卿把起飞"第一站"锁定在日内瓦的科因特林飞行学校，但却遭到面试官的刁难。面试官问："你如此美貌，为什么选择飞行？"李霞卿霸气回应："因为一般人的观念里，飞行是男人的事，与女人无缘。而我就是想打破这点偏见。"面试官接着又问："据说在你们国家，女人的脚都是残疾变形的？"李霞卿见招拆招："我来这里，就是要让全世界知道，中国女性不但能在地上走，而且能在天上飞。"这两个回答的确漂亮又有力，但谁能保证不是空口白话呢？

仅用一年时间，李霞卿便顺利毕业，成为拿到瑞士飞行执照的第一位中国女性。紧接着，她又向自己预设的"第二站"——美国波音航空学校，发起攻势。

　　波音航空学校在飞行界里赫赫有名，可这所学校从不收女学生。但天下无难事，只怕有心人。李霞卿日日登门拜访，见缝插针地展示自己的操作能力。最终校方被她的执着所打动，破格录取了她。1935年11月，李霞卿再次创下历史，成功拿到美国的飞行执照。

　　可与飞行事业大获成功相反，她的婚姻彻底步入尾声。

　　1936年，上海《密勒氏评论报》报道了一则爆炸性消息："据悉，近期从美返沪的知名女飞行员李霞卿女士，为投身中华航空事业之发展，已经与丈夫郑白峰无条件离婚。"郑白峰对妻子不顾家庭、成天抛头露面的行为，十分厌恶。

　　李霞卿虽不舍儿女，但也无法放弃自己的人生追求。本是一对佳偶，最后却相看两相厌，着实令人唏嘘。这让米粒妈想起一句话："我要的是家庭，而有些人注定是传奇。"两个价值观不同的人在一起，注定无法长长久久。

　　1937年7月7日，卢沟桥事变爆发，日本开启全面侵华步伐。民族到了生死危急时刻，李霞卿无暇再顾及小我，马不停蹄地投身到救国活动中。她第一时间递交了参军申请，却因性别原因遭到中国空军的婉拒。虽然无法上阵杀敌，但她并没有就此丧失斗志，而是转头就在上海开了3家医院和1所学校。她一边救助伤兵和难民，一边千方百计宣传抗日。由于李霞卿的工作成果显著，日军对此十分忌惮，便下达了对她的通缉。为了躲避追杀，在国内势单力薄的李霞卿不得不避往美国。

　　国家兴旺，匹夫有责，她根本无法安心独善其身。于是，李霞卿又想出了另一个"救国"的方法——飞行募捐。一到美国，她就租了一架飞机，将机身涂成橙红色，并取名为"新中国精神号"。

武装到位后，她立马动身，飞到世界各地巡回表演和演说。"我亲爱的骨肉同胞，亲爱的朋友们，承蒙你们的热情厚义，我将永生难忘。现在的中国正在遭受侵略，中国人民正在战火中浴血奋战。国难当头，急图拯救。此次我环球飞行宣传抗日，征求募捐，效力疆场，以尽匹夫救国之微责！"

李霞卿在欧美学开飞机期间，曾多次引起轰动，积累了不少人气和影响力。她一开始巡飞募捐，便有不少媒体跟进报道，这使得她"曲线救国"的方案取得巨大成功。

1937年至1945年，李霞卿累计飞行达45000多英里。她曾创下一小时募捐到4万元的纪录，也曾因飞行技术足够出色获赠一枚航空金质徽章，还曾被各路媒体追捧为"飞行特使"，于世界各地掀起一波波"李霞卿热"。而这些耀眼的成绩，全都始于她对梦想的勇敢追求。

李霞卿不惜赌上婚姻，也要执着梦想、活出真我的行为，让米粒妈深受感触。

我不由联想起另一个家庭主妇——小说《无声告白》里的玛丽琳。玛丽琳自小就与众不同。当其他女孩都忙着打扮、学家政时，她早早就立志成为医生。可当她在哈佛大学遇见詹姆斯后，一切便戛然而止。结婚8年后，玛丽琳在某天突然觉醒：她不愿一辈子被困在家庭里！于是她不顾丈夫反对，离家出走重新踏上追梦之旅。但遗憾的是，玛丽琳的出走仅仅只维持了两个月。明明是同样的行为，为何结果却相去甚远？米粒妈觉得，这其中有个关键因素是经济能力。

同样是家庭主妇，但李霞卿早年拍电影赚了不少钱，而且她还有富裕的原生家庭可以依靠。这些都是玛丽琳没有的，她连那点微薄的梦想启动金，都是从家用里省出，再加上变卖母亲遗物得来的。正如鲁迅在《娜拉出走之后》里写的："梦是好的；否则，钱是要紧的。"因为没有钱，所以娜拉出走之后，不是堕落，就是回来。可见无论身处哪个时代，女人想活得自在、活得精彩，经济独立始终是至关重要的前提。

　　米粒妈觉得，一个女人如果经济无法独立，便也很难在精神上长久保持独立。只有经济和精神双独立的女性，才不容易被外界限制，因为她们无须依赖别人，自身便拥有创造幸福的能力。

王汉伦

26 岁成女老板，拍电影开美容院，她把一生过成了爽文

她是绝代风华的民国影后，被说是"红颜祸水"，却是人间清醒；两封遗书手撕渣男，民国默片皇后的一生太让人唏嘘；她是香港影视圈的绝色美女，被金庸狂追 7 年，却嫁给了小商人。

在那个无滤镜无网络流量的年代，能成为电影女明星，那真是抗打的颜值和出众的演技缺一不可。

今天要讲的这个女明星更加了不起，不仅戏演得好，还自己开电影公司当上老板；不仅爱美又美得出奇，还开了中国第一家美容院，首创中国女性美容事业呢！

这……确定不是把大女主爽文小说背景搬来了民国？

这可不是小说，是千真万确的现实。王汉伦，就是这么一个大女主传奇。

她创造了很多个第一：她是中国第一位女明星，她是中国第一位电影业女企业家，她是中国第一位美容业女老板。王汉伦，就是这样一位争得过命运，甩得了渣男；当得起明星，当得好老板，不为世俗所累，自己当女王的奇女子。

1903 年，王汉伦出生于苏州大户人家，原名彭剑青。小时候的王汉伦可谓天之骄女。彭家祖上出过两个状元，是妥妥的书香门第。貌美又聪明伶俐的她，早早就被送到了上海教会圣玛利亚书院读书，并练就了一口流利的英语。

人生蓝图在王汉伦眼前徐徐展开。如果不出意外，她将会成为一位大家闺秀，安然度过一生。正当王汉伦在校园憧憬未来之时，

不曾想 16 岁那年，家中突然来人，通知她父亲去世的噩耗。王汉伦还没来得及伤心，又被通知不能读书了，回家去！

那个年代的女性，书还没读完，回家能干什么呢？嫁人！

父亲逝世后，王汉伦本是庶出，在争产大战中根本没有什么优势。但即使王汉伦不惦记家产，家里大哥却容不下吃闲饭又读书花钱的王汉伦。

大哥借口"长兄如父"，火速给妹妹找了一个丈夫——东北煤矿张督办，甩掉了包袱还赚了一笔彩礼。就这样，王汉伦千里迢迢嫁到了东北，她发现，这桩婚姻并不美好。张督办是个十足的粗人，目不识丁、粗俗不堪倒也罢了，还风流成性。他前脚和王汉伦结完婚，后脚就和一个日本女人搞到了一起。王汉伦苦劝，张督办不耐烦喝道："男人三妻四妾很正常，你别管这么多！"

王汉伦是受过新式教育的女子，如何能忍受这种生活？于是夫妻俩争吵不断。

不久，张督办谋得一份新差事，去上海任职。远离了那个日本女人，王汉伦的好日子会来吗？不会！王汉伦很快发现了丈夫不对劲。张督办和日本人来往非常密切，原来他所谓的新工作，是帮助日本人低价收购中国的土地。

如果说出轨是夫妻间的私事，那这一次则是通敌卖国，涉及民族大是大非的问题。她再一次苦劝，换来的却是丈夫的拳脚相加。王汉伦彻底失望，提出了离婚。兴许是知道两人不是一路人，张督办倒也没有纠缠，还"大方"提出给她 300 块作为补偿。

可王汉伦却不屑吃嗟来之食，也不屑用来路不正的钱，她潇洒转身，净身出户，做回了那个无忧无虑天地宽的自己。在那个女子大都靠男人活着的年代，像王汉伦这样绝不将就，看透对方本质就坚决割席的女子，米粒妈只能说，太飒了。

离婚后的王汉伦爽是爽了，却不受家里待见。在哥嫂眼里，离婚是一件有辱门楣的事。更重要的是，家里又多了一张吃饭的嘴巴。他们对王汉伦冷言冷语，根本不愿意让她回来。王汉伦不想仰人鼻息，只能出去自力更生。

在那个年代，女子工作机会有限。王汉伦当过学校教员，但工资低得难以糊口。为了生存，她只好同时做几份兼职。

一次偶然机会，王汉伦听说洋行缺打字员，她就苦练英文打字并被成功录取。在洋行，她不仅工资大大提高，还碰上了生命中的一次转折性的机遇，从而改变了她的后半生。

彼时，明星影片公司正在筹拍一部电影，女主角却迟迟不能敲定。苦恼之下，老板四处托人帮忙寻找合适的女演员。恰巧洋行一位同事是老板的友人，他一下子就想到了王汉伦。

面对同事的邀请，王汉伦是犹豫的。毕竟她对拍电影毫无经验，但是当时的她迫切需要一笔收入，而电影公司恰恰可以提供这一切。就这样，她鼓起勇气走进试镜室，一出场就惊艳了众人。

导演大为惊喜，当即和王汉伦签订合同。合同上约定片酬500元，每月20元津贴。对于王汉伦来说，这不啻是天文数字，能大大缓解她的经济困境。

王汉伦迫不及待想和兄嫂分享这一好消息，没想到，得到的却是兄嫂的一顿辱骂。

在封建社会，演员可不同于现在的明星。古时候演员被叫戏子，是三教九流中的下九流。兄嫂认为王汉伦抛头露面拍戏辱没了彭家的门楣，更是丢了他们的脸。

他们说王汉伦不配姓彭，更气势汹汹地要把王汉伦押到祖宗祠堂受罚。王汉伦哪受得了这样的欺辱？她一气之下扬言："从今往后，我和这个家一刀两断。你们说我不配姓彭，我不姓彭就是了。我还偏要做出一番事业来！"她说到做到，很快改名。从此，这个世界上再无彭家小姐彭剑青，只有脱胎换骨后的王汉伦。

改名后的王汉伦，义无反顾地投身到电影事业中，一天拍戏十几个小时，从不喊累。

她失去过至亲，经历过被卖，从不幸的婚姻走出，对旧中国受尽压迫的女性感同身受。这成为她演艺事业的巨大财富，旧中国女性的角色被她演绎得深入人心，引起了观众的强烈共鸣。

这世界上你所受过的所有苦难，终将以一种意想不到的方式回馈给你。

王汉伦的处女作《孤儿救祖记》轰动了整个上海滩，她成为中国第一位真正意义上的女明星（之前都是女演员），让濒临倒闭的明星影片公司起死回生。接着她又马不停蹄拍摄了《玉梨魂》《苦儿弱女》等众多影片，几乎部部大卖。老板发了大财，但是当初承诺给王汉伦的薪酬却始终没有兑现。

不仅如此，有一次老板还要她连拍十几个小时哭戏，强迫她在强光的刺激下流下眼泪。事后王汉伦去医院治疗眼睛，老板却拒付药费，且要求王汉伦不能耽误下一场拍戏，否则就要克扣工资。

随着王汉伦的声名鹊起，许多权贵都对她青眼有加。只要她点头，荣华富贵就会送到她面前，她想要的一切也可以立马得到。然而王汉伦从来不屑于靠男人上位。她知道，别人给的都是施舍，只有凭实力赚钱才是立身的根本。

她决定选择另一条路——放下好不容易打拼来的一切，换个公司重新开始。

王汉伦新进的公司叫长城影片公司，名不见经传。换东家意味着之前的积累和人脉几乎归零，但她还是选择和新公司一起同甘共苦。

她在长城拍了《弃妇》《春闺梦里人》《摘星之女》，又一次取得了巨大成功。

可是，她还是没有得到该得的钱。老板利用王汉伦赚钱赚名气，却不想付工资。这一次王汉伦直接把老板告上了法庭。经过多方周折，法院判王汉伦胜诉。王汉伦终于拿回了自己大部分应得的酬金。两任东家都让人失望透顶，王汉伦意识到，只要寄人篱下，无论自己多么有名，也难逃被老板克扣的命运。经过思考，她不想再受人掣肘，决定用打官司得来的赔偿成立一家电影公司，自己当老板。

1929年，汉伦影片公司成立。这一年王汉伦才26岁。她既当老板又当员工，一手操办公司大小事务，还千辛万苦挖来了当时的著名导演卜万苍。她把小说改编成电影《盲目的爱情》，没钱买摄像机，就到处找熟人借，硬是凑齐了必需的设备。

王汉伦自己出演影片女主角，自己跑发行，带着影片到各地放映，一到放映空隙就上台与观众见面。这种类似真人秀、明星零距离的"路演"宣传，为她大大吸了一波路人粉。

王汉伦一手导演、制作、主演的电影处女作，又一次引发万人空巷。这次，王汉伦以自己的胆识和超强的行动力狠狠赚了一笔。什么叫实力证明自己？这就是！

并不贪心的王汉伦，没有因作品走红而乘机大肆捞金。她看中了美容业的发展，师从法国美容博士，开了中国第一家美容院——汉伦美容院，把"汉伦"金字招牌持续发扬光大。有了王汉伦的名气，美容院一开张又收获了一众女子的拥趸。王汉伦也成为中国第一位涉足美容业的女企业家。（从大银幕到美容业，王汉伦这也算是跨界创业了。）

正当美容院生意如火如荼时，1937年上海沦陷。日本人找王汉伦当亲日宣传员，王汉伦拒绝了这种卖国行为。日本人恼羞成怒，汉伦美容院只能被迫关门。断了生活来源，王汉伦过得非常艰苦。但日子再艰难，她也没有向日本人屈服。

米粒妈发现，和同期的女明星相比，王汉伦是个不挑角色但挑剧本的主。说她不挑角色，是她演的角色大多悲苦。她经历过大起大落，更能把握剧中角色跌宕起伏的人生。在那个年代，女演员都怕角色会给自己带来晦气，对寡妇角色退避三舍。王汉伦就不信这个邪，还因频频出演寡妇被人称为"寡妇专业户"。说她挑剧本，是她不怕任何难演的角色，但却对影片质量有要求。她说过："虽然我不曾拍过轰轰烈烈的爱国主义影片，然而我曾经主演过的片子，都有补救社会、激发人心的意义，大都蕴含着一番深意在内，与我的初志无背。"

王汉伦是经历过并摆脱不幸婚姻的女性，她的作品大多呼吁女性独立自主，成为当时女性的精神食粮。

新中国成立后，王汉伦被尊称为"人民艺术家"，加入了上海电影演员剧团。即使因为年龄问题只能演一些配角，王汉伦也处之泰然，闲暇时读读书，活成了一位慈祥的老人。戏剧性的是，当年把王汉伦赶出去的兄嫂，时隔多年竟然又找上门来。他们穷困潦倒，不得不找上王汉伦请求收留，让人不由得感叹人生无常。

1978年，王汉伦在上海病逝，走完了她跌宕起伏的一生。

当初，王汉伦为什么改姓王，有记者采访过她，她的回答让人钦佩。她说："'王'是老虎头上的标志，我要像老虎一样无所畏惧。"事实上，米粒妈发现，王汉伦的一生的确如她所说的——无论遭遇什么，都无畏地活出了自我。

婚姻遇人不淑，她宁愿净身出户也要换得自由；被家人不待见，她寻求自立自谋出路，抓住每个机会改变命运；当演员受人歧视，她勇敢对抗世俗眼光，靠自己打出了一片天。她当明星、当老板，自己开电影公司，开美容院，活成了自己的王。

即使遇上再大的事，她也没有随波逐流，自怨自艾，而是逢山开路，遇水架桥。在人生每个阶段，她都把命运的方向盘始终牢牢把握在自己手中，并交出了一份份满分答卷。

黄柳霜

首位好莱坞华人巨星，一生为中国奔走，如今成为登上美国货币的"东方娃娃"

2022年2月，美国发行了一批新版美元硬币。照理说，这美国人发行货币，不关我们啥事，但是这批美国硬币上印刷着我们中国人的头像！这位印刷在美国货币上的中国人，就是第一位在星光大道上留下名字的华裔女明星——黄柳霜。

90年前，她曾红遍整个欧美大陆，惹得议员们驻足观看，并一度引发休会。她曾因黄皮肤备受歧视，也曾默默为抗战努力，在那个年代，她把自己活成了一代传奇。

1905年，黄柳霜出生于美国洛杉矶。作为第三代美籍华人，黄柳霜并没有别人想象中的富裕。她的父母在洛杉矶经营着一家洗衣店，每天起早贪黑艰难地维持着生计。在那个年代，华人的地位是很低的。黄柳霜很小便知道自己与众不同，同学们拿长长的针扎进她肉里，只为听她的哭声取乐。放学后，她还要窝在洗衣店帮工到深夜，日日循环往复。

一次偶然的机会，黄柳霜看了一场电影，立即被深深吸引。从此，电影就像那唯一的光，穿透艰难岁月照进了她的生活。她渴望有一天，自己也能成为演员，光芒四射地站在电影的舞台上。

彼时，美国电影业刚兴起，唐人街也是取景地之一。从此以后，她经常没事就到街头电影拍摄现场，学习每个演员演戏的动作、神态等技巧，晚上把自己关在房间，一遍遍重演、排练。

再后来，演员们远远看见黄柳霜就哈哈大笑。他们不会想到，若干年后，她会进入电影界，而且成为他们之中的佼佼者。

说起来，黄柳霜的演艺之路，颇有些《我是路人甲》好莱坞版的味道。

1919年，美国电影《红灯笼》开拍，需要300位群众演员，黄柳霜也报了名。她没有像其他群演一样应付了事，而是一边跑龙套，一边思考接下来的剧情和台词，揣摩着演技，并在心中一遍遍反刍、推敲。正巧，电影里有个东方人的角色，导演正愁找不到合适人选。黄柳霜的出现让导演眼前一亮。在接下来的试镜中，黄柳霜惊艳的表演更令导演当即拍板决定留用她。这样的结果完全在黄柳霜意料之中。因为在此之前，她已经在家排练了千百次，动作、神态简直手到擒来。

机会，总是留给有准备的人的。就这样，黄柳霜迎来了她第一部电影作品《红灯笼》，从此她的作品便一部接一部，一发不可收拾。

1919—1927年，黄柳霜连续出演《人生》《海逝》《巴格达窃贼》等多部电影。戏里的她美得柔弱，带点玻璃易碎的美感，举手投足间皆是浓缩的悲剧，一出现便摄人心魄。黄柳霜凭着炸裂的演技和东方风情面孔，迅速成为好莱坞一个亮眼的IP，成了美国电影圈炙手可热的明星。

有人说她幸运，殊不知在1%的幸运背后，她付出了99%的努力。没有任何背景的她，硬是凭实力在巨星云集的好莱坞，闯出了属于中国人的一片天地。

名气有了，但黄柳霜并没有预想中的开心。因为，随之而来的，还有铺天盖地的歧视。表面上，黄柳霜是风光的好莱坞明星，实际上，她在电影剧组中没有一丁点话语权，报酬也比白人演员少得多。更让黄柳霜难以接受的是，给她的角色，几乎全是娼妓、奴仆和受侮辱的东方女性。要么就是为爱而死的卑微女性，连名字都不配拥有。她们的结局，无一例外都是死亡。只因那个年代，华人角色不配有好结局。她想反抗罢演，却无能为力。她的身后，弟弟妹妹都指望着她的片酬读书。

彼时，中国在世界上被列强一次次蹂躏。连带着，中国演员也在好莱坞地位低微。早期的好莱坞明星李小龙和成龙，也是最终因受不了好莱坞的歧视才回到香港。而黄柳霜成名的年代，比李小龙他们更早得多，被歧视程度也深得多。她一直想打破陈规，却一直以失败告终。

她向往真挚的爱情，但那个年代的男人受旧思想影响，对"戏子"退避三舍甚至充满歧视。她和电影制片人马歇尔·尼兰谈恋爱，但当时法律规定公民禁止和异族通婚，马歇尔·尼兰新鲜感一过就抛弃了她。她和一位BBC白人记者相恋，感情再次无疾而终。她在好莱坞演艺圈备受歧视，在情感上也找不到归属。她就像一棵努力生长的小草，却在现实中势单力薄。

1928年，不堪忍受歧视的黄柳霜决定放弃在好莱坞打拼来的一切，到欧洲闯荡。

她来到德国，在陌生的国家语言不通，她就努力学习语言。仅仅用了四五个月的时间，她就能讲一口流利的德语，可以和德国同行流利交流。她前往电影公司试镜，很快就获得了著名导演杜克的赏识，后来又拍了多部电影，一经上映又轰动了整个欧洲。真正的金子在哪里都会发光的。

彼时，欧洲各国文化交流频繁，终于没人在乎黄柳霜是哪国人；她拍了电影《爱比刀更利》，终于不再是丑角。她非常激动："这是一个完美角色，一个完全属于我的角色。"

1929年，她拍摄电影《唐人街繁华梦》，在电影中美得超凡脱俗，引起了欧洲一众女孩的争相模仿。她获邀参加英国皇室宴会，英国王子更是让人带话要见她。

她在演出的同时，更不忘自我提升。忙完演出工作，她还一天抽8个小时学习德语和法语，只因为自己带有一点英式口音。这样的精益求精，米粒妈只能说，黄柳霜真活该成名。她成了一位受人尊敬的华裔明星，找回了尊严。

几年后，黄柳霜带着在欧洲取得的成就返回电影大本营好莱坞。她听说《大地》要筹划拍成美国电影。这是一个中国人通过勤劳致富的故事，一个真正反映中国人精神面貌的正面故事。因此，黄柳霜很想争取女一号。她为之做了大量的功课，无论从种族，还是资历，她都是最合适的人选。然而导演却拒绝了她，选了一个白人来演这位女主角，而扔给她的却是全剧唯一的反派角色——狡猾的小妾。黄柳霜愤然离去，她质问记者："我和你们的肤色和灵魂不同，难道是我的错吗？"

从此以后，她尝试演舞台剧。在演员谢幕后，她总是单独折返跑回台上补充："我是一个中国人，我以往演的角色，可能让你们对中国存在误会，但是我要声明真实的中国不是这样的。"

她备受歧视，却一直在反歧视。她用专业征服美欧主流世界；更用自己的实际行动，告诉世人真实的中国——中国人并不输任何人，甚至做得更好！

在好莱坞寒了心的黄柳霜萌生了回国的念头。

回国后，她接受《良友》画报的采访，言谈中无时无刻不流露出对故土的牵挂和对中国文化的向往。然而，世俗的眼光并不理解她。《中国鹦鹉》刊登了她演出时的一张露背照，指责她伤风败俗，还有很多人说她是"西方国家的傀儡"。

这些批评随着《上海快车》的引入达到了顶峰。1932年黄柳霜与白人演员合作演出电影《上海快车》，该电影首映即获得超过370万元的票房，获得巨大成功。

但这部电影却在中国遭到抵制，因为在影片中黄柳霜扮演了一名受侮辱的女子，后期更成为杀人犯。人们认为，这个角色有丑化中国人的嫌疑，连带着对黄柳霜也口诛笔伐。黄柳霜不得不一次次向人们解释，她的处境，她对电影的热爱，以及她的无奈。

但很多人还是没有放过她。她的家乡在广东台山，她想回家乡看看，村里人却说，如果她回来，就把她家人撵出村庄。她走到村口，村人集体朝她扔石头。黄柳霜是哭着走的。

回到美国以后，有了一定影响力的她，对出演的角色有了选择，对丑化中国人形象的角色，无论片方出多少钱她都不接。

1942年，黄柳霜主演了两部抗日电影《轰炸缅甸》和《重庆来的夫人》，在片中，她扮演抗日女英雄，这两部电影在美国一经公映又一次引起轰动。比起在电影圈中的巨大成功，黄柳霜在时尚方面的造诣，同样堪称后世时尚天花板。

如今流行的娃娃头，就是黄柳霜首创的。她首创的中国娃娃造型，更是给好莱坞的黄金时代，注入了东方女性的神韵和气息。

她主演了电影《龙女》，电影中她华丽旗袍的扮相也在美国掀起了一股旗袍热。于是，她干脆为中国旗袍"站台"，借势向世界介绍起美丽的中国旗袍。她的旗袍扮相给当时许多西方设计师设计灵感，使中国风刮向了西方，她也被时尚界誉为"最会穿衣的女人"。

黄柳霜还把所有的片酬捐出，把积攒下来的所有积蓄、华服、首饰全部变卖，所得全数捐给了祖国。她把自己在中国的见闻制成宣传片，用自己在电影界的影响力，向西方人宣传真实的中国和中国文化，呼吁大家支持中国的抗战事业。

在那个年代，她以她的方式，为祖国奔走、奉献了一生。

1949年，新中国成立。看到了祖国和平统一，黄柳霜心愿达成，逐渐息影。在最后的日子，她守着母亲，过着平淡的生活。

1960年，黄柳霜成为首个在美国星光大道留星的华人。可惜第二年，她就因病溘然长逝，走完了她跌宕起伏的一生。

黄柳霜的墓碑上没有字。也许自己的功过留给后人评说，才是黄柳霜的真实想法。电影界和时尚界很多人都用不同的方式怀念着她：她生前最喜欢的旗袍搭配中国元素，被模特界竞相模仿；人们以黄柳霜为主题，举办了一场电影回顾展，她生前禁播的电影，全部展出并为人称道；黄柳霜的传记陆续出版。她逐渐走出历史的废墟，优雅地走到台前。

米粒妈认为，黄柳霜，是不应被我们遗忘的传奇。她用专业征服欧美主流世界，她为支持祖国抗战倾其所有，她是令中国骄傲的电影大师，她是在好莱坞留名的第一位中国女性。黄柳霜的出现，打破了好莱坞由白人演员一统天下的局面，也对中国电影在好莱坞的崛起产生了深远的影响。

在她之后，越来越多的中国人进军好莱坞，越来越多的中国电影在国际上受到了认可，中国演员的地位不再低微。如果黄柳霜生活在现代，她一定能成为一位人人尊敬的电影艺术家。

从黄柳霜时代华人演员遭到的不公，到今天中国电影的扬眉吐气，说到底，个人的命运还是和祖国命运息息相关。今天，我们以这种方式，与黄柳霜在这盛世相逢。世界还是那个世界，而中国已经不再是那个中国。

清 醒

不做谁的附属,在理性中规划好人生

孟小冬

一代名伶，硬核离婚，她是"民国休夫第一人"

米粒妈曾经写过梅兰芳原配夫人的故事。很多人都表示看后心里很难受，她为丈夫付出了全部，却换来了最最凄楚的结局。这篇咱们就来换换风格，讲一讲同样嫁给过梅兰芳的硬核大女主、"梨园冬皇"孟小冬的故事。她有事业、有野心，虽然也曾爱得刻骨铭心，但发现情况不对，立马怒甩渣男，直到晚年都被"上海滩一哥"杜月笙杜老大宠爱有加。

虽然孟小冬美得倾国倾城，但是米粒妈觉得她其实骨子里是个刚毅无比的"纯爷们"。也难怪她作为"京剧第一女须生"，挂髯口、穿厚底鞋、唱腔了无雌声。这种戏外貌美倾城，戏里铿锵雄浑的大反差，势必会营造出一种不可复制的魅力。

孟小冬出生在1908年汉口的一个飘雪的冬日，她家姓董，她被取名为董若兰。

董家是给满春茶园的演员包伙食的，因为董家已经有4个孩子了，微薄的收入使家里看到这个长相姣好的女婴出生，并没有感到开心，反而更加犯愁了。7岁那年，董若兰遇到了暂留满春茶园的京戏班主孟五爷。孟五爷看中若兰聪明伶俐，经常带她去看戏，若兰也对京剧很着迷，有时候还能像模像样地唱几句。这一年，董父决定让若兰跟着孟五爷去学戏。从此董若兰离开了家，改随孟姓，取名"小冬"，也就是"小董"的谐音。孟小冬开始学戏后，就展现出了她的狠劲儿。她每天6点准时起床，先是压腿、喊嗓练基本功，接着就是学唱腔、习身段，苦练之余还得为师傅沏茶捶背、跑腿办事。

这样一练就是5年。12岁那年,她跟着戏班来到无锡演出,先后演了4个月,连演130场,从那起,孟小冬便火了。崭露头角的孟小冬获得了大量的粉丝,一时间成为梨园传奇。但是她的野心可远远不止于此。

当时梨园流传着一句话:"情愿在北数十吊一天,不愿沪上数千元一月。"也就是说,南方的名角儿名气再大,也被视为是野路子,只有北京的京剧才是最正宗的。于是追求上进的孟小冬决定北上求师深造,这一次,她拜在了老生陈秀华门下。半年的时间,孟小冬勤学苦练,基本上属于闭关状态。她突破了瓶颈,以崭新的面貌登台,以一曲《四郎探母》在京城站稳了脚跟。因为家境贫寒,孟小冬天生没有一个好门第,这也是她无法选择的出身。但是她在自己能达到的条件下,把自己能力所及的事情做到了极致,这不能不说,是一种积极掌握自己命运的清醒。

京城的戏迷痴迷于孟小冬的演出,一票难求。剧评家用"前无古人"来形容她的唱腔,留洋归来的胡适一向反对旧戏剧,但是看了孟小冬的演出后,也忍不住赞叹:"真是好极了!"这种登峰造极的水准,绝对不是什么天赋异禀,而是日复一日的苦练和付出得来的。从小她就是没有伞的孩子,很早就学会了在雨中拼命奔跑。而她从不想将创造自己幸福的权力假手于人,而是将其一直牢牢地握在自己的手中。

在事业到达巅峰的时候,孟小冬遇到了她的一生挚爱。她觉得自己遇到了对的人,于是决定在事业最辉煌的时刻选择隐退。米粒妈想到一句话:恋爱中的女人智商为负……就算是刚强上进如孟小冬,也会为爱冲昏头脑。这个人就是梅兰芳。

在一次堂会上，孟小冬与梅兰芳合演了一出《游龙戏凤》。这个组合很神奇，梅兰芳是当时旦角第一人，而孟小冬是火遍京城的老生。这种奇妙的男女反串，再加上梨园行业翘楚之间的惺惺相惜，使得一曲唱罢，两人就擦出了爱的火花。孟小冬那时候只有18岁，正是情窦初开的时候。她第一次遇见爱情，以为有情可以饮水饱。但对方可完全不是处在这个阶段。

当时梅兰芳的原配夫人王明华已经身患重病，另一夫人福芝芳把控着家里大小事务，对孟小冬绝对可以说是严防死守。而梅兰芳这时早就是一个心硬如铁的中年男人。但两年后，孟小冬还是嫁给他做了第三房妾室。民国时期的男人都很大男子主义，尤其是娶了一位像孟小冬这样"抛头露面"的大美女，梅兰芳当然不希望她再继续登台。于是，这个火遍大江南北的一代名角儿就这样甘愿走进了深宅大院，做起了一只笼中鸟。可以看出，孟小冬能为了他放弃自己拼命努力换来的成就，是真的很爱他了。但是现实不久就开始打脸。

孟小冬做了那么久的名角儿，自然是拥有"百万粉丝"的红人。当时有一个叫李志刚的铁粉，特别痴迷孟小冬。当他得知孟小冬结婚后不再登台，他急了，拿着枪要去找梅兰芳复仇。没想到，这一枪没打中梅兰芳，却打中了他的朋友，而李志刚也被当场击毙。梅兰芳虽然躲过了一劫，但是从这件事开始，他就觉得孟小冬是祸水。她的受欢迎程度可能使自己名誉受损，甚至威胁到了自己的性命。再加上福芝芳对这件事添油加醋，梅兰芳开始有意地疏远孟小冬。本以为收获了爱情和未来，结果却是被冷落。孟小冬粉红色的爱情泡泡被戳破了大半。

有一次，梅兰芳要访美，因为福芝芳怀着身孕，所以想带孟小冬去，福芝芳一听到这个消息，直接请来医生给自己堕胎，吓得梅兰芳连忙道："不带她了，不带她了！"

后来，梅兰芳名义上的母亲去世，孟小冬穿上丧服到梅宅奔丧，却被下人拦在门外。原来是福芝芳以死相逼："你要是敢让她进来，我就不活了！"梅兰芳只好劝孟小冬回去。不得不说，这福芝芳绝对是严防死守的一把好手，前面笑脸恭敬地把原配王明华挤出局，后面以一家主母之威把孟小冬的来路挡了个水泄不通。

经历了这么几次，孟小冬的心彻底凉了。她意识到自己理解的爱情和家庭，根本就跟现实没什么关系，那个口口声声海誓山盟的男人，也不过是把自己当作一只可以被豢养的宠物。她很快走出了恋爱脑残的泥潭，换上了清醒和洒脱，撂下一句："我今后要么不唱戏，再唱不会比你差；今后要么不嫁人，再嫁人也不会比你差！"说完便潇洒离去。

这还没完，还有更爽的！孟小冬在报纸上发布了一份离婚声明，铿锵有力的笔触尽显新时代女性的高自尊，米粒妈看了之后直呼过瘾："旋经人介绍，与梅兰芳结婚。冬当时年岁幼稚，世故不熟，一切皆听介绍人主持。名定兼祧，尽人皆知。乃兰芳含糊其事，于祧母去世之日，不能实践前言，致名分顿失保障。虽经友人劝导，本人辩论，兰芳概置不理，足见毫无情义可言。冬自叹身世苦恼，复遭打击，遂毅然与兰芳脱离家庭关系。是我负人？抑人负我？世间自有公论，不待冬之赘言。"

这意思就是说，我小时候恋爱脑上头，不懂事。梅兰芳本来说要好好娶我进门，结果没想到，连家里的葬礼都不让我参加。身边的人都劝他，但是他完全不听那一套，简直是毫无情义。我简直是太惨了，我也受够了，我决定发布这个声明，跟梅兰芳脱离家庭关系。到底是我们俩谁对不起谁，我都不稀得说，有眼睛的都看得明白！

这也太过瘾了吧？要知道，当时只听过休妻的，这样登报休夫，而且语句这么决绝的，在那个年代简直闻所未闻。孟小冬休夫的声明在当时轰动一时，斩断这段感情后，孟小冬重新出发，再次登上舞台，走上属于她的人生巅峰。

为了走出这场刻骨铭心的初恋，孟小冬也经历了绝食、生病、甚至想过出家。

但她始终怀着一股狠劲儿，只在无人之处伤心，而拿出来示人的，是硬核的离婚声明和蓬勃的事业心。决定复出的她没有止步于当下的成就，她想要继续提升自己，于是拜师"老生三杰"之一的余叔岩。但余叔岩性格孤僻，加上妻子刚刚过世，为了避嫌，多次拒绝了孟小冬。孟小冬愈挫愈勇，非但没有放弃，还坚持了两三年，经常登门到余府走动。

终于，余叔岩被她打动，正式收她为徒。孟小冬也成了余叔岩唯一的女弟子，同时也是他的关门弟子。

可能这种不屈不挠的决心，也有一部分出于她的争强好胜。毕竟当初走的时候，她承诺再唱戏一定要比梅兰芳唱得强。拜师成功后，孟小冬五年间一直处于息演状态，深度打磨自己的功力。五年过后，孟小冬成了余派唯一得到衣钵真传的人，一朝登台，技惊四座，她又成了惊艳全场的"梨园冬皇"。

后来余叔岩去世，悲痛欲绝的孟小冬决定为师傅守丧三年，不再登台。三年后，孟小冬复出，连演了两场《搜狐救孤》。这一演不要紧，门票票价直接炒到了500元一张！要知道，当时民国的人均收入只有几十元。而同期的梅兰芳也有演出，票价竟低于孟小冬。到这里，孟小冬真的实现了当初撂下的誓言，她真的超过了梅兰芳。

事业上成就卓越的孟小冬也迎来了她新的感情，她耀眼的光芒吸引了"上海滩大佬"杜月笙的注意。43岁的孟小冬嫁给了63岁的杜月笙，成为他的五姨太。杜月笙对孟小冬真的是疼爱有加，可以说他一生刀光剑影，到了晚年，却把全部的温柔都给了孟小冬。而且他知道孟小冬的刚强和独立，所以对她格外尊重。孟小冬只要一透露想买什么、吃什么，杜月笙立马就会命人快办。

这是孟小冬第一次从一个男人身上体会到家的感觉，只是这备受宠爱的时光太短暂了。一年后，杜月笙去世了，这个叱咤上海滩的一代霸主给孟小冬留下了一笔遗产。

晚年的孟小冬不再登台，而是开始收徒。她的学生和戏迷经常来拜访她，逢年过节，她都能收到很多礼物。她的门下，也出了很多京剧名家。根据孟小冬的遗嘱，张大千为她题写了墓碑：孟太夫人墓。

不是梅太太，也不是杜太太，而是以她自己的姓氏自居，不做谁的附属，她是自己的主人。其实不管是在三妻四妾的旧时代，还是在男女平权的新时代，爱情始终都应该是势均力敌的，这样两个人才有资本站在一起，孟小冬看到第一次婚姻的薄凉，能有底气一走了之，靠的是自己的一身本领。后来能得到大佬的爱重，也是因为她自己本身具有相应的实力。事业给了她高自尊的底气，而经济实力使她能够有胆量独自面对这个世界，而不是非要找个男人作为依托。这就是大女主的模板，即使在旧时代，依然能够活成大女主。

其实讲了那么多民国故事，米粒妈并不是想痛斥封建时代对女性的不公，而是想让大家看见，不管在什么样的环境下，那些有自尊、有底气的杰出女性，都一样可以活得出彩，活得骄傲。

张茂渊

最深情的民国才女：苦守 52 年，78 岁时嫁给初恋

1979 年，上海见证了一场颇不寻常的盛大婚礼。

这场婚礼的新娘已经 78 岁高龄，但眉目仍婉丽清贵；新郎也已 81 岁，颊边笑容却温和静好。大多数人或许猜测这是一场老来伴的黄昏恋，但若是如此，倒也不值得米粒妈兴师动众说它一番了。这婚礼真正令人惊讶的点其实在于，这是 78 岁新娘的初婚，她嫁的还是自己魂牵梦萦 52 年的初恋。

这位年近古稀才得偿夙愿的"民国才女"，就是米粒妈《民国大女主》的新晋成员——张茂渊。其实她还有一个更广为人知的身份：张爱玲的姑姑。

"民国才女""张爱玲最爱的姑姑"是张茂渊身上最醒目的标签，但她真正的人格魅力，却得撕掉这两块标签后才能看到。

世人评价张茂渊，多说她一生最伟大的事业，便是做了张爱玲的姑姑。这话片面，却也有几分道理。不瞒大家，米粒妈对张茂渊的最初印象也正来自张爱玲的"转述"。了解张爱玲的人大抵知道，她在小说里影射过不少自己的家人，而且大半下笔刻薄又传神，写出来的形象往往令人难堪。但对于她的姑姑张茂渊，张爱玲却一反往常地收敛了自己的"毒舌"，在文章里毫不掩饰对姑姑的敬爱和赞美。

事实上，张爱玲亲缘淡薄，与张家人关系尤其差，她经历过为数不多的温情时刻，大多与姑姑有关。

张爱玲曾形容张茂渊有"清平的机智见识"，对生活触觉敏锐，对她影响很深。

她专门写了一篇叫《姑姑语录》的长文，记录了与张茂渊相处时鲜活生动的生活片段。侄女眼中的姑姑意趣过人，看张爱玲在冬夜钻被窝的敏捷动作，能脱口而出"视睡如归"的妙语。

平素交谈时，姑姑冷不丁来一句幽默的比喻，就能逗得人发笑。譬如批评旁人演说吞吞吐吐时，她嗤笑道："人家唾珠咳玉，他是珠玉卡住了喉咙。"偶尔还要自嘲几句："我是文武双全，文能写信，武能纳鞋底。"诸如此类生活场景，细碎而不寡淡，平实却显风趣，与张爱玲小说中戏剧化的叙事风格大相径庭。

津津有味地翻看了张爱玲记录姑姑的文字后，米粒妈发现，张茂渊是个妙人，能在平淡的生活中发掘大趣味，也常寥寥数语讲出大智慧，果然才女的家人也藏龙卧虎。

但如此妙趣横生的性子却被一块"姑姑"的标签挡了大半风头，委实有几分可惜。后来真正让米粒妈对这人产生浓浓好奇的，是张爱玲提及的一块"霞帔"。

张爱玲说，姑姑早年间转手卖过很多珠宝，但始终留着一块淡红的破旧霞帔，是因为成色"欠好"的缘故，但有一回买方出了10块钱，姑姑都嫌少没卖。米粒妈细品后觉得这事恐怕没那么简单，都说凤冠霞帔，在往年那可不是普通的披肩，是结婚要用的东西。

张爱玲不是说姑姑坚持不婚吗？怎么手里还会留着这种东西？（八卦的雷达响了起来）求（ba）知（gua）之魂熊熊燃烧的米粒妈经过一番求证后，终于确认了真相——原来半生不婚的独立女性张茂渊，竟是个与张爱玲一脉同出的"痴情女子"。

1901年，张茂渊出生在一个势头式微的贵族家庭。她是晚清

清醒

名臣张佩纶的爱女,李鸿章是她的外祖父。张茂渊小时候家底尚且殷实,因此她得以在新式学堂读书,眼界随之拓宽。

母亲李鞠耦更是一位有远见卓识的女性。为了让张茂渊养成坚强独立的性格,从小就给她穿男装,叫她"少爷"。在家庭和学校的双重影响下,张茂渊早早开慧,强烈的独立意识也逐渐觉醒。这也让她与那不知进取的哥哥张廷重(张爱玲父亲)百般不对付。

1925年,大好年华的张茂渊为了实现自我,从旧式家庭的藩篱中闯出,拉着自己的嫂子黄逸梵一起登上了赴英的轮渡。她此行的目的地是英国皇家音乐学院,这位志趣不俗的大小姐要学一样西洋乐——钢琴。但没想到,在找寻自我意义的旅途伊始,她就邂逅了那个误了她终身的人。

登上远渡重洋的轮渡后,兴致勃勃的张茂渊不多时就成了霜打的茄子,因为她晕船了,在船舱里频频头晕呕吐,好不难捱。这时,一位文质彬彬的贵公子向她伸出了援助之手,体贴地为她寻来热毛巾和热水,还为了让她缓解不适,亲手冲泡了龙井茶。这位贵公子就是李开弟,他毕业于上海交通大学,此番赴英是要去利物浦大学攻读硕士学位。

人在生病的时候,心防最为脆弱,李开弟一番温柔的举动让张茂渊感受到了拂面的暖意,于是后来的心动也显得顺理成章。要米粒妈说,李开弟这人还是有几分撩妹手段的。

他在船上对张茂渊的照顾极有分寸,细致而不显轻浮,况且他还才华横溢,与张茂渊厌弃的那种不学无术的做派全然相反,也难怪一贯清醒冷静的张大小姐肯为爱犯一次"糊涂"。赴英之路漫漫,李开弟成了张茂渊当时最甜蜜的"朋友"。两人每次相谈都十分投机,自然也越走越近，很快就坠入爱河。

下船之前，李开弟亲手为张茂渊披上一块淡红色的霞帔（没错，熟悉的定情信物出现了），表达了自己交付余生的态度。这似乎给了这段"邮轮限定版"的浪漫更多可能，张茂渊也因而对未来的爱情满怀期待。

李开弟曾在轮船的甲板上用英文对张茂渊朗诵拜伦的诗，但可惜，回国之后，李开弟却没能像拜伦般孤勇地践行自己的诺言。

尽管李开弟对张茂渊一见倾心，但在知道张茂渊的外祖父是李鸿章（当年被认为是卖国贼），甚至家中还有一个瘾君子哥哥时，他还是默默地把张茂渊推远了。

还有一种说法是，李开弟早有婚约在身，对方是个身家清白的富家女，名叫夏毓智。

但不论起因如何，结果就是李开弟与张茂渊疏远后不久，就同夏毓智结婚了。

按常理来看，这段缘分到此应该无疾而终了。但张氏女骨子里就藏着一股执拗的深情，不撞南墙不回头，但有人泥足深陷，有人则泰然处之，前者是张爱玲，后者是张茂渊。

张茂渊伤情的同时，并没有被爱困在原地，她认清现实后，很快就亮明了自己的态度：我爱你，也愿意等你，但这只关乎我自己，我不会拿这个来要求你，往后我们就做朋友。米粒妈以前认为真正爱过的人不可能做回朋友，但张茂渊却改变了米粒妈的看法，原来有足够勇气去爱的人，是不怕感情没有回音的。

后来，张茂渊还出席了李开弟的婚礼，送上了诚挚的祝福。

这好比"修罗场"的大婚情境，米粒妈想想都有些揪心，但张茂渊却坦荡自如，果然有一颗底气十足的"大心脏"。

这份底气从何而来？一在经济，二在人格。

在当时人的眼里，张家这位小姐平素孤芳自赏，很是清高。事实上，人家确实有清高的资本啊。张茂渊在父母去世后，不久就与两个败家无能的哥哥闹僵了，自己带走了一笔不菲的遗产。遗产到手后，她也没有躺平坐吃山空，而是做着一份薪水不低的职业——在电台读社论，工作轻松，且每月有几万块的稳定收入。

30岁左右的张茂渊事业风生水起，生活自在独立，没有人可以让她委曲求全，所以她也不在意别人的评头论足。

张茂渊也与李开弟的妻子夏毓智很投机，成了闺中密友。李开弟的子女觉得张茂渊像男子一般洒脱，私下都亲昵地叫她"张伯伯"。

李开弟也对张爱玲视如己出，在她去香港读书时，一把揽过了临时监护人的责任。

许多年来，张茂渊、李开弟默契地维持着感情的平衡，交游甚密但始终止乎于礼。

张茂渊也对外界传她的风言风语置若罔闻，只是用实际行动坚守着自己无望的爱情。

50年光阴，张茂渊心平气和地走过了，她也偶尔会觉得没有波澜的人生乏善可陈。张爱玲曾提到，姑姑往年翻看那块旧霞帔时，有一次脱口而出："看着这披霞，觉得人生没有意义。"

1965年，李开弟的妻子夏毓智生了重病，张茂渊爱屋及乌地守在她床前妥帖照料。夏毓智临终前，拉着张茂渊的手说："我知道你和开弟情投意合，但当初我是毫无察觉……开弟曾苦恼，但悔之晚矣，如今我将不久于人世，只盼往后余生你能与他结为夫妇、相扶相依,否则我九泉之下也难以瞑目。"张茂渊应下了这份托付,也再一次任由心中的感情破土而出。

但由于当时环境特殊,李开弟陷入了被抄家、占房的落魄境地,张茂渊则选择默默陪在李开弟左右,坚定地支持他。这个生活顺风顺水、曾经的富家小姐,现在甘愿为李开弟洗手做羹汤,甚至帮他做最粗累的活,扫地、洗衣,没有一句怨言。

1979年,张茂渊怀着雀跃而伤怀的复杂心情,提笔给李开弟写信说:"不是我不愿再等,我怕时间不再等我。"李开弟读后感动落泪,一刻也没再等,为78岁的张茂渊重新披上了那块霞帔,给了她一场迟到多年的盛大婚礼。张爱玲接到姑姑婚讯时颇为激动地说:"我就知道,姑姑一定会结婚,哪怕80岁!"

但好光景也实在短暂,12年后,张茂渊在一个平静的凌晨与世长辞。李开弟在给张爱玲的信件中如实相告,悲痛之情溢于言表。

回顾张茂渊这一生感情路,用一句徐志摩的情诗来形容最恰当不过:"我将于茫茫人海中寻我唯一之灵魂伴侣,得之我幸,不得我命。"写过这么多民国女性,写完张茂渊,米粒妈怅然若失,多少替她不值。不管过去还是现代,双向奔赴的爱情才最有价值。

好的爱情,一定要有排除万难也要在一起的决心。李开弟选择听从他内心的"理智";而张茂渊则选择独自守护爱情——我爱你,这是我的事,与你无关。这也是男性和女性对待感情时最大的区别。

有钱有才,苦等一生,或许张茂渊爱的不是李开弟,她爱的其实是恋爱中的自己:那个对李开弟一见倾心的她,那个愿意终身为爱付出的她!

游轮上的霞帔之约变成一生抹不掉的回忆,足以抚慰岁月漫长;

而终身等待和守候，对她来说，只是为了给自己一个交代。半个世纪的守候，只为一个仪式感式的心愿，值还是不值，或许只有她自己知道。

寿 懿

张作霖夫人，巾帼不让须眉的智慧女性

她机智聪颖，又胆识过人，是张作霖最宠爱的姨太太。她就像张作霖的解语花，虽然排行老五，但是其他太太都对她心服口服。

她是民国乱世中不让须眉的智慧女人，她的胆识和决策力使东北沦陷推迟了三年。米粒妈今天就来给大家讲讲她的故事。

五姨太的名字叫寿懿，又名王雅君。母亲王松岩是奉天戏班里一位美丽的伶人，后来被黑龙江将军袁寿山看中，娶回家做了小妾。袁寿山是明末名将袁崇焕的后人，所以说寿懿也算是出身名门，小时候接受过良好的教育。虽然是庶出的女儿，但是寿懿从小写得一手好字，熟读《四书》《五经》。因为她从小聪明伶俐，所以父亲很疼爱她。

可惜在寿懿还很小的时候，父亲就在战场上牺牲了。母亲王松岩始终没有改嫁，她带着小寿懿重新登台唱戏，日子过得十分艰辛。因为自己是戏子出身，所以母亲非常明白生活的艰辛。她更明白，女儿只有接受教育才能摆脱和自己一样的命运。所以在寿懿15岁的时候，母亲把她送到奉天女子学堂念书，学费都是母亲靠唱戏挣来的，可以说非常不容易。

寿懿本身很聪明，看到母亲供自己读书的辛苦，所以非常努力刻苦，在学堂里的成绩也非常出色。毕业典礼上，成绩拔尖的寿懿作为学生代表上台发言，31岁的张作霖作为新民府马步五营统带受邀出席，看着台上熠熠发光的寿懿，张作霖对她一见钟情。

那时候张作霖家里已经有4位太太了，这一次他对寿懿见之难忘，想让她做自己的五姨太。

刚得知这个消息的时候，寿懿的母亲其实特别不情愿。自己辛苦半生刚把女儿供出来，学有所成之后就要给人家做五姨太。但是张作霖位高权重，她也自知确实没法与之抗衡，只能接受现实。

寿懿嫁到张府的排场很大，相比于之前几位太太，她的婚礼场面可以说是最隆重的。张作霖前面四位太太都是比较传统的封建女子，也没读过书。寿懿嫁进来之后，学识和见识跟她们完全不在一个量级，所以张作霖最疼她，有什么事也喜欢和她商量。

寿懿社交能力很强，张作霖的外交活动一般都是带她出去，时间一长，其他几位太太也都喜欢跟寿懿打听局势的消息，对她也是真心服气的。后来张作霖成为奉天巡防营前路巡防统领，升迁之后更加忙于工作，寿懿在家里独当一面，成了真正的当家太太，还生了3个儿子。

张作霖是草莽出身，自己本身是个粗人。在接见外交使节这类的场合中，很多时候张作霖是希望有个得力帮手的。寿懿有学识，在外交中思维敏捷，总是能为张作霖争取到最大利益。所以张作霖的外交场合基本上都是带她出席，她也被称为东北的"外交夫人"。

而且寿懿还经常会以张作霖的名义做慈善。张府的太太们都有不少私房钱，她们都会给自己购买私宅田产。只有五姨太寿懿一直用自己的体己钱修路修庙，所以她在老百姓当中的口碑也一直非常不错。

寿懿的情商很高，不但在后院跟各位太太都相处融洽，而且她还能在军中成为张作霖的帮手。一次，张作霖对士兵训话，说来说去都是一些粗鄙的话语。他觉得说了半天还是表达不出自己心中对士兵的期望，干脆让寿懿出来替他讲两句。

寿懿上场之后非常镇定，先是夸奖了士兵们的努力，肯定了他们的战绩，然后又站在夫人的角度，指出了张作霖对他们做出了多少照顾，让他们领情，最后才指出士兵们的不足。整个训话过程节奏合理，层次分明，有理有据，把士兵们说得心服口服，也很给张作霖长脸。

看到寿懿这么靠谱，张作霖甚至把很多军中的工作都交给她来打理。

日本人想要控制东三省，但是遭到张作霖多次阻挠。1928年6月，张作霖乘坐的火车遭到了日本人的攻击，张作霖被炸弹炸成重伤，几乎没有了意识，连交代后事的时间都没有。后来被送回府后，在弥留之际短暂地清醒过来，他匆忙交代五姨太几句话后就去世了。

当时全家人都没有思想准备，太太们号啕大哭，随行的官兵都吓得没了主意。寿懿非常镇定，她停止哭泣，并安抚好其他所有人。她主持大局，告诉太太们和随行官兵不要再哭了，尤其是下车入府的时候一定要镇定，千万不能表露出张作霖已经去世的状态。

安排好将遗体抬入府中之后，寿懿又吩咐仆人必须坚持一日三餐送到房间里，做出张作霖还在府中正常生活的样子来。她对外宣称张作霖只是受了轻伤，然后将这一情况登报官宣。日本人看了报道之后非常纳闷，由于不知道张作霖的情况，他们不敢轻举妄动。

日本人在接下来的日子里不断派人到张府打探消息，每一次，寿懿都忍受着巨大的悲痛，浓妆艳抹地接待日本人。她强装镇定，用娇俏的姿态做出一副受宠姨太太的模样，每次说到张作霖，她都娇羞地说："我们爷只是受了轻伤。"

清醒

日本人知道中国人最讲究入土为安，五姨太和整个张府表现出来的样子一点也看不出来有什么异样，一来二去，他们真的相信张作霖没事了。

每天顶着巨大的压力和悲痛应付日本人的寿懿，一边联系奉天省长刘尚清，交代了秘不发丧的策略，一边紧张布置，安抚家人，等着张学良回来。她每天还要伪装接待医生进入，打点厨子给张作霖做饭的事宜，可想而知，她内心所承受的心理压力有多大。

日本人不断施压，看到派去的人始终探听不出确切情况，打算让《朝日新闻》的记者到张府采访。寿懿用巧妙的辞令拒绝了这次采访，一直等到张学良回到沈阳，张作霖去世的消息才正式公布。

直到少帅张学良正式掌权，寿懿"外交夫人"的时代才渐渐落幕了。对她来说，以后再也没有在张作霖身边与他一起应酬外交的日子了，当下最重要的事就是孩子们。

对她来说，除了自己的3个儿子，最值得关注的就是张学良的安危和发展。

抗战结束后，寿懿去了台湾，直到1958年才和张学良见面。看着张学良和赵四小姐结婚，并在有生之年看到张学良重获自由，她觉得十分满足。

米粒妈之前写过很多大女主的故事，她们将自我成长作为人生中的第一目标。但是寿懿作为封建社会的姨太太，却又是另一种智慧女性的范本。

她有胆有识，有情有义，在那个特殊的年代成就了一段传奇。如果寿懿没有生在封建年代，没有成为别人的姨太太，想必她一定能把自己的生活经营得风生水起，也一定能够在男人的世界里蹚出自己的一片天地。寿懿靠着自己的胆识和头脑，使东北沦陷整整推迟了3年，绝对当得起"智慧大女主"的称号。

张作霖一生有6个太太，但能够真正成为他知心伴侣的却只有五姨太寿懿。他最宠她、最疼她，有了事情也最依赖她。

所以说，有智慧、有格局的女人，运气总不会太差。

聂其璧

90岁依旧风华动人的名媛，宋美龄给她做伴娘，顾维钧帮她追星

那些淹没在历史烟尘里的倩影中，有这么一位"超时代"的女性，她的眼界和爱好，无一不让人大跌眼镜，米粒妈一度怀疑是看到了现实版的"穿书文学"。这人是谁呢？她的家族来头可是响当当。

她的母亲是晚清重臣曾国藩的小女儿，父亲是曾任上海道台（东西方联系的枢纽）的聂缉椝，出身可谓是十足的名门望族。她结婚时，"第一夫人"宋美龄抢着给她当伴娘；她酷爱追星，外交官顾维钧就帮她追到好莱坞去！这位家世显赫的名媛本媛就是聂其璧。聂其璧是聂家最小的女儿。

和别人家知书达理、进退得宜的闺秀不同，聂家这位四小姐从小就是院子里最调皮的那个。聂其璧的哥哥姐姐们自小读的就是私塾，一板一眼，作风严谨又正派。而她呢，从小就在教会学校读书，与外国的老师和同学早早就打成一片，性格中既有着中式的秀慧，又融合了西式女性的独立。

聂其璧的母亲曾纪芬是曾国藩最小的女儿。曾家一脉家学深厚，曾纪芬更是年纪轻轻就成了民国著名的书法家，后来还有"崇德老人"的尊称。

聂其璧12岁时，父亲就去世了；曾纪芬家教严格，从一张聂家的全家福就能看得出：男士一律着长衫，女士则穿紧身夹袄。但这其中却有一种与众不同的存在，就是特立独行的聂四小姐。她爱穿花枝招展的衣裙，最喜时兴洋气的造型，头发也得烫成大波浪，打扮妆容与家人格格不入。

母亲曾对她这做派特别头疼，但久而久之，也就默默接纳了。毕竟比起穿衣来，聂四小姐一次次的"顶风作案"，更让母亲抓狂。按照以往规矩，聂家大院从不许女孩子晚上出门，但这却管不住聂其璧。

那时，读中学的聂其璧凭借一口流利的英语结交了一帮外国朋友。又正赶上戏曲、电影初兴的时代，于是聂其璧和一帮朋友最大的爱好就成了"追星"。为了出去看戏、参加社交活动，她爬窗口、翻墙头，真是上天入地无所不能，实在太可爱了。这样一个古灵精怪的大家闺秀，什么样的神仙男人才配得上她呢？

聂其璧到适婚年龄时，家里人已经为她相看了不少门当户对的良人，但想想也知道，一贯的"现代派"怎可能接受父母之命那一套？被聂四小姐看上的那位仁兄叫周仁，从美国康奈尔大学毕业后，在上海交通大学担任教授的职务。周仁虽然出自书香门第，但是他很小的时候父亲就去世了，他的求学之路全仰仗各路亲戚救济。但在聂四眼里，没钱没权都算不得什么，她就是认定了这个温文尔雅的读书人。富家小姐爱上穷书生，这段当时不被看好的姻缘却得到了母亲曾纪芬的支持。

现在谈起聂家花园里那场盛世婚礼，就不得不提一句聂其璧的傧相（伴娘）——宋美龄。宋美龄与聂其璧是感情要好的闺蜜，两人都机灵外向，从初遇时就投缘得紧。得知聂其璧婚讯的宋美龄，比聂其璧本人还要激动，当着自家人大大咧咧地说："她不请我，我也是要去的！"由于激动过头，还在婚礼那天闹了个笑话。当时宋美龄刚换好伴娘装，就进聂其璧的闺房里打趣起来，不知怎么兴奋劲儿上来，把脖子上的珍珠项链都扯断了。于是外面的人推门进来,就只看见用人们满地捡珍珠的滑稽场面。

嫁给周仁之后,聂四小姐可是经历了一番"消费降级"的苦日子。周仁其实工资待遇并不差,但无奈有一大家子手足要周转帮扶,这就让这对新婚小夫妇的日子过得比想象中拮据。聂其璧对此没什么怨言,默默地一个人上下打点,就像她的母亲曾纪芬一样。想来真正有涵养的女子就如这般,家境富裕时,尽可以讲究到极致,但落入窘境了,也能将就得自在。

聂其璧的母亲曾纪芬曾分享过教育心得:"教导儿女不求小就而求大成,当从大处着想,不可娇爱过甚。尤在父母志趣高明,切实提携,使子女力争上进,才能使子女他日成为社会上大有作为的人。"这句话放到今天都是教育金句。聂四小姐虽然在家时对母亲定下的规矩"嗤之以鼻",却是实实在在将母亲的教育理念学到了精髓。

聂其璧婚后生育了三个孩子,除了女儿周霞华不幸早逝之外,儿子周麒和周夔,一个考上了清华大学,一个考上了北京大学,后来都成了著名的学者。有趣的是,她不仅把自家孩子教育成才,还把保姆老邹和管家沈老家的教育重任一并接过,在她的鞭策教诲之下,保姆的干儿子成了公司高管,管家的儿子则成了高级研究人员。

要教育这么多孩子,也没影响聂其璧追星。1939 年,聂其璧去实现自己的追星梦了。

她在顾维钧的照应下,只身远赴美国,踏上了追星之旅,最终和当时许多著名电影主角,包括《乱世佳人》男主角克拉克·盖博、《魂断蓝桥》的主角罗伯特·泰勒以及名声响遍海内外的童星秀兰·邓波儿等一一合照。这些合照聂四小姐可宝贝得很,一直到晚年还珍藏着，时时翻看怀念。想来，这些合照对她的意义不只是实现了追星梦么简单，而是对自己年轻时独立而勇敢的最大嘉奖。

抗战爆发后，聂其璧随丈夫的研究所一起南迁到昆明。他们带着装载精密仪器的箱子和许多珍贵书籍，先走船运到越南河内，再辗转回到大陆昆明。当时的越南是法租界，一帮教授太太们到了越南，听着遍地"鸟语"，成了无头苍蝇。此时，聂四小姐一口流利的法文输出，把当地车站站长说通了，专门给他们调拨了车厢。一旁的周仁和其他学者都是同款"瞠目结舌"脸，谁也没想到，这位大小姐不仅一路受难没掉链子，还在关键时刻帮了所有人。

到了昆明以后，每日可做的事寥寥可数，她又是在家闲不住的性子。一来二去，竟兴冲冲地给丈夫做起了"司机"，开车接送丈夫，毫无怨言。正是在聂其璧的包容和支持下，周仁才得以心无旁骛地创实业，最终生产出先进的军用冶金钢材，为抗战做出了无声而伟大的贡献。

抗战结束后，聂其璧跟丈夫一起回到上海。那会儿，她已经和丈夫所里的工友打成一片，不时邀他们来家里喝茶吃饭，俨然把自家当成了研究所的专属俱乐部。

当研究所哪位同事生病或有急事，聂其璧总是急人所急，第一时间全力相助。是以当时研究所上下提起周夫人，无不敬爱有加。在重情义的聂四小姐眼里，这帮共患难的工友，想必已经成了她内心认可的"家人"了。

话说回来，当年聂其璧可不只是一位贤内助，她在照料丈夫研究所事宜之余，还搞起了自己的事业。她被推举为上海市妇女代表，每周都会去政协参加高知家属的例会，带头学得津津有味，会毕后

清醒

又化身"社交达人",与各位家属相谈甚欢。

聂其璧的丈夫周仁,是一位正直的科学家,在陶瓷和冶金方面成就卓越。却在那个特殊的年代遭遇变故,身患重病,凄惨离世。当时,年逾70的聂其璧孤苦伶仃,生活也捉襟见肘,但她依然笑对生活。

直到那段特殊的岁月结束,聂其璧又安心地做回"聂四小姐"。穿礼裙、烫头发、妆容精致,一番装点过后,虽年岁已老,但风采却更胜往昔,名媛气质由内而外地散发出来。

在周仁教授去世13年后,中国科学院为了缅怀他卓越的成就,在上海冶金研究所里落成他的铜像。聂其璧带着孩子们出席,满头银发,精神矍铄。

再后来,聂其璧成了当之无愧的"国际外婆",常被美国、日本、法国总领事邀请去参加他们的国庆活动。作为回礼,这些外交官们也都成了聂其璧的座上贵客,时常被她设中国宴席款待,而聂其璧最拿手的"海派西餐",也成了当时的一大特色。据孙儿周永乐回忆,奶奶从小就很疼爱他,却不溺爱。当时领事馆有能见世面的派对,聂其璧会带着孙子前往,还要求他们在家讲英语、粤语,践行着"沉浸式"语言学习法。在孙辈长成以后,聂其璧更是鼓励他们出国留学深造,奋力将孩子们托举向更广阔的天空。

关于聂其璧去世的年岁,有人说是88岁,有人说是90岁,目前尚无定论。她是在睡梦中安然离去的,得享天年。

外公是曾国藩,出身名门;嫁给落魄教授,两个儿子一个考上了清华大学,一个考上了北京大学;从民国才女聂小姐到持家有方的周夫人,聂其璧不是那个年代里青史留名的英雄,却凭着一身"逆骨",让那段昏暗的岁月里闪烁起动人的光亮。

米粒妈觉得,人活一世最难得的,莫过于处顺境时有潇洒快意的底气,处逆境时也有绝不言弃的勇气。

倪桂珍

民国最强辣妈：培养六个子女，缔造民国第一豪门

倪桂珍是谁？很多人对她不太熟悉，但肯定知道宋家三姐妹。她就是宋家三姐妹的母亲，宋氏家族的大家长，妥妥的女扛把子，老母亲届的标杆。她一生有七个孩子，除了一个早夭，其他三子三女全部成为影响中国命运的风云人物。除了大家熟悉的宋家三姐妹以外，还有宋子文、宋子良、宋子安三个儿子，他们和父亲宋嘉树一起，构成了名震天下的宋氏家族。关于宋氏家族，米粒妈推荐给大家一本书叫《宋氏家族》，讲的是宋家几个孩子的经历。值得一提的是，这本书是外国人写的，其以西方人的眼光和视角看宋家，比起以往中国人写宋家，角度更为独特、客观。米粒妈边看边拍案叫好！

宋氏家族有多牛呢？论权势，女婿孙中山、蒋介石都任过总统，女婿孔祥熙、长子宋子文历任民国的外交部长、财政部长、行政院长，一手掌握国民政府命脉。论财富，当年宋氏的家族资产达30亿美金，相当于现在的1200亿～1500亿美元。

这是什么概念？这么说吧，2022年，中国首富钟睒睒的身家是726亿美元，而世界首富马斯克的资产倒是有2510亿美元，但大部分靠股票融资，只要股票一跌，其资产就会大大缩水。而在那个没有股票的年代，宋家的身家全部是净资产，放到现在妥妥的是中国首富，也差不多是世界首富。子女成才的家庭不少，但六个子女全部成为影响中国命运的风云人物，显然不能光归因于运气。没有倪桂珍对孩子成功的教育，就不会有宋家的辉煌。

世人都说"养不教父之过",但倪桂珍坚持认为养不教也是母之过,因此她对子女要求非常严格。由于倪桂珍前期的付出与帮助,宋嘉树在生意场上已经有了不薄的积淀,孩子们出生之时,家业已经相当丰厚。即使如此,倪桂珍对孩子的教育也从不懈怠。她和丈夫宋嘉树取长补短,无论何时都把孩子的教育放在家庭的首位,塑造良好家风。倪桂珍是家中的权威,对于家人的生活方式有自己的坚持,连丈夫也不例外。她严禁丈夫和孩子参与赌博、酗酒等一切不良活动,也不许孩子去交际场所跳舞。严谨的家风,让宋家的几个子女养成了正派、克制、好学求知的品质,虽然家业丰厚,却没有像同期的纨绔子弟一样染上诸多的坏习惯。

她崇尚克己节俭。宋家子女不用为衣食发愁,但是倪桂珍不许他们有一丝一毫的奢靡和浪费。倪桂珍非常认同斯巴达人的训练方法,斯巴达人崇尚作息规律、节俭克己、勤劳朴实、恪守清规的品质,她也是这样要求子女,并请人教授他们礼仪规矩。为了成为子女的榜样,她每天早早起床,辅导子女功课,教他们弹钢琴。倪桂珍对孩子很严格,但她的教育也有温柔的一面,她非常重视对子女的陪伴。宋家的钱财可以请最好的家庭教师,但很多时候倪桂珍还是亲自上阵。如果家庭教师带孩子们学习拉丁文和古汉语,倪桂珍就教孩子们阅读和弹琴。一切优越的教育资源都比不上父母的全心陪伴和爱。倪桂珍从小接受的是西式的教育,思想非常开明,宋家虽家风严谨,但教育并不古板。她还常常鼓励孩子有意识地接近大自然,为此还专门在郊区买了座房子。郊区的景色宜人,有鲜花、有草地、有小溪、有椰树。倪桂珍、宋嘉树夫妇常常和孩子们徜徉其中。宋庆龄提到这段日子:"与当时中国万千个普通家庭相比较,我们处

清醒

在一种'世外桃源'的优越环境中,既有基督教严格的生活秩序,又有和谐、欢乐和诗情画意的氛围。"这充满爱的家庭氛围给孩子们的人生铺上了幸福的底色;开阔的美景也造就了孩子们宽广的心胸,为他们日后的成就打下坚实的基础。

倪桂珍对待孩子是严格的,但同时也是非常民主和有爱的。这两者看似矛盾,其实不然。在那个年代,孩子都早早离开父母各自读书、谋生。倪桂珍对他们严格,是因为清楚孩子们终究要离开父母,唯有严格才能促使他们尽快长出翅膀,去拼搏那属于他们的天空。在她心目中,孩子们要开眼看世界,就必须懂得外语。孩子四五岁的时候,倪桂珍就托人从国外买来绘本,读给子女听。她和丈夫还轮流教孩子们读写,在倪桂珍夫妇的精心教育下,六个孩子早早习得了一口流利的英语。

她认为,孩子们必须尽早独立。她特别注重培养孩子们的独立品格和自理能力。宋家有用人,但女儿们必须学会女红、烧饭、做菜等基本生存技能;儿子们也要凡事亲力亲为,绝不允许有阔少爷的恶习。因此,当宋嘉树对倪桂珍提出,送子女们去留洋的时候,倪桂珍一口就答应了。她提出,不但儿子们要留学,女儿们也要去。就这样,当时只有16岁的宋霭龄就成为中国派去留洋的第一批留学生之一,也是中国第一位女留学生。后来宋庆龄和宋美龄出国一个比一个要早,宋庆龄留洋的时候15岁,而宋美龄留洋时年仅9岁。

当时,送女儿出国留学的这个决定,很多人知道后都说倪桂珍疯了。有说她惯坏了女儿的,有说她糟蹋钱的,不少亲戚友人还说,应该把学费和旅游的钱,以及平时胡乱挥霍掉的钱收回来,免得费钱,免得女儿学成后再也不回来。但倪桂珍有自己的主意。在她看来,留学学的不仅是知识,还有眼界,更有独立生存的能力。在那个重男轻女的年代,倪桂珍就是坚定的男女平等拥护者。她认为女子如果和男子资源相当,只要努力,就能做得和男子一样优秀甚至更出色。送孩子们留学后的倪桂珍还有一桩心事,那就是自己的英语水平。她的丈夫宋嘉树早年有留洋的经历,现在子女也出了国喝了洋墨水,就她没有留过洋,因此英语也是全家最差的。但倪桂珍是个不服输的人,为了跟上孩子们的步伐,她刻苦学习英语,不懂就叫丈夫翻译给她听,不久她的英语也说得很流利了。历史证明,倪桂珍把三个女儿送去留学的决定是无比英明的。国外的生活让她们拥有了国际化的视野,更能用外语侃侃而谈。日后她们在国际舞台上叱咤风云,这段留学经历就是她们梦想飞翔的起点。

不少人认识宋氏家族,是因为宋家的三个女婿。虽然在外人看来,宋家的三个女儿都嫁了人中翘楚,但其实一开始,对于三个女儿的婚事,倪桂珍都是反对的。

其中,宋美龄和蒋介石的婚姻,倪桂珍反对得最厉害。在倪桂珍看来,蒋介石这个人极其不靠谱,风流韵事不断,而且还漂泊在外,戎马生涯。面对宋美龄的坚持,倪桂珍放出话来,她永远都不见蒋介石,不能接受一个不是基督教教徒的人。蒋介石知道后马上加入基督教,并全数遣散家中的妻妾,倪桂珍的态度才稍稍缓和一点。

对大女儿嫁给孔祥熙,倪桂珍也有不满。大女儿宋霭龄是宋嘉树最喜欢的女儿,作为虔诚的基督徒,宋家父母都希望宋霭龄的婚姻能够在教堂举行,由牧师主持。但宋霭龄和孔祥熙却在日本结婚了,举行的是西式婚礼,这让倪桂珍的心里不免有些不高兴。

而二女儿宋庆龄与孙中山的婚姻,倪桂珍更是反对。当时宋庆龄毕业后，当了孙中山的秘书，与孙中山日久生情。宋家上下没人看好这桩婚事，无奈宋庆龄坚持要跟孙中山一起干革命，私自出逃去找孙中山。这一出私奔大戏也让倪桂珍心里纠结了很久。

　　三个女儿的婚姻都不尽人意，倪桂珍伤心过、无奈过、更哭过，但最后还是选择了放手。父母再爱孩子，孩子也是独立的个体，有自己的人生和生活态度。所以倪桂珍虽然反对，但是最后还是支持了女儿们的选择。这位传统却又开明的母亲，因为对女儿的爱反对过他们的婚姻，却还是因为对女儿的爱，最后把选择权交还给了她们。当时倪桂珍不会知道，她的决定，竟在一定程度上改变了中国的历史和命运。婚后，倪桂珍成了女儿们婚姻和情感的最忠实的支持者。后来因为各自丈夫的政治立场不同，三姐妹选择了不同的人生道路，甚至一度互不来往。倪桂珍总是担当着家里爱的纽带，维系着这个家，联结着三人的姐妹情。

　　世间所有的爱都是为了相聚，只有母爱是为了分离。母爱，是母亲在孩子在外时于家门前的守候，是母亲在孩子远行时目送孩子离开的背影。因为爱和尊重，倪桂珍给了孩子自由选择人生的权利，也成就了她们非凡的人生。按照今天的眼光来看，倪桂珍妥妥的是中国最强辣妈。

　　倪桂珍是一位有人格魅力的女人。她平时乐善好施，对待别人的老人和孩子像自己的家人一样。作为子女的榜样，她一生勤劳俭朴，节食省衣。作为一个女人，她简朴而不小气，有主见而不盲从。作为一位母亲，她坚强而不坚硬，权威而不专制，严格而不严苛。倪桂珍的一生，没有留下脍炙人口的豪言壮语，有的只是日复一日对子女的言传身教。作为一个普通的家庭妇女，她却能培养出六位卓越的子女，甚至改变了中国的命运。子女以她为榜样，并最终超越了她。倪桂珍的成功，正说明了决定一个家庭的格局和高度的，从来都是母亲。正因为母亲的成功教育，才铸就了子女健全的人格、卓越的学识，才能在各自的人生中大放异彩。

作为民国最强辣妈，倪桂珍的教育理念今天仍然适用：她营造严谨的家风，对待子女严格与民主并重，以身作则并温柔陪伴；她有着开放包容的胸怀，送儿女开眼看世界，并对子女一视同仁；她给子女充分的人生选择权，支持并祝福子女去寻找他们的道路与人生。正是有这样的倪桂珍，宋家才缔造了民国第一豪门，一个有内涵的不一样的豪门。儿女们个个成龙成凤，在不同的领域各自登顶。

王淑贞

妈圈顶流，小学文凭培养出 13 个博士，连美国总统都被她折服

提起海外神秘又杰出的华人，你最先想到谁？米粒妈最先想到的是李昌钰。李昌钰一生破案 8000 余起，其中有许多连 FBI（美国联邦调查局）都束手无策的"疑难杂案"，被称为"华人第一神探"。因为他实在太牛了，以至于美国人都佩服得心服口服，还称他为"东方福尔摩斯"。

但米粒妈今天要写的不是李昌钰，而是他的母亲王淑贞。王淑贞只有小学文凭，却独自一人将 13 个子女都培养成博士！

王淑贞 1897 年出生在江苏如皋的一户富贵人家里，从小衣食无忧。那时"女子无才便是德"的说法仍旧盛行，但王淑贞的父母非常宠爱女儿，架不住王淑贞的央求，最终同意她进校读书。虽然起步较晚，但王淑贞勤学奋进，在校期间表现十分优异。此外，她酷爱诗词音乐，文章写得尤其不错，称得上是一名小才女。可惜这枚读书的好苗子，最终连初中都没读完就嫁人了。

19 岁那年，王淑贞在父母的安排下，嫁给了同乡富商李浩民。按我们现代人的看法，这简直等同于一个不幸的开端。包办婚姻不讲究情投意合，父母虽然会替子女做婚前背调，但大多都浮于表面。因此，结婚对象的人品通常是个迷，这种情况下遇到渣男的概率极高。没想到，在半盲婚哑嫁的情况下，她竟遇上一个"四有好青年"！

李浩民不仅有家境、有能力，而且还有情义、有担当。他很早就继承家业，将家里的煤油、粮食批发等生意打理得井井有条。他结婚后不拈花惹草，与王淑贞感情甚笃。因当时社会崇尚多子多福，两人一连生了5男8女，共13个孩子。

如果没有那场意外发生，王淑贞大概一辈子都会是个幸福的小女人。

1948年，李浩民逐渐将生意重心移往台湾，并决定全家一同从江苏迁到台湾。1949年春节前，李浩民从上海进货完毕，正乘坐太平轮驶向家的方向。另一边，王淑贞和13个孩子也正盼望着举家团聚。可一场被后世称为"东方泰坦尼克号"的海难粉碎了他们的期盼，也毁掉了他们美满的生活。王淑贞不愿相信这一噩耗，不惜倾家荡产雇私家飞机到太平洋海域寻找丈夫。但得到的只有一次次的失望，最终她不得不接受自己中年痛失挚爱的事实。

一个人被宠了大半辈子，不幸落难时还会有扛事的能力吗？相信很多人的答案都和我的一样：微乎其微！当时不少人都认定这场变故必将压垮王淑贞，毕竟她活了52年却没有工作过。

原本丈夫是留下了些生意，但王淑贞实在没有经商天赋，年纪尚小的孩子们也帮不上什么忙，加上同行的打压，最终家业凋零，无可傍身。但王淑贞并没有倒下，她决心为13个孩子撑起一片天，从此开启了她后半生兢兢业业的打工生涯。她打工从不挑工作贵贱，只要能赚钱，家教也做，洗衣做饭也做，端茶送水也做，再苦再累也不曾抱怨。最令米粒妈佩服的是，即使在如此艰难的求生情况下，王淑贞始终坚持给孩子良好的教育。她深知读书是孩子看世界的路，什么都能省，唯有教育不能省！

在王淑贞的坚持下，13个孩子无一辍学，反而不断在求学路上勇攀高峰。子女们除了皆成博士外，更让人惊叹的是，他们并非扎堆开花，而是在各自的领域里发光。都说360行行行出状元，她一家就包揽了13位"状元",其中有3个孩子还被评为"美国十大杰出青年"。如此硕果累累的教育成就,以至于美国两任总统克林顿、布什都曾在母亲节时,写信赞美王淑贞。

多年之后,功成名就的李昌钰结识了很多能人,也遇见过各种各样的暴徒,但他始终表示:"在这个世界上,我最敬佩我的母亲。"

当初王淑贞刚接手丈夫遗业时,其所经营的渔场发生工人溺亡事故。有人劝他们:"这是工人自己失足,怪不得你们。你们现在自己也不容易,就别管了。"但王淑贞却坚持支付赔偿,甚至不惜以变卖渔场为代价。面对孩子们的不理解,她解释道:"钱没了可以再赚,但人的良心丢了,就难再找回来。做人要干干净净,堂堂正正。"米粒妈觉得,人在风光时,想要爱惜羽翼并不难,难的是落魄时,依然能保持风骨。从小沐浴在这种家风下,难怪李氏13子个个根正苗红。

除了品性高洁外,王淑贞还出人意料地有见地。李昌钰从警校毕业后,获得了不错的福利待遇。他本已对此心满意足,是王淑贞不断提醒儿子要去闯更大的天地:"你还要继续往上读,硕士不够,还得把博士读出来。不要浪费自己的才华!"

李昌钰声名鹊起后,康州州长想任命其为警政厅厅长,他却担心这会影响自己的研究和探案,于是打算推掉这一职位。也是王淑贞站出来,用一句话改变了儿子的想法:"你做厅长不是为你自己,是为中国留学生打开看世界的通道。"后来,康州州长都换了7任,而李厅长依然屹立不倒,在其任职期间,帮助了无数留美华人。

虽然王淑贞文凭不高,但她做了许多父母所不能之事——为子女提供了真正的"贵族教育"。她用自己的一生,身体力行教会子女:

一个人应在艰苦中见光辉,在平淡中求进步。贫困时不能失志,富足时不能麻痹。既要一展自己宏愿,也要心有大义。无论何时何地,都应不卑不亢活于人世。

很多人以为王淑贞的伟大之处在于奉献,但她的三女儿李小枫却不这么认为。李小枫不仅是美国纽约大学的终身教授,而且还是世界有名的生物学家。在李小枫看来,母亲的伟大之处在于其一生都在为儿女做榜样。王淑贞信奉一生的准则:待人要好,做事专心,少说话,多做事。在教育方面,她也将此贯彻始终,少说教,多表率。尽管中学没毕业就遗憾退学,但王淑贞从没有停止求知的脚步。

62岁时,她还在短时间内刻苦自学了一口流利的英语。据说,在此之前她连英文字母都不曾接触过,如此强悍的学习力着实令人佩服。

米粒妈觉得,这世上最厉害的教育方式,不过是父母先做好自己!若父母都能先做好自己,家庭将会成为沃土,孩子自然能从中汲取养分,茁壮成长。

胡 蝶

绝代风华的民国影后，却是难得的人间清醒

她不光有令人移不开眼的美貌，而且还有人间清醒的达观智慧。要知道，在民国乱世中，拥有极致的美貌可未必是一件好事。但她面对人生命运的转折时能够安之若素，而且把感情、生活、事业处理得游刃有余，这绝对是因为她清醒的头脑和乱世中生存的能力。她就是横跨中国电影无声和有声时代的影后——胡蝶。

她主演的《歌女红牡丹》是中国第一部有声电影，使她在《明星日报》评选的"电影皇后"和"中国电影皇后"竞选中夺得影后。直到她81岁去世后，还获得了"中国电影世纪奖评选——女演员奖"。可以说，胡蝶对中国电影业做出的贡献和成就，绝对称得上是里程碑级别的了。她的人生经历和情感故事也让人唏嘘不已。

胡蝶出生在一个新旧交替的年份。1908年这一年，慈禧和光绪双双驾崩，两百多年的大清王朝走向覆灭。在这样的乱世中，胡蝶降生在一个开明之家。她的父母允许她读书受教育，16岁那年，中华电影学院招生，出落得明眸皓齿、梨涡荡漾的胡蝶决定去参加考试。

为了在众多考生中脱颖而出，她别出心裁地梳了一个横S发型，在左襟别了一朵大花，长长的耳坠从耳垂上流泻下来，身着长裙圆角短袄，非常吸睛。再加上她本来就出众的容貌，如愿以偿成为中华电影学校第一期，也是唯一一期学生。在这里，她接受了系统的影视专业教育。其中包括影剧概论、电影行政、西洋近代戏剧史以及导演、化妆、舞蹈、唱歌等十多门课程。这也奠定了她扎实的专业功底。(那可是一百多年前的影视专业,真是非常了不起了。)

为了更好地适应角色,她在上学期间还学会了骑马、开车等技能,一个英姿飒爽又开朗大方的女演员,很快就从只有几个镜头的龙套,跃升成了女一号。她学习勤奋刻苦,能说粤语、闽南话、上海话,甚至为了学习标准的普通话,专门到北京拜梅兰芳为师。当时与她齐名的女影星还有阮玲玉。胡蝶自己说过:"论演技,我是比不过阿阮的。"

阮玲玉骨子里天生的灵性,属于老天爷赏饭。但阮玲玉太过感性的短暂一生,使她深陷情网没能善终。胡蝶则不同,她虽然没有那么好的灵性,但她贵在勤奋。任何事她都要做到极致,她主演的第一部蜡盘发音的有声电影《歌女红牡丹》在后期配音的时候,她可以在录音棚不停地工作7个小时。

她是个懂得入世的女孩,相比全身心沉浸式感受影视人物、陷入情爱直至神经质的阮玲玉,她更能扮演好公众人物、社交名媛的角色,落落大方地游走在各方人士云集的交际场中。张恨水曾经评价她:"为人落落大方,一洗女儿之态。性格深沉,机警爽利,如与红楼人物相比拟,则十之五六若宝钗,十之二三若袭人,十之一二若晴雯。"这比喻也是相当准确了,一句话就把胡蝶的风采描摹得淋漓尽致。既有薛宝钗的玲珑睿智,又兼有袭人的温婉动人,还带有一点点晴雯的直率爽利。

出演《秋扇怨》的时候,她遇到了自己的第一段爱情。在剧中,他与男主角林雪怀饰演一对恋人,两个人因戏生情,开始了戏外的恋爱,并定下了婚约。但好景不长,胡蝶的名气越来越大,这让同为演员的林雪怀觉得很受不了。他索性离开了演艺行业,决定去做生意。但没有经商头脑的林雪怀开酒楼赔得一塌糊涂，自卑使他恼羞成怒，破罐子破摔后的他，把经商失败的罪过都赖在胡蝶头上，还拿着胡蝶的钱去和其他女人搞暧昧。

　　胡蝶大受情伤，但恋情的失败并没有打败她。她决定解除婚约，跟林雪怀分手。要知道，当时林雪怀在金钱上还要依靠胡蝶，所以分手显然没那么容易。整整一年，胡蝶8次走上法庭，她与林雪怀分手的"蝶雪解约案"轰动了整个上海滩。最终她终于摆脱了渣男，恢复了自由身。当机立断，及时止损，这是胡蝶面对渣男的态度。同样被渣的阮玲玉，则在坏的感情中流连百转，不懂得及时止损，以至于最终吞药自杀。

　　在纷繁复杂的名利场中，拥有美貌和出色外交能力的胡蝶，自然承受着太多的流言和非议。阮玲玉就是因为承受不了舆论压力，在吞药自尽前，还不停地重复着："人言可畏！人言可畏！"但胡蝶则拥有异常强大的心脏，面对网暴，她从来没在怕的。当初怒甩渣男打官司没在怕，现在面对网暴也是一样无所畏惧。

　　"九一八"事变爆发后，民间就传开了大瓜：张学良在北平的六国饭店与红粉佳人胡蝶欢歌共舞。一夜之间，大瓜迅速发酵，胡蝶成了红颜祸国的"劣迹艺人"。胡蝶连续发表了两篇辟谣声明："蝶亦国民一份子也，虽尚未能以颈血溅仇人，岂能于国难当前之时，与负守土之责者相与跳舞耶？"意思是说，我胡蝶也是一个有血性的中国人，虽然不能手刃仇人，但是国难当前，怎么能跟负责守护国土的战士跳舞传绯闻呢？然后就丢在脑后不再理会。评论区？人家压根不看的。

　　半个世纪过去后，年迈的胡蝶在接受采访时谈起这件事淡淡地说:"我并不大在乎,如果我对每个传言都那么认真,我也就无法生存下去了。我和张学良跳舞的事情,闹了近半个世纪。现在不都澄清了吗?"这是真正的大心脏了!事实证明,对于胡蝶平生所经历的大风大浪来说,这波谣言风波确实只是毛毛雨,后面的大瓜才是真的瓜。

在结束了与初恋林雪怀的恋情后,胡蝶遇到了谦和宽厚的商人潘有声。他们恋爱了4年后结婚,度过了一段幸福安逸的婚姻生活。他们一起经营生意,日子和和美美。日军攻占上海后,他们夫妇去到香港躲避战乱。但在那个乱世,对于胡蝶这样的影星来说,岁月静好是一种奢侈。

1937年,日军占领了香港。日本人也知道胡蝶是一个著名影星,日本人找到她,让她拍摄电影《胡蝶游东京》。胡蝶没有答应日本人,一面拖延日本人,一面想办法脱身。正好当时的蒋介石把首都南京迁到了重庆,于是胡蝶夫妻俩就决定去重庆。两人将家中的金银细软、名贵字画30大箱托人运走。但到了重庆才知道,东西在半路被人劫走了。为了找回这些财宝,两个人不得不托人帮忙,托来托去托到了军统头子戴笠的头上。这个操作可真是要了命了,戴笠是胡蝶的脑残粉,骨灰级影迷。一听有这事儿拜托到自己头上,他乐得都睡不着觉了。他痛快地答应了两人的请求,想着终于有机会可以向自己的女神伸出橄榄枝了。当时的戴笠权力滔天,不到两个礼拜就把丢失的东西给找回来了。但是里面的财物很多都被卖掉了。戴笠就按照物品清单买了一套全新的,补齐了放在箱子里送还给胡蝶。像胡蝶这样玲珑通透的女人,一眼就看出东西都是新买的,也自然明白了戴笠这样做的用意。想到自己和丈夫、孩子的安危,再想到寄人篱下的处境，她明白自己早已处于被动。当戴笠意味深长地问她："是这些东西吗？"她轻声答道："是的。"这一声默许，自然是她这样一个洞察世事的成熟女子弯腰求全的选择，戴笠从此对她展开了猛烈的追求，而且给她的丈夫潘有声找了生意让他去经营，然后借机安排他远走滇缅。

潘有声一走，戴笠就把胡蝶接到了他的住处。把"梦中情人""心中偶像"追到手了，戴笠用极致的宠爱来发泄这种狂喜。且不说胡蝶是被迫屈就还是半推半就，戴笠的这波炫酷的宠溺操作要扛得住也难。她想吃南方的水果，他就立即利用职权派飞机从印度空运，是"公机私用"的一把好手了；她说拖鞋不舒服，他一个电话让人弄来各式各样的鞋子给她挑；她随口说窗户小、光线暗，他急忙命令在公馆前方，专门为她再建一幢花园洋房；他还选了地名吉利、环境优美的神仙洞修建居所。为了汽车可以直达门口，省却她的爬坡之苦，他亲手测地形修车道，据说为了修建这个居所，他直接把当地的住房夷为平地，使居民流离失所。可以说是劳民伤财到了极点！这宠爱的代价真是有点大哈。

抗日战争结束了，戴笠提出要和胡蝶结婚，那时候他早已暗中逼迫潘有声签完了离婚声明。可是在婚礼前夕，戴笠死于一场意外空难。婚礼没办成，胡蝶恢复了自由身。

戴笠死后，胡蝶和前夫潘有声破镜重圆，再次回到香港生活。那时候的她已经40岁了。她终于逃出了"金丝牢笼"，重新登上了挚爱的银幕。她已经不再是妙龄的绝色美女，人到中年的她清醒地知道，自己该是转型的时候了。她开始接演一些中年配角的形象，专业的演技和认真的态度使她很快适应了新的定位。52岁的胡蝶和李翰祥合作的《后门》，使她获得了第七届亚洲电影节最佳女主角奖。

岁月静好的日子终于得以重温，她和丈夫经营"蝴蝶牌"暖水瓶的生意，两个人把生活和事业料理得蒸蒸日上，子女也教育得很好。

直到潘有声因肝癌病逝前，在弥留之际他拉着她的手说："我实在有些对不起你呀，今后的日子还很长，两个儿女就靠你一个人啦！"听起来轻描淡写的一句临终遗言，却藏着那段颠沛流离、惊心动魄的往事。

晚年的胡蝶改名为潘宝娟，"潘"是亡夫的姓氏，"宝娟"是她自己儿时的乳名。这个名字中包含的是她心中挚爱的男人和那个单纯干净的自我。她住在温哥华一座靠海的公寓里，在和煦的暖阳和微咸的海风中，她一个人从容地逛街，或约好朋友打打麻将。

81岁的胡蝶在离世前的最后一句话，说的是"蝴蝶要飞走了"。这个美丽的女人直至老年依然心有诗意，她将优雅保持到了生命的最后一刻。胡蝶的一生，像一朵绚烂的花，开在乱世风雨中。她理智而豁达，勇敢地在乱世中保全自身和家人，无惧流言和强权。

老年时，胡蝶谈到关于她与戴笠同居那些年的事情时，她说："对于个人生活琐事，虽有讹传，也不必过于计较，紧要的是在民族大义的问题上不要含糊就可以了。"她知道自己该做什么，不该做什么，底线是什么。这算得上是成熟女人的高阶模板了。中年女人的爱情不再是飞蛾扑火的荷尔蒙，更多的是理智判断、权衡利弊后的抉择。

在胡蝶的身上，米粒妈看到一个中年女人该有的理性。她生得美，却没有因美丽而迷失，也没有在诱惑和流言中被击溃。这在那个年代，真的是难能可贵。

清 醒

那朵乱世中摇曳的女人花,为后人留下经典的作品和传奇的故事,而那份成熟练达的生活智慧,才是我们女人最应该借鉴和参考的部分。

唐 瑛

民国一代女神，"恋商"超高，幸福终老

之前在这篇文章《民国最著名的情感纠纷案：这对璧人串起了一部上流社会巨富家族史》中，米粒妈给大家讲了民国"超长待机名媛"严幼韵和印尼巨富千金黄蕙兰的婚姻保卫攻防大戏。名媛这个词，对于咱们这些普通人来说一直有一种神秘又浪漫的感觉。但米粒妈会更加倾向于给大家分享那些金钱加持之外，有着智慧和才情的名媛。

陆小曼大家肯定都很熟悉了，她是民国社交界有名的绝色佳人。但是她早年极尽繁华，晚年却败光了徐志摩的钱财，在爱情中肆无忌惮，最终孤寂凄凉。

在民国社交界，还有一位与陆小曼齐名的绝色佳人。她们虽然都曾拥有灿烂的盛放，但与陆小曼不同的是，她更懂得理性地看待自己的未来，清醒地筛选合适的追求者。她就是名媛唐瑛，有人说美貌是原罪，但她用她的一生证明了，被世间诱惑误终生的红颜薄命，可能某种程度上是自己没有具备能与美貌相匹配的智慧。

唐瑛的父亲唐乃安是清政府资助的首批留美幼童，也是中国第一个留学的西医。唐瑛的母亲是金陵女子大学的首届毕业生，也是接受过良好教育的女性。唐乃安回国后在北洋舰队做医生，后来在上海开了私人诊所，专门给当时的达官显贵看病。所以，唐家在当时人脉非常广泛，财富也是绝对的充足。

唐瑛小时候，家里的厨子就有四个，细分为做中式点心的和做西式点心的，还有一个专门做大菜。可以说在吃上是十分讲究了。

唐家的女孩是标准的富养，除了学习舞蹈、英文、戏曲，还要学习名媛所必须具备的"内功"——礼仪穿搭。唐瑛从小接受专业的服装审美训练和社交礼仪训练，家里还有专业的营养师为她进行严格的营养搭配和科学的作息规划。这样富养起来的唐瑛自然琴棋书画样样精通，她擅长昆曲，能说一口流利的英文，跳舞、钢琴、山水画更是出了名的棒。

更关键的是，她生得明丽绝伦，米粒妈觉得，她的长相更符合现代人的审美，是那种大气的浓颜系美女。

当她长成亭亭玉立的少女，在社交圈一亮相就引起了轰动，与当时的"社交圈一姐"陆小曼并称为"南唐北陆"。虽然齐名，但是她跟陆小曼却是完全不同的两种风格。陆小曼是那种穷奢极侈的浪漫主义者，她需要不停地从男人身上汲取爱和物质，那是让她得以持续散发魅力的养分。但唐瑛不是这样的，她的魅力并不非得通过外界来获取，她可以自给自足。她的美显得更加得体，没有锋芒。光芒万丈的美貌与才情之下，好像包裹着一个理性冷静的灵魂。

因为父亲接受的是西式教育，所以他完全没有重男轻女的思想，反而有点重女轻男。所以他在培养女儿的才艺和学识上，从来不计成本。

唐瑛用的都是CHANEL 5号香水、CHANEL香水袋、FERRAGAMO皮鞋、CD口红、CELINE衣服和LV手袋等世界奢侈品牌。除此以外，还另外专门请了一位裁缝只为她做衣服。所以唐瑛被培养出了超级好的衣品，在当时是一等一的时尚Icon（偶像）。哪怕是在家中不出门，唐瑛一天都会换3套衣服。她出去逛街，通过逛奢侈品服饰汲取灵感，然后回到家加入自己的创意，让私人裁缝做出一套既时髦又个性化的原创服装，这使得她当时靠自己引领了一股时尚风潮——"唐瑛款"。

第一个热烈追求唐瑛的男人是杨杏佛。那时候，徐志摩托画家刘海粟组了个饭局，为的是在饭局上劝王庚与陆小曼分手。席间还有杨杏佛、李祖法和唐瑛。当时杨杏佛对唐瑛一见倾心，被迷得神魂颠倒。但唐瑛已经在家人的安排下跟沪上富豪之子李祖法定了亲，杨杏佛又跟李祖法是好哥们儿，所以其实他追求唐瑛是不合适的。但当时，刘海粟、徐志摩这些文人特别推崇反封建的自由恋爱，认为爱情高于一切，还鼓励杨杏佛追求心中所爱。于是杨杏佛顾不得兄弟义气，也顾不得"朋友妻不可欺"的原则底线，直接开始大胆追求唐瑛。杨杏佛是孙中山的秘书，也是风度翩翩的社会活动家。对于一通热烈地追求，其实唐瑛当时是动了心的。但是父亲始终不同意，认为杨杏佛牵涉政治太深，以后会很麻烦。唐瑛在这次懵懂的初恋中做出了抉择。尽管已经动了心，但她听从了父亲的话，拒绝了杨杏佛的追求。事实证明这个决断是正确的，杨杏佛不久后便遭到了暗杀，令人惋惜。唐家在政、商、医三界都有极高的地位，虽然父亲唐乃安非常反对女儿跟从政的人扯上关系，但是他们的社交圈却经常能够接触到政界人士。

当时唐瑛的哥哥唐腴胪与民国贵公子宋子文交往甚密，而唐瑛又是风头无两的名媛才女。她在晚宴上表演钢琴和昆曲，第二天的报纸头版头条就登出关于她的信息。唐瑛美貌和才华并重，这使她周身散发着耀眼的光芒。在中央大戏院举行的上海妇女界慰劳剧艺大会上，陆小曼与唐瑛联袂登台演出昆剧《拾画》《叫画》。有一张陆小曼与唐瑛的对戏照，当中陆小曼轻摇折扇，唐瑛走台步，两人皆是一身的戏。更厉害的是，唐瑛还会用英语演出中国戏曲——在卡尔登大剧院用英语演出整部的《王宝钏》。当时，扮演王允的是《文汇报》在沪创刊之初的董事之一方伯奋，扮演薛平贵的是沪江大学校长凌宪扬，扮演王宝钏的是唐瑛。这次因为是用英语演出京剧的第一遭，所以引起观众的极大兴趣。加之，唐瑛不但英语流利，而且也很会做戏。因此这场演出在当时的中国引起了轰动。就这样，她吸引了宋子文的注意。

宋子文是谁呢？"宋氏家族""宋氏三姐妹"大家肯定都很熟悉啦，三姐妹全都嫁给了政商两届的大人物，宋子文就是宋家的长子。宋子文各方面条件都很好，他若有心追求谁，这种诱惑想必是很难抗拒的。据说当时宋子文追求唐瑛的时候，洋洋洒洒写了20多封情书。攻势之热烈一发不可收拾。她爱上了宋子文，并且与他坠入情网。但是父亲唐乃安这时候又反对了。他自己不从政，但是在政、商、医三界中游走多年，非常圆滑老练。他坚决反对女儿嫁给政界人士。但这一次，唐瑛还是比较上头的，她没办法听从父亲的建议放弃宋子文，而是继续坚持自己的想法，想要与他走下去。

但一件事情的发生，还是使她放弃了这段感情。哥哥唐腴胪因为宋子文而被杀害了。那天哥哥和宋子文计划乘火车离开上海，下车后枪声响起来，宋子文反应敏捷地躲过了，唐腴胪却倒在了枪口下。而这次刺杀的目标对象本来是宋子文，哥哥是被错杀的。这件事一出，父亲唐乃安对政界更是深恶痛绝，唐瑛也心痛不已，意识到必须要跟宋子文结束了。

没过多久，唐瑛就嫁给了早就定下过亲事的沪上富商公子李祖法。虽然两家在财力方面是门当户对，但是李祖法是典型的"理工大直男"。他没什么浪漫细胞，也不懂什么生活情趣。看到妻子在社交场上抛头露面，觉得不怎么能接受，总是期待着唐瑛能够不再出门，安心待在家里相夫教子。但唐瑛从小接受的是西式教育，她跟李祖法的三观严重不合，婚内的苦闷可想而知。于是在儿子6岁的时候，唐瑛决定跟李祖法离婚。离婚后的唐瑛完全没有悲伤自怜，她的自信是刻在骨子里的。她一个人带着孩子继续活出精彩的人生，反而更加容光焕发了。

事实上，唐瑛的光芒绝不会因为有过一段婚姻就被消磨殆尽。尽管她是个带着娃的单亲妈妈，但追求她的男人依然络绎不绝，竞争激烈。这时候，她遇到了在国际保险公司任总经理的容显麟。

容显麟是个带着四个娃的单亲爸爸，他跟理工直男李祖法的性格完全不同。他懂浪漫，有情趣，喜欢一切文艺的东西，热爱骑马、钓鱼、舞蹈。他与唐瑛各方面的三观都极为相似，两个人一见如故，自然而然地走到了一起。在跟李祖法离婚的同年，唐瑛就跟第二任丈夫容显麟在新加坡成婚。李祖法希望唐瑛在家相夫教子，她却我行我素继续做"抛头露面"的名媛。跟容显麟结婚之后，她反倒开始享受温馨的家庭生活。这就像歌里唱的"爱对了人，情人节每天都过"吧。

因为容显麟个子不高，唐瑛主动放弃了自己最喜欢穿的高跟鞋，而且还心甘情愿地回归家庭，做起了四个孩子的继母。这真的是一个女人在爱里满足了的表现，容显麟填满了她所有对爱的需求，她不需要再向外索取了。唐瑛和容显麟相知相伴直到终老，几十年里，他们夫妻和睦，相敬如宾，是一对人人羡慕的神仙眷侣。

后来，唐瑛跟随容显麟迁居美国。她将孩子们抚养成人，并按照他们的天分引导他们各自成才。他们的婚姻持续了25年，直到容显麟因病去世，那时候唐瑛52岁。尽管依然有着很多追求者，但她再也没有走近过任何人。

52岁的唐瑛依然热爱生活，热爱打扮，她跳舞、结交新朋友、买名牌包包，那是她一直以来爱自己的方式。她把最好的爱情给了容显麟，此后甘愿一个人美丽地老去；她带儿孙们吃美食、玩游戏、看电影，虽然再也没有嫁人，但她一点也不孤单；她活色生香，乐享天伦，有要好的朋友相伴左右。

76岁那年，唐瑛在自己的公寓里离世，没有任何缠绵病榻的折磨，走得干净利落。

唐瑛的人生其实面临几次重大选择，她在上海繁华复杂的交际场上纵横十几年，将最绚烂的青春年华尽情展示，却没有令自己迷失其中。她的爱情故事没有那么凄美曲折，但每一次选择都多了一层理性，所以指向了更加正确、幸福的方向。她也曾面对过令自己心动的男人，也曾经历过三观不合的婚姻，但是她总能及时止损，在保留尊严的前提下勇敢挥别过往，走向下一站。她因为足够爱自己，所以始终掌握着对追求者的筛选权，这绝对是"恋爱脑"们所缺乏的能力，而这恰恰是一个女人终身幸福必备的能力。可能我们没办法像唐瑛一样，天生能够接受这样的贵族式教育，但我们，包括我们的女儿，一定会在人生中遇见几次关乎爱情的诱惑，每一次不起眼的选择，可能都会直接导向终身命运。

女孩子在爱人之前，一定要先懂得爱自己。就像唐瑛，无论是跟谁在一起，选择恋爱、婚姻或单身，她都对自己足够好。米粒妈觉得，陆小曼和唐瑛都是非常懂得爱自己的女人，但是唐瑛爱自己的方法明显用得更正确一些。陆小曼爱自己是要不停地要求外界给予自己爱,然后不停地证明这些爱,挥霍这些爱。但这很累,缺爱像个无底洞,怎么填也填不满。但是唐瑛爱自己是通过从精神上、物质上对自己足够好来实现的,这使她掌握了筛选男人的主动权,她不贪爱,但如果要,就一定要一份靠谱的感情才行。

唐瑛无疑是一个幸福女孩的成功范本,如果要让我们的女儿懂得爱情和生活,那就给她讲讲唐瑛的故事吧。

盛爱颐

晚清巨富之女，因失恋创办百乐门，她的一生从容又优雅

"夜上海，夜上海，你就是个不夜城……"凡是看过民国剧的，都对这首周璇唱的《夜上海》耳熟能详。事实上，很少有人知道这首歌唱的就是上海第一家大型娱乐场所——百乐门。更少人知道的是，百乐门的创办者是一个女人，而且是中国第一位涉足娱乐业的女企业家——盛爱颐。

盛爱颐是含着金汤匙长大的。盛爱颐的父亲盛宣怀是晚清第一巨富，洋务运动中，他创造了11项中国第一，包括第一家民用航运企业、电讯企业、近代股份制银行、钢铁联合企业，几乎包揽了所有的中国工业第一。洋务运动虽然失败了，但父亲"第一个吃螃蟹"的勇士精神，深深影响了盛爱颐，也造就了她日后"敢为天下先"的品格。

盛爱颐排行第七，人称盛七小姐，从小深得盛宣怀的喜爱。长大后，盛爱颐到上海圣约翰学院念书，在西式教育的熏陶下，盛爱颐接受了新思想，对很多事物有独到见解，思想远超同时期女性。毕业后，盛爱颐继续学习英文。正逢当时宋子文刚从美国读书回国，给盛爱颐的四哥盛恩颐当英文秘书，经常出入盛家，便顺理成章地成为盛爱颐的英文家庭教师。就这样，盛爱颐遇上了一生最难忘的男人——宋子文。

宋子文第一次见到盛爱颐时惊为天人，而彼时宋子文也正是潇洒倜傥、博学多才。宋子文不但给盛爱颐补习英文，还向她讲述国外的风土人情。一来二往，两个年轻人擦出了爱的火花。两人的感情很快被盛爱颐的母亲庄夫人发现了端倪。由于担心宝贝女儿所托非人,庄夫人赶紧派人打探宋家的底细。彼时,宋家远远还没有后来的繁盛。打探的下人很快回禀:宋子文的父亲宋嘉树经商,之前是教堂拉琴的;母亲倪桂珍以前是盛家的用人。一个用人的儿子要娶主人家的小姐,这还得了?这段感情遭到了庄夫人的坚决反对,她想尽办法棒打鸳鸯。不久,宋子文接到一纸调令被调往武汉。他稍加思索就明白这是盛家的调虎离山计,要把他和爱人隔开。但他不得不听从主家的话,只好前往武汉就任。

宋子文在武汉水土不服。他辞掉了武汉的工作,并在杭州钱塘江畔见到了盛爱颐。宋子文告诉盛爱颐自己要到广州发展,并掏出两张准备好的船票,让盛爱颐和他一起走。在当时,这样的举动无异于私奔。而在盛家这样的高门大户,私奔是家族的奇耻大辱。盛爱颐不想连累家人因为自己受辱,也舍不得爱人宋子文。一番惜别后,她掏出了一把金叶子塞给宋子文当路费,并说"我等你回来"。

当时的上流社会,男女间定亲都流行送金叶子,盛爱颐的举动无疑等同于订下终身。而"我等你回来"的话语,更蕴含"等君迎娶"的重诺。可惜当时的宋子文并不明白其中的含义,或者说他自卑心理作祟,把盛爱颐的心意看作施舍。他留下一句:"这东西算我借你的,以后有钱了再还你。"说完便一个人乘船远去。这一去,彻底砍断了两人间的红线。

可怜盛爱颐日夜思念着远方的爱人,为他拒绝一切求亲的世家子弟,坚守了整整 7 年。

1927 年,盛爱颐的母亲庄夫人病逝,盛爱颐悲痛欲绝。但后事还没处理完,她就遇上了更为棘手的难题。原来,盛家父亲盛宣怀病逝后,留下了巨额遗产。但盛宣怀对自己的后代尤其是几个儿子的能力颇不放心,生前曾用一半遗产成立了愚斋义庄,想着子孙后代若没有才能,至少可以靠吃利息不会饿死。但这份苦心却被盛家子弟辜负了。盛宣怀死后,儿子们拿着遗产到处挥霍,尤其是四少爷盛恩颐更是创下一晚输掉100栋楼的纪录。

盛母死后,他们看原来的遗产已经被挥霍得差不多了,又打起了义庄的主意,商量着干脆卖掉义庄,把财产瓜分一空,但却把妹妹七小姐和八小姐排除在外。

本来,对于父母的遗产分割,盛爱颐并不是太在意。但是按照盛家的规矩,盛家父母的遗产一半给几个子女平分,另一半则放在义庄给以后的盛家后代使用。但是盛恩颐他们却偷偷把义庄财产据为己有。盛爱颐本想着留学散心,向哥哥们要点钱当学费,也被断然拒绝。

当时的女性,一般没有对家里财产的过问权。女性出嫁,婚后的家庭地位很大程度上取决于嫁妆的丰厚与否,而盛爱颐的哥哥们不留一分钱给姐妹,以后她们即使结婚,婚后生活也可想而知。

盛爱颐看重亲情,但是也绝不是软柿子。既然已被随意践踏,那就反抗争取到底。

彼时,新思想传入,法律规定未嫁女子和兄弟一样享有遗产的同等继承权。然而法律实施起来却没这么简单。男尊女卑思想在旧中国根深蒂固,女子继承财产在实际操作中照样不被认可,除非有人带头,否则谁也不敢提。

盛爱颐和妹妹都尚未出嫁,按律应有继承权。多年的新式教育,男女平等的思想早就深入骨髓。为了自己和妹妹应得的权利和后半生的保障，也为天下女人争口气，盛爱颐把四个兄弟和两个侄子告上法庭，要求为自己和妹妹分割义庄的财产。

这桩案子受到了广泛的关注，媒体纷纷报道。不仅因为盛家是有名的高门大户，更是因为这是中国第一起为女性继承权起诉的维权案，在中国历史上前无古人。

盛爱颐的勇敢行为受到了许多人的支持，包括宋家三姐妹。在法庭上，她与兄弟侄子展开了激烈的辩论。最后盛爱颐胜诉，她和妹妹各拿到了50万大洋遗产。50万大洋对于盛爱颐未必很多，但其意义远不止于钱。

盛爱颐的民国第一继承维权案，开创了女性争取继承权的先河，是中国女权运动史上的大事，更使女性深刻意识到权力要靠自己争取。如今女性顺理成章继承遗产，其实都应该感谢盛爱颐。

盛爱颐赢了官司，却输掉了亲人。与此同时，社会上对她的议论也纷沓而来，有说她是为女性发声维权的女杰，是女权先驱；但也有很多人说她狠心，为了钱连自己的亲哥哥亲侄子都告。这个时候，盛爱颐得到了另一个重大消息，宋子文回上海了。只不过，这次他回上海并不止自己一个人，还带着他的妻子张乐怡。

原来，宋子文到了广州后，深得孙中山赏识，被任命为国民政府的财政部长。这时，宋子文正春风得意，不久就认识了江西富商之女张乐怡。1928年，宋子文和张乐怡举行了盛大的婚礼。而彼时，盛爱颐还在深闺中，等待着心上人宋子文的归来。7年前的杭州钱塘江畔爱人离去，盛爱颐一等就是7年。这7年间，她从25岁的妙龄少女等到了32岁。

1932年，宋子文回到上海。盛爱颐7年的等待等来的却是宋子文早已娶妻的消息。宋子文此次回上海极尽风光，携夫人出席了许多重要场合。面对亲人离去、爱人背叛，还有铺天盖地的流言蜚语，盛爱颐大病一场。但盛爱颐毕竟是盛爱颐，病愈后她决心不再和宋子文有瓜葛，把所有精力都转到事业上。

那个年代，能如此拿得起放得下的女人真的很少。

盛爱颐用打官司得到的 50 万大洋建了一栋西式大楼，这就是后来上海著名的娱乐场所百乐门。

开业后，百乐门一跃成为上海最大的娱乐场所，上海滩最具标志性的建筑，被誉为"远东第一乐府"。在上海舞业蓬勃发展的年份，百乐门还是上海众多故事的发生地，黄金荣、张学良常来捧场，甚至徐志摩和陆小曼也是在此动情。盛爱颐当时盛极一时，她在事业的慰藉中，逐渐忘记了失去恋人的伤痛。

后来，百乐门因种种原因转手他人，而盛爱颐也找到了自己的缘分，嫁给了远房表哥庄铸九。婚后夫妻感情稳定，幸福了很多年。

据说宋子文始终想见盛爱颐一面。好不容易攒了个局，没想到盛爱颐一看到宋子文，便冷冷地抛下一句"我丈夫还在等我"，起身便离开。有人问盛爱颐是不是意难平，她说："他正高官厚禄，春风得意，我何必去巴结他。话得说回来，他那把金叶子还没还我呢！"

新中国成立后，盛爱颐选择留在上海。她和丈夫闲暇的时候养养花、练练字，生活过得优雅、平静而舒适。

20 世纪六七十年代，盛爱颐的丈夫病逝。由于时代背景下的特殊原因，盛爱颐搬出了原来的房子，搬到一个化粪池旁边的汽车间居住。汽车间的环境很差，冬天冷得受不了，夏天却热得晕厥。门口的化粪池蚊虫成堆，成天散发着阵阵臭气，任谁闻久了都会崩溃。朋友们来探望盛爱颐，看到她居住的环境都忍不住掉泪。她反而一边安慰朋友，一边优雅地抽起了雪茄烟。她找来一些器皿，把花花草草移种在屋内，小小的汽车间里种满了各种小花。平时，她就在屋内练字、作画、赏花。能把化粪池边的破旧汽车间住成花园，也只有盛爱颐了。

米粒妈回顾盛爱颐的一生，发现她把自己活成了一部传奇。面对爱情，她敢爱，打破门不当户不对的桎梏，敢为爱坚守7年；当这份感情不在时，也敢潇洒放手。

面对家产，她敢争；打破女子该不争不抢的印象，以行动告诉天下人，生为女子，可以温柔，也可以很有力量。面对低潮，她敢冲。即使亲人离开爱人背叛，她也没有沉湎于情绪，抓住机会敢为人先，成为中国第一位娱乐业女企业家。面对生活，她淡然。即使生活苦不堪言，她也能抓住仅有的一丝甜，把生活过成诗，把废墟变成花园。

人生是一场修行。每个人的人生都有着千山万水的苦难。而只有盛爱颐这样的人，会在荆棘密布的苦难中发芽，再开出一朵花来。

1983年，83岁的盛爱颐因病在家里溘然长逝，她走时很安详、很平静，像活着的时候一样整整齐齐、体面从容，一如年轻时一样优雅动人。

米粒妈觉得，这才是真正的名媛风范。真正的名媛，不仅是生活安稳时，种花品茶的高贵和优雅，更是落魄低潮时，面对厄运苦难的恬淡、温柔与从容。

夏 梦

金庸的梦中情人，中国的奥黛丽赫本

她是香港影视圈的绝色美女，被金庸狂追7年，却嫁给了小商人。

米粒妈是金庸粉，记得之前读到《神雕侠侣》的时候，对于小龙女的这段描写印象特别深刻："世人常以美若天仙四字形容女子之美，但天仙究竟如何美法，谁也不知，此时一见那少女，各人心头都不自禁地涌出美若天仙四字来""看来约莫十六七岁年纪，除一头黑发之外，全身雪白，面容秀美绝俗"。后来才知道，这个仙气飘飘的侠女形象竟然是有原型的！她是夏梦，一个经得起诱惑、受得住繁华、耐得住寂寞的传奇美女。

1933年，一个名叫杨濛的女孩出生在上海一个文艺之家。父母都爱好戏曲，从小受到家庭艺术熏陶的她，京剧、歌剧都不在话下。

儿童时代，她的长相已经非常出众，6岁的时候参加《大陆报》举办的"上海儿童摄影比赛"，她就获得了冠军。

14岁时，杨濛跟随父母迁居香港，进入玛利诺修道院学校读书。她最喜欢莎士比亚的戏剧，在学校期间就很喜欢演戏。

17岁时，她已经出落成一位仙子一般的大美女，站在人群中，会吸引所有人的眼球。她清丽脱俗又略带清冷的气质中，双眸顾盼生情，令人看一眼就心动。

大家来感受一下这无美颜无滤镜时代的颜值暴击：那天，她和长城影业总经理的女儿毛妹一起到影棚参观，当时长城影业正在到处挖掘新人。在毛妹的引荐下，美貌脱俗的杨濛自然是顺利进入了

香港演艺圈。

因为她学生时代就喜欢莎士比亚的戏剧，于是给自己取了一个艺名——夏梦。

当时夏梦在香港演艺圈被称为"东方的奥黛丽·赫本"，米粒妈觉得，看五官和气质，她跟赫本确实有几分相似之处。她们都属于端庄优雅这一类型的。

夏梦第一年出道就能出演女主角，再加上她的家世良好，父母都是有知识、有文化的文艺界名流，所以气质高贵典雅。一时间她风靡香港，成为香港影坛一颗闪耀的新星。

彼时，24岁的上海《大公报》助理翻译金庸，正提着行李搭上前往香港的列车，他被调到香港《大公报》就职。这时候的金庸刚和妻子新婚不到一年，青涩、瘦削、没钱没名。

在一次外事翻译活动中，他结识了令他魂牵梦绕一生的女神夏梦。当时金庸是这样描述这场初见的："当时她（夏梦）是香港长城电影的女演员，我去给他们（电影公司）做一个专访，她也在。我第一眼看见她时，整个人都懵了，愣在那里不动，他们（电影公司的人）问我怎么了，我才缓过神来。"这一眼万年的初遇瞬间是狗血剧的经典场面没错了，哈哈哈！因为这惊鸿一眼，金庸从此开启了疯狂追求模式。

我们先来看一下金庸的情话："西施怎样美丽，谁也没见过，我想她应该像夏梦才名不虚传。生活中的夏梦真美，其艳光照得我为之目眩；银幕上的夏梦更美，明星的风采观之就使我加快心跳，魂儿为之勾去。"怎么样？有没有感受到来自大文豪的甜蜜暴击？

此时的金庸已经完全顾不得自己已婚人士的身份了，他在长达

7年的马拉松追爱过程中,几乎付出了一切男人追女人所能够付出的。

当时夏梦喜欢打网球,但是她只用一种品牌的球拍。有一次,球拍摔裂了,夏梦什么都没说。金庸为了给夏梦买到新球拍,又是坐车,又是骑车,跑遍了湾仔,在轩尼诗道走了不知多少个来回。在他大汗淋漓地跑到夏梦面前,把球拍递给她的时候,只换来三个字:"不必了。"

而金庸苦追夏梦7年无果,是因为夏梦当时已经跟一位小商人林葆诚有了婚约。在她的字典里没有其他选项,所以无论金庸再怎么努力他们也是不可能的。夏梦给金庸的回复:"只可惜'爱使'迟到了一步。今生难偿所愿,来世有机会再说吧。"

林葆诚毕业于上海圣约翰大学,他性格温厚,虽没有那种炙热到烫人的追逐,但是温柔绵长的陪伴显得更加靠谱。林葆诚对艺术有浓厚的兴趣,在夏梦的事业上给予了她很多指点和帮助。夏梦认定他就是自己想要找的人,于是坚定地选择,一选就是一生。

婚后,夏梦在自己的演艺巅峰时期选择了退出影坛,移居加拿大。在那里,她放下一切繁华,在平静的生活里安心地相夫教子,享受了很长一段时间的岁月静好。

直到13年后孩子长大,夏梦才再次回到自己挚爱的香港影坛,开启了自己新的事业。

她可以凭借极致的美貌冲杀演艺圈,也可以不贪恋繁华,随时卸下光环,归入平淡;她可以是众人仰望的女神,也可以是柴米油盐的主妇。无论是怎样的身份,她都能够安之若素,这真的很难得。

金庸7年的疯狂追求,她始终视而不见,坦然拒之。她没有为之动容过吗？我想是不可能的，人非圣贤，这样的进攻肯定是不好招架的。

但是当时过境迁，有人采访时问到关于她拒绝金庸的这段往事时，她只是淡淡地用一句话回应了所有："他已经结婚了。"这是夏梦的底线，无论怎么样，她都不接受已婚人士的示好。这是高自尊女性的框架感和边界感，是非常重要的品质。

而受到巨大打击的金庸，自从夏梦结婚后，就好像开了挂一样，化悲痛为灵感，一部接一部地创作出了许多经典的武侠巨著。而且据说，金庸武侠小说中的很多女性角色的形象，都是照着夏梦来写的。《神雕侠侣》里的小龙女，据金庸说，描画的是他暗恋一生的人。这就是金庸眼中的夏梦，她已经化作他书中的每一个完美的女性形象，成为他创作的灵感缪斯。

金庸当年创办《明报》后，上午忙着工作和应酬，每天下午断断续续写小说。他的第一部小说《书剑恩仇录》一经问世就大火。接下来他一部接一部写下去，一发不可收拾。一直到1970年，他几乎每年一部巨作，成为当时炙手可热的顶流高产武侠小说家。

先不说金庸放着家里的媳妇不管，义无反顾追女神的情种行为是否有点渣，单说他的武侠小说，米粒妈还是真的超爱看，学生时代我是一本不落地全读过。

重新回到电影圈的夏梦创办了青鸟影业公司，并担任总监制。在此期间，她制作了《投奔怒海》《似水流年》《自古英勇出少年》等多部经典影片，实现了从花旦影星到制作人的完美切换。而且在电影制作中，她还大胆启用内地演员，这也是香港影史上第一次与内地演员合作。

后来，青鸟公司改名为安乐电影公司。也是安乐电影公司将中国电影带入了大片时代，投资了张艺谋的《英雄》《十面埋伏》《满城尽带黄金甲》。可以说，夏梦在中国电影的发展中做出的贡献是非常卓越的。

她的电影连续获得了香港电影金像奖的多个奖项，如最佳影片、导演、编剧、美术指导，等等，这足以说明她的电影制作水平之精良。

夏梦还非常注重对后辈的提携。大家熟悉的天王刘德华就受过她的提携。当时《投奔怒海》这部电影筹拍的时候，男主角考虑的是周润发，但因为周润发当时档期太满，所以夏梦推荐了刘德华。刘德华一夜之间从龙套小子跃升成为当红明星。

还有上文中提到的首次合作的内地女演员，就是咱们熟悉的斯琴高娃。当时有一部电影《似水流年》，是夏梦大胆地提出尝试启用内地女演员，邀请了当时完全不知名的斯琴高娃。正是因为这部电影，斯琴高娃获得了 1985 年香港电影金像奖影后，她也是第一位在香港拿到这个奖的内地女演员。

当身为制作人的夏梦拿奖拿到手软，进入了新的事业巅峰时，她再次选择了隐退，直到 82 岁时才重新现身。

在第 18 届上海国际电影节华语电影终生成就奖颁奖的时候，夏梦从容地走上台领奖，给自己的演艺事业画上了一个圆满的句号。

不得不说，夏梦见好就收、急流勇退的决断力真的很强。她的两次隐退都是在她发展得最好的时候。第一次是作为演员的巅峰期，第二次是作为制作人的巅峰期。她仿佛能够精准地看到人生抛物线的走向，当向上到达顶点的时候，她选择直接告别。

人生的智慧就隐藏在这些抉择中，所以她的整个人生全是闪闪发光的精彩，没有向下的落寞和无奈。因为在抛物线即将向下的时候，她抓紧时间的隙缝，去经营属于自己的凡俗人生。

这样能把事业和家庭的节奏都精准把控的智慧女人，又怎么会被虚无缥缈的糖衣炮弹攻陷呢？

夏梦一生低调，她给自己约法三章：不为人剪彩、不应邀外出吃饭、不拍内容不健康的戏。

她深沉地热爱着祖国，参与爱国主义电影的拍摄。从20世纪50年代起直到逝世，她一直都在参与中国的各项活动，并积极捐款捐物资。

在一次中国电影家协会的聘任仪式上，她激动地说："我非常欣慰地看到中国电影有了长足的进步，我为曾经是中国电影发展历程中的一员而自豪！"

虽然三个儿女都是在加拿大长大的，但是她始终要求孩子们学好汉语。在夏梦的追思会上，她的混血外孙依然坚持用半生不熟的中文致怀念辞。因为那是外婆曾经叮嘱他学好的中文。

她有美貌加持，却从未因美貌而迷失，在复杂纷乱的娱乐圈，能够保持一身正派的艺德，这既是一种高贵，也是一种智慧。

她审时度势，一生行云流水，永远知道自己下一步该做什么。这一切都刚好圆满的顺遂人生是运气吗？也许有，但更多的一定是她用智慧掌控住了人生每一步的节奏，幸运之神才会适时降临。

繁华落尽处，岁月不曾败美人。已经百年的夏梦依然在她的电影里永恒，在金庸的小说里永恒，在岁月的流逝中，做着为人所仰视的高冷女神。

如果你的女儿也将长成亭亭玉立的美人，在面临世间诱惑前，一定要记得告诉她夏梦的故事。记得扛住糖衣炮弹的暴击,守住自己的初心,并且在理性中规划好人生,剩下的,就等待幸运女神光顾吧。

淡 然

忠于自己，淡定从容

张充和

民国最后的才女，真正的大家闺秀，35 岁才结婚，把日子过成诗

今天要介绍的这位女神，是民国大名鼎鼎的张氏四姊妹中的老幺——张充和。她是典型的江南美人，常年登台演出的她身材窈窕，气质温柔又妩媚。她亦是才女，无论字、画、诗或是昆曲，皆是上乘，被誉为"当代小楷第一人"，她一生都在追随自己的热爱，清醒而独立。

1914 年，张充和出生在上海，祖籍安徽合肥。张充和的父亲是苏州教育家张武龄，家里有四个女儿，张充和是老幺，在她上面还有三个姐姐，分别是大姐张元和、二姐张允和、三姐张兆和。

那是个重男轻女的时代，因为前面已经有三个女儿了，所以在张充和出生前，父母亲都很希望这一胎是个男孩。但她一出生，就让所有"盼男"的家人大失所望，在一片唉声叹气中，张充和的到来，似乎有点多余。

出生仅 8 个月，张充和就被过继给了独身一人、膝下无子的叔祖母，从苏州到合肥老家生活。因为是女孩，所以显得多余又碍眼，这是那个时代所有女孩的悲哀，米粒妈既痛心又深感无奈。

好在叔祖母个性温和，大方善良，又很有见识，给予了张充和很好的爱与栽培。

在张充和很小的时候，叔祖母亲自教她读书，等到张充和大些时，便为她物色老师，只要能请到名师来教，就是花大价钱祖母也肯。

那时候，张充和派头十足，不同的科目有不同的老师来教，六安的才子、举人左履宽，负责教她古文、诗词，考古专家朱谟钦负

责教她书法。这师资团队，放到现代，也是顶配了吧？有名师教授，再加上天资聪慧，张充和 4 岁能背诗，6 岁能识字，在国学的路上不断探索。

十年间，张充和在学习中打开了一片新的世界，她学历史读《史记》《汉书》，学诗词读《诗经》，看戏曲画本《桃花扇》《牡丹亭》，童年时，她最爱做的事就是跑到书房楼上的藏书阁，穿梭在书的世界里，看个过瘾。

但没有父母陪伴的童年，终究还是变了些味道。小时候，总有客人问张充和："你是谁生的？"那时候她总是大声回答："我是叔祖母生的！"引得众人哈哈大笑，却唯有张充和一人疑惑不解，她不明白这样的回答有什么不对，因为于她而言，叔祖母就是自己最亲的人。回忆起童年，张充和曾说："我比一切孩子都寂寞。"米粒妈认为，在孩子的童年时期，父母的陪伴实在太重要了，所有的孩子都渴望拥有父母的陪伴，父母的爱很难被真正替代。

张充和在叔祖母家住了 16 年，直至 1930 年叔祖母去世，她才被接回苏州，在父亲创办的乐益女校上学。可当回到自己真正的家时，张充和却觉得十分不适应，家里兄弟姐妹都讲的是苏州话，唯有她讲的是合肥话。

姐姐们从小在城市长大，会英语、会打扮，第一次接触这些东西的张充和实在很难融入她们，与她们就像两个世界的人。在新的家，她过得孤独又迷茫，生活了很久才逐渐适应。

1933 年，三姐张兆和与沈从文结婚，张充和去参加婚礼后，便留在了北京，准备考学。在家人的建议下，张充和准备考取北京大学，当时北京大学的入学考试要考国文、史地、数学和英文。于是，张充和到北京大学旁听学习,但她压根不了解几何代数,怎么也学不明白。挣扎了一阵之后,张充和干脆放弃数学,专注其他几科的复习。因为不会数学,怕成绩不好太丢脸,于是张充和在考试时,没有用自己的名字,而是化名"张璇"考完了全程。这个想法太很神奇了!成绩出来后,数学果然很糟糕,考了零分,但国文这一科却是满分,尤其是作文写得最好,动人又传神,阅卷老师连连称赞。当年录取规则明文规定,凡有一科不及格不予录取,按理说,北京大学的校门"张璇"是跨不过去的,但她除了数学,其他都答得很出色,时任北京大学文学院院长胡适爱才心切,力排众议录取了"张璇"。这大概就是最早的"特长生"了吧,张充和在国文方面的才华溢出来了,刚刚好补了数学的短板。

当年的北京大学国文系只录取了两位女学生,张充和就是其中之一,还被报纸称为"北京大学新生中的女杰"。

在北京大学学了三年之后,张充和因为患了肺结核,身体抱恙,只得先休学回老家养病。

病好之后,张充和受邀到《中央日报》的副刊《贡献》当编辑,写散文、诗词和小品,随后因战争爆发,辗转到了西南,在昆明城一个叫北门街的地方安家。

但即便在混乱之中,张充和也没有停止学习,没有停止优雅。

父亲张冀牖是个戏迷,在父亲的影响下,四姐妹自幼学习昆曲。在苏州时,张充和常常晚上自己一个人在兰舟上唱昆曲,见她有兴趣,父亲便为张充和请来老师。她拜了无数名师,昆曲大家沈传芷、张传芳、赵阿四、李荣生都曾教过她。又是顶配师资!张充和天资过人,又肯下苦功夫,登台演出,粉丝无数。她的《游园惊梦》也曾惊艳过时代，教育家章士钊和书法家沈尹默都曾赠诗予张充和，戏剧家焦菊隐称她为"当代李清照"。

1938年，张充和与舞蹈家戴爱莲到成都拜访著名画家张大千，一时兴起，戴爱莲跳了一段舞蹈，张充和唱昆曲伴奏，张大千铺上画纸，挥笔画了张充和唱昆曲的身段。张大千画笔下的张充和身材窈窕，身姿曼妙，美得不可方物。

除去昆曲，张充和还有一手为人称道的好字。在重庆工作时，张充和拜师沈尹默学习书法，至此，书法成了她的挚爱。抗战期间，有时空袭警报已经拉响，张充和还在练字，为了能多练一会儿，她总是等到最后一刻、敌人即将靠近的时候才躲到防空洞去。在繁忙的琐事之中，她只能像挤海绵里的水一样，利用空隙的时间练字。对她而言，练字从不是消遣，她对待练字的态度与唱曲一样，是用全力的。她的小楷写得最好，娟秀端凝，笔酣墨饱，受到诸多大家的赞赏，被誉为"当代小楷第一人"。艺术史家白谦慎曾评价张充和的书法："一如其为人与修养，清淡之中，还有一种高雅的气质。"

张充和是姊妹四人中最晚结婚的，到了35岁时，才遇到自己的良人。她生得美，又才华横溢，少女时期就有很多人追求，在北京大学时，卞之琳就一直苦恋张充和，遇见张充和后，从不写情诗的他也开始转变。这难道就是传说中爱情的力量？！据说，卞之琳那首最著名的《断章》便是写给张充和的。为了能俘获女神芳心，卞之琳给张充和写了几百封信，在张充和因病休学后，还专程跑到张家探望，甚至将自己的诗集手抄一册，赠予张充和。米粒妈觉得俩姐妹的经历还真是相似，当年沈从文为了追求张充和的二姐张兆和也是千方百计、十分高调，写了无数情书，甚至请来胡适做媒。

大动干戈的追求，张兆和最终从了，张充和却没从。她一直保持头脑清醒，感动终究也没能战胜理智，最终，张充和与卞之琳没能成为恋人，却成了朋友。

宁愿一个人孤独也不愿两个人将就，在那个保守的年代，张充和仍然坚定地听从自己的内心，到了30多岁仍未嫁人，把自己熬成了"大龄剩女"。这样的清醒和理智，真的很难得！

老天总是把最好的留到最后，在张充和35岁这一年，她终于遇见了自己的真命天子——傅汉斯。傅汉斯是德裔美国籍的犹太人，也是一名汉学家，博士毕业后，在加州大学伯克利分校任罗曼史文学副教授。傅汉斯与北京大学很多教授都有交往，与张充和的姐夫沈从文也是好友。傅汉斯与张充和认识之后，发现二人竟出奇投缘，不到一年，二人就认准了彼此，决定结婚。

1948年，张充和与傅汉斯在北平举行婚礼，过了不久，张充和与傅汉斯到美国生活。夫妻俩皆在加州州立大学工作，傅汉斯从事中国史文化研究，张充和在图书馆负责中文图书编目。

在张充和43岁这一年，他们收养了一个男孩，夫妻俩为孩子取名傅以元。四年之后，他们又收养了一个女孩，取名傅以谟。

在美国生活时，张充和仍然保持着练习书法和昆曲的习惯。早年间经济拮据，她便在信纸、白报纸上写。家事繁忙，挤不出时间，张充和就自立规矩，工作时英文也用毛笔写，既过了瘾，又不怕忘了如何提笔。在家里，张充和常常一边吊嗓子一边做家事，只为不丢下基本功，一有闲暇，便自制昆曲的衣服和道具。

对此，她曾说："唯忙者能乐此，不忙者唯有此不乐也。"兴趣能为枯燥无趣的生活带来阳光，米粒妈总是觉得，生活不应该只被琐碎的日常占满，还要有一点小欢喜，这样才能过得更加幸福。

丈夫傅汉斯也十分热爱中国传统文化，夫妻二人时常一起讨论研究，并合力完成了《书谱》《续书谱》的工作。

晚年，张充和将自己的大部分精力都放在了昆曲和书法的推崇上。她与家人一起走了数个国家，到世界23个大学演讲，她唱昆曲，女儿配戏，丈夫充当翻译，一家人齐心协力将昆曲推向世界。

2015年6月18日，张充和在睡梦中与世长辞，享年103岁，至此，民国最后的才女也走了。

张充和优雅了一辈子，也美了一辈子。她无论是为人处世的修养，抑或是在昆曲和书法上的造诣，都是极高的。在面对自己最爱的书法和戏曲时，张充和有着超乎常人的执着和坚持，事事都尽全力做到最好，可在面对爱情和婚姻时，她却又十分洒脱，坚持"随缘"，不理俗事，活得很"仙"。她一生都在追随自己的所爱，活得随性洒脱，自由自在。她应该没有遗憾了吧。

张允和

一代女神张允和,妹妹爱情里的路人甲,却过得最幸福

张氏四姐妹有多牛?与大名鼎鼎的宋氏三姐妹齐名,耶鲁大学历史学家金安平还曾专门为这四人写了一本书,名字叫作《合肥四姐妹》。写完张充和之后,米粒妈决定把张充和的二姐张允和也安排上。作为张氏四姐妹中的老二,张允和也是才华横溢,成就非凡。她在自己的专业领域做到了顶尖级别,是我国著名的昆曲研究家;她是我国著名语言学家周有光的夫人,夫妻二人举案齐眉,恩爱一世。她生得极美,有人曾这样评价她:"张允和年轻时的美,是怎么想象也不过分的。"

1909年7月,张家二小姐出生在安徽合肥,取名张允和,小名"二毛"。张家是十足的名门望族、富贵人家,张允和的太祖父张树声是晚清洋务专家,曾任通商事务大臣,父亲张冀牖是当时苏州有名的教育家,创办了两所学校,张家在当时的影响力可见一斑。

张允和来到人世的过程很不容易,她出生时,因为脐带绕颈,差点窒息而亡,一张小脸憋得青紫,怎么也哭不出来,大家都觉得这个小娃娃是救不活了。见到此状,老祖母心急如焚,试图用"喷烟"的土方法拯救她,信佛的老祖母坚持让人喷满108袋水烟,因为佛珠正好是108颗。水烟喷完,张允和的鼻子动了动,居然真的哭出了声,活过来了!

父亲和母亲对于这个来之不易的女儿很是疼爱,如掌上明珠一般捧着,与出生8个月就被送人的四妹张充和不同,张允和从小就拥有十足的偏爱,父亲每次出门,总爱带着她一起。张允和自己也

曾说:"我总觉得爸爸在儿女中最喜欢我。"

张允和从小就体弱多病,是个十足的"药罐子",家里人经常笑称她是"林黛玉"。张允和并不喜欢林黛玉,虽说从小身体不好,但她与林黛玉的性格却完全不同,张允和个性开朗活泼,最喜欢调皮捣蛋,是个天不怕地不怕的小霸王。小时候,父亲请来老师教她们姐妹学昆曲,姐姐妹妹都喜欢杜丽娘,唯她喜欢关公。为啥呢?因为关公讲义气!张家二小姐最喜欢有侠义心肠的人!

四妹张充和比张允和小了4岁,年幼时,张允和教妹妹读书,有时张充和脑子绕不过来,没能及时理解姐姐的话,张允和气得半死,觉得这个妹妹实在太笨,于是"好心"帮妹妹改了名,叫"王觉悟",希望她一睡醒就觉悟了。不仅嘴上称呼妹妹为王觉悟,张允和还偷偷将张充和的书包拿走,用红线在上面绣上"王觉悟"的名字。家里大人问起来,她反倒理直气壮,一本正经地胡诌:"现在是新世界,大家都要明白道理,要民主,要科学才能拯救中国。"

长大后的张允和,成为童年时自己所向往的那种侠义心肠的人。

少女时期,张允和就读于父亲所创办的乐益女中,自小就对戏剧很有兴趣的她参加了郭沫若所写剧本《棠棣之花》的演出。演出之后,张允和带着同学们一起到火车站等地募捐,中途下了雨,她被淋成了落汤鸡,鞋袜全湿了,可她却依旧笑嘻嘻,乐在其中。

1929年,20岁的张允和创办了《水》杂志。在哪里创办的呢?在家里,因为她写的就是自己家人的事,自己印自己看,自产自销。但这可不是小孩子过家家,虽然只是家庭刊物,但《水》一直流动了近一个世纪,有人称其为史上最牛的家庭刊物。米粒妈不得不感慨,张家人的文化底蕴是真的深厚。

据说，张允和的父亲张冀牖从不打麻将，书不离手，他的行为也深深影响着孩子们，张家有一个很大的藏书阁，张家几乎所有小辈都是从小在书里"泡"大的，这真的很难得。

抗战前夕，发生了著名的"七君子事件"，当时文化界的7位知名人士被捕入狱，一夜之间，人心惶惶。有6位君子被关在了苏州监狱，得知消息后，张允和不顾危险，毅然前去探望，还为他们送去了被褥等生活用品。后来，几位君子的家人来苏州探监，张允和热心地为他们安排了住处，竭尽全力照顾他们。她说："天下兴亡，匹'妇'有责。"直到君子们全都被释放出来，张允和心里的大石头才落了地，在那个年代，一个女子能做到这般，实属不易。

抗战爆发后，张允和一家人曾在四川居住过一段时间。那时候，张允和看到战争给人民带来的巨大伤害，于心不忍。于是，她凭借着自己学习到的一些医学常识，开始救治百姓，她给小孩子们种牛痘，给乡民们开药、打针，甚至还给人接生……张允和并没有进医科学校系统地学过这些知识，全凭胆大，倒是也救了不少人，直到有一次她救人的时候被一个护士怒斥："你要是一针下去把人给戳死了怎么办？"张允和这才决定不再"胆大妄为"，从此"金盆洗手"。

心怀天下，义薄云天，长大后的张允和，终于活成了自己童年时最喜欢的样子，在那个人人都只求自保的年代，实在难得。这样的女子，实在是可爱又可敬！

16岁那年，张允和遇见了大她3岁的周有光。那时，周有光一直暗恋着她，可她却一直犹犹豫豫，不肯正面回应，因为此事，张允和还被同学们调侃为"温柔的防浪石堤"。后来，张允和到杭州读书，周有光在那边工作，二人开始互通书信，之后便开始约会、恋爱。一切顺其自然,水到渠成。周有光曾评价自己和张允和的爱情:"我们是流水式的恋爱,不是大风大浪的恋爱。"

因为从小就认识,所以他们很早就见过了彼此的父母。张家家长很是开明,那时常有人到张家做客,想给张家姐妹说亲。可张父却拒绝了,他崇尚婚姻自由,常说:"婚姻让他们自由决定,父母不管。"

周家的家庭条件没有张家那么好,周有光一度觉得自卑,结婚前,他写信给张允和,说:"我很穷,恐怕不能给你幸福。"可张允和却丝毫不在意,她洋洋洒洒地回信道:"幸福要自己求得,女人要独立,女人不依靠男人。"好一个幸福要自己求得,米粒妈觉得,张允和当时的思想也算得上前卫了,放到现在,也是非常值得学习的。

二人结婚前,张家的保姆将他俩的八字拿去算命,可算命先生却说:"这两人都活不到35岁。"听到这些话,张允和却异常淡定,她说:"我相信旧的走到了尽头就是新的开始。"

1933年,周有光和张允和在上海八仙桥的青年会办了一场简单却十分温馨的婚礼,司仪由两人的大学老师李石岑担任,四妹张充和也在婚礼上为他们唱了一首昆曲《佳期》。

1934年4月30日,张允和在夫妻结婚一周年的纪念日那天,生下了儿子周小平。

结婚后,夫妻俩的感情一直很好,但日子却过得很难。由于工作关系,开始那几年,二人聚少离多。后来他们的女儿小禾在战乱中生病去世,张父也走了,保姆病死了,儿子小平也受了重伤……这些事情几乎把夫妻俩压垮,周有光还一度患上抑郁症……

战争压得所有人都喘不过气来。周有光时常出差在外，张允和带着孩子躲警报和空袭，跑遍全城找食物和水。

1954年，周有光被中国文字改革委员会邀请担任汉语拼音方案委员会委员，开始着手研究和制订汉语拼音方案。在潜心研究了几年之后，周有光编著的《汉语改革概论》正式出版，该讲义系统地总结了三百余年汉语拼音字母的演进史和中国人自创拼音字母的历程，周有光也因此被称作"汉语拼音之父"。拼音的出现，大大方便了我们学习汉语。1958年，拼音正式走进了校园，成为全国小学的必修课。为使我们中国人也能够拥有自己的音标，无数研究员呕心沥血潜心数年研究，创立了这么一套几近完美的拼音字母规则。一路走来，真的很不容易。

晚年时张允和开始写作，儿子为她买来电脑，她也学习用拼音打出一个个汉字。

有一次，她想用拼音打出"爱"字，可怎么都打不出来，总是拼写错误，她着急地冲汉语拼音的缔造者大喊："这'爱'字怎么打不了，我爱不了了怎么办啊！"周有光乐颠颠地赶来，在键盘上打下了"ai"，"爱"字终于成功出现。夫妻俩的感情就是这样，时刻都充满爱。结婚几十年，周有光和张允和每日都要碰两次杯，早上红茶，下午咖啡，雷打不动。

他们在年少时遇见了那个惊艳一生的人，随后顺其自然相恋相爱，共度一生。一路携手相伴，从少年走到白头，一同打破了算命先生"活不到35岁"的预言。

从16岁到93岁，一路风雨，一路甜蜜。很多人认识张允和是在三妹张兆和与沈从文的爱情里，那时张允和作为他俩的"传话人"，只是路人甲一个。

谁曾想,这个路人甲,也拥有一段甜蜜的爱情。

米粒妈一直很喜欢张允和,自童年起,她就与众姐妹不同,别人都爱杜丽娘,而她独爱关公。长大后,她也成了一个非常讲义气的人,那段仗义救人的经历,真的很可爱。

她虽生在旧时代,却完完全全是新思想,深知女子要独立,不能事事依靠他人。她的婚姻在四姐妹当中也是最安稳幸福的。年轻时的张允和,娇俏的面庞上透着一股坚决。晚年的她依然保持美丽的姿态,注重仪态,保持一颗好奇心。她用优雅的一生把大家闺秀的风范展现到了极致。

王映霞

杭州第一美女，经历过爱与痛，才体会到什么是幸福

写了这么多女性故事，米粒妈发现，不管是过去还是现在：在少女时代，我们常常觉得"有情饮水饱""轰轰烈烈"才是爱的真谛，只要感觉对了就行。这也就是现在人们常说的"恋爱脑"。但是经历了岁月蹉跎，感受过刻骨铭心的爱与痛，女人才渐渐明白，能在凡俗生活中给你岁月静好的人，才是对的人。

有"杭州第一美女"之称的王映霞就是这样，她有过两段婚姻：一段是疯狂炽烈却痛彻心扉的成长课；另一段是成长后，温暖了后半生的岁月静好。她的感情经历很像我们每一个人，成长的轨迹也像是每个女人从少女到成熟的心路历程。

王映霞出生在浙江杭州，她本姓金，小名叫金锁。小金锁的外公王二南最疼她，外公满腹经纶、学识渊博，后给小金锁改名为王旭，号映霞。王映霞从小受外公的文化熏陶，非常富有才情。而且长大后的她出落得美丽脱俗，坊间流传"天下女子数苏杭，苏杭女子数映霞"。一位日本的史学家曾经称赞她："就跟电影明星一样好看，见了一次难以忘怀。""杭州第一美女"的名号就这样传开了。

那年，王映霞考入了浙江女子师范学校，杭州女师人才辈出，王映霞是她们中的佼佼者。在世伯孙百刚家，19岁的王映霞偶然遇到了民国著名作家、大才子郁达夫。

当时的郁达夫已经有很多作品问世，王映霞也很欣赏这个有才情的男子。看到他的第一眼，只见他相貌并不出众，清瘦、小眼睛，有种文人名士的忧郁感。而郁达夫看到王映霞的第一眼就被她深深迷住了，她的美貌和才情，举手投足间把大才子的心都给搅乱了。当时他回家就在日记里写道："我的心被映霞搅乱了，南风大，天气却温和，月明风暖，我真想煞了她……"够酸的吧……

擅长文学的郁达夫此后诗兴大发，短短两个月，就给王映霞写了100多封缠绵悱恻的情书，其肉麻程度不亚于徐志摩写给陆小曼的情书。

大家来感受一下："正因为我很热烈地爱你，所以一时一刻都不愿意离开你；又因为我很热烈地爱你，所以我可以丢生命、丢家庭、丢名誉，以及一切社会上的地位和金钱。""朝来风色暗高楼，偕隐名山誓白头，好事只愁天妒我，为君先买五湖舟。"

然而郁达夫在疯狂追求王映霞的时候，是已婚的身份！

王映霞没能在面对疾风骤雨般的追求时全身而退，因为19岁正是一个女孩最向往爱情的时候。

面对铺天盖地的甜言蜜语，最重要的是，这是一个文学家写出的甜言蜜语！王映霞心动了。即使她知道这时的郁达夫是有妻子的，在内心的矛盾和痛苦中，她依然心动了。

这段荒唐的爱情，文学圈的友人们都很反对，孙百刚还试图给王映霞介绍另一个家境优渥的对象章克标。但是他低估了郁达夫的痴狂，郁达夫直接找到章克标，对他说："我对映霞已入了迷，着了魔，勾了魂，摄了魄。"这一弄给章克标吓得够呛，本来人家也不想蹚这滩浑水，索性直接退出了。

郁达夫继续他疯狂的攻势，终于在穷追不舍之下抱得美人归。不久后，两人在上海订婚。

这个时候，郁达夫的发妻在干什么呢？她正在北平一间简陋的产房里经历分娩之痛，生产与郁达夫的第三个孩子。对一个人多么热烈，就意味着对另一个人多么残忍！

在西子湖畔，郁达夫和王映霞举行了盛大的婚礼，著名诗人柳亚子还以"富春江上神仙侣"来形容两人的般配。想到郁达夫的原配，真的感觉很讽刺。

嫁给郁达夫的时候，王映霞20岁。这是一个女孩最好的青春年华。那时候她还不知道，炽烈的情诗和海啸般的誓言背后，等着她的是婚后生活的琐碎。

王映霞进入婚姻，犹如仙女坠入凡尘。她像所有主妇一样，买菜、做饭，把两个人的小家打理得井井有条。

婚后他们度过了一段甜蜜的时光，郁达夫那时候的稿费很丰厚，两个人的小日子过得也很滋润。在王映霞的自传中，她写道："我家比鲁迅家吃得好。"

两个人三年之内生了两个孩子，靠着热烈的爱意和新鲜感，这种和谐持续了三年后，渐渐显现出了分崩离析的端倪。

郁达夫骨子里有一种文人的真性情，情绪不太稳定。他平时喜静，而且嗜酒如命。王映霞生性喜欢热闹，经常邀请各界朋友来家做客。时间一长，郁达夫对此越来越不满，他说："王映霞奉行名媛做派，布衣暖菜根香，并非是她的理想人生。"

两个人因三观不合总吵架，有一次王映霞一句话惹郁达夫不开心了，他直接离家出走，王映霞在家自然是坐立不安。过了好久，郁达夫发来电文说：钱和手表被窃，速送一百元去宁波。王映霞当时毫不犹豫当掉了首饰，把孩子托付给母亲，就坐船奔向宁波。没想到到了旅馆才知道，丈夫正在和几个朋友谈天喝酒。她的心情可想而知，对爱情和幸福的向往也在这一刻破灭了。

在这之后，郁达夫动不动就离家出走，留王映霞一个人独自承受一切。而且他还和前妻藕断丝连。王映霞在最好的年华里，就这么经历着坏的婚姻带来的精神折磨。

抗日战争爆发后，王映霞带着孩子到丽水避难，而郁达夫被调到了福州，两个人变成了异地。本来感情就快破裂了，这下一分居，两个人心的距离就更远了。

在丽水的时候，浙江省教育厅长许绍棣是王映霞的邻居。许绍棣的妻子病逝不久，他独自带着孩子。当时王映霞也是独自带着孩子，所以两个人走动比较频繁。

流言蜚语很快传到了郁达夫的耳朵里，他还在家中搜到了几封许绍棣写给妻子的信。他认定妻子出轨了，于是来了个骚操作：把这些信刊印出来，还分发给好友。

这也太社死了！王映霞被冤枉，气得离家出走，郁达夫又在公报上刊登寻人启事找她。

可以说郁达夫当时把"官媒爆料""网暴"这些操作玩得贼溜！但兴师动众闹得满城风雨后，这场闹剧却是以郁达夫公开道歉，王映霞大度原谅告终的。但是这场两口子之间的"官媒撕 X 大战"竟然还有后续！

1938 年，郁达夫携王映霞到新加坡担任《星洲日报》的文艺副刊主编。两个人原本以为可以从分居状态回到一起生活，前嫌都可以冰释了。没想到却在异国他乡真正分崩离析了。

出国后，郁达夫对往事始终放不下，越想越气，于是他再次借助官媒来了个大发力：在报纸上发表《毁家诗纪》，上面写道："许君究竟是我的朋友,他奸淫了我的妻子,自然比敌寇来奸淫要强得多……"米粒妈只想说,这大才子动不动就借助官媒搞社死,搁谁谁也受不了。他当初是怎么用文字感动王映霞的,现在就怎么用文字刺激王映霞,王映霞这次终于是忍无可忍了。

她这次勇敢地从官媒回击,发表了《一封长信的开始》和《请看事实》来反击郁达夫的污蔑,但夫妻之间最后的情分也在这一出官媒大战中瓦解殆尽了。

这段轰轰烈烈又痛彻心扉的婚姻,给王映霞带来的除了切肤之痛,还有心理上迅速地成长。

与郁达夫正式离婚后,她意识到自己真正需要的人是什么样的。她只想找一个情绪稳定的人,陪她岁月静好。

经历过一次失败的婚姻后,王映霞终于明白了爱情的意义。它不应该是飞蛾扑火的山盟海誓,也不应该是爱之深、恨之切的彼此伤害。真正的爱应该是温暖的、稳定的,它可以在凡俗生活中成为一个安定的避风港。

择偶观转变之后的王映霞是这样说的,她想找的人:"既不要名士,也不要达官,只希望一个老老实实,没有家室,身体健康,能以正式原配夫人之礼待我的男子。"

这就靠谱多了,也成熟多了。没过多久,她就遇到了那个对的人:华中航运局经理钟贤道。

钟贤道很爱王映霞,但这种爱是春风化雨,不是疾风暴雨。婚礼上他的许诺很真挚:"我懂得怎样把你已经失去的年华找回来,我们会有一个圆满的未来的,请相信我。"

婚后,钟贤道用自己的温柔呵护践行着婚礼上的诺言,他们的女儿钟嘉利后来回忆说:"父亲处处让着母亲,称她为'老心肝'。"

钟贤道恨不得把最好的一切都给王映霞,给她花钱从不犹豫,自己却省吃俭用,不抽烟不喝酒,简直是模范老公没错了。婚后的王映霞也终于体会到了岁月静好的幸福,她烧得一手好菜,把家操持得温馨舒适。

两个人相伴了 38 年,王映霞说钟贤道是名副其实的好丈夫、好老公、好祖父、好外公。经历过刻骨铭心的伤痛,王映霞终于明白了爱不是疾风骤雨,而是温暖深情的相守。

很幸运,她在明白了这一切之后,真的找到了那个对的人。

我们每个人到最后也都会明白,幸福的真谛是有一个知心的人,能够在凡俗生活中给我们心灵的归属感。这种归属感,就是婚姻带给女人的最大幸福了吧。

蒋 英

著名音乐家和歌唱家，被科学家老公钱学森宠了一辈子

2021年是我国著名科学家钱学森110周年诞辰，作为中国航天科技的先驱，钱学森引领中国航天事业走向未来，在那个落后就要挨打的年代，自强不息是我们唯一的选择。还好，我们挺过来了，而且越来越好。

米粒妈想起了那个一直站在钱学森后面，默默陪伴和支持他的女人——蒋英。她是钱学森的夫人，同样也是我国著名的女声乐教育家和歌唱家。她温柔善良，恬静优雅，她的美貌令人过目难忘。

1919年，蒋英出生于浙江海宁，蒋家本身是个大家族，人才济济。作为当时的名门望族，蒋家到底出了多少牛人呢？

蒋英的父亲蒋百里，是我国著名的军事理论家，参加过北伐战争、抗日战争。中国近代军事理论的开山之作《军事常识》和中国近代国防理论奠基之作《国防论》，都是他写的。所以蒋英是妥妥的将门之女啊！蒋英的表哥是徐志摩，《再别康桥》的作者、新月派的代表诗人。表弟是金庸，香港四大才子之一，写下了无数脍炙人口的作品。

蒋英有五姊妹，家里五朵金花分别取名为"昭、雍、英、华、和"，蒋英排行老三。

蒋英从小就非常聪明，不仅能熟读四书五经，在音乐上也有一定的天赋。父亲蒋百里十分喜欢这个女儿，在蒋英十几岁的时候，就带她环游欧洲，增长了不少见识。

蒋家和钱家是世交，蒋百里和钱均夫（钱学森的父亲）是同窗好友，曾一起在杭州求是学院（浙江大学前身）求学，后又一起赴日留学，两家关系非常亲密。钱家只有钱学森一个独生子，没有女儿，钱母一直羡慕蒋家有五朵金花。

在一次聚会时，钱母请求蒋父能否把蒋英过继到钱家，蒋父看着钱家夫妇恳切的目光，竟答应了。于是，在蒋英4岁这一年，两家摆了一桌酒席，蒋英正式过继到了钱家，改名"钱学英"，此时只有12岁的钱学森突如其来多了一个妹妹。但没想到，蒋英在钱家还没住多久，思女心切的蒋百里就后悔了，又把蒋英给要了回去。那时，钱学森的母亲开玩笑地说："要回去可以，等蒋英长大后，一定要当我的儿媳妇。"青梅竹马、娃娃亲，这不就是小说里的情节吗？米粒妈羡慕了，钱学森和蒋英真的很有缘分啊！

1935年，23岁的钱学森赴美国进修。出国前夕，蒋英和父母到钱家看望，在钱家，蒋英为钱学森弹了一首莫扎特的D大调奏鸣曲践行，还送给钱学森一本唐诗当作离别礼物。后来，钱学森把那本唐诗当作珍贵的礼物放进自己的藤条提箱里，不远万里地带到了美国。谁说理工男不懂浪漫？！米粒妈真的磕到了。

钱学森出国后不久，蒋英也出国深造了。1937年，蒋英进入德国柏林音乐大学研习。毕业后，蒋英收到柏林德国大剧院的聘请，数次在那里演唱，还与德国留音片公司"德律风根"签订了出版唱片的十年合同。随后，蒋英又远赴瑞士，进入瑞士路山音乐学院深造。

1943年，在瑞士"鲁辰"万国音乐年会上，蒋英参加了匈牙利高音名师侬隆娜·德瑞高主办的各国女高音比赛，获得了第一名，成为东亚第一个拿到这个奖项的人。

1946年，蒋英终于结束了在国外长达十年的求学生涯，回到了祖国。不久，蒋英在上海兰心大剧院举办了归国后的第一场演唱会，由钢琴名家马果斯基伴奏，受到了听众们的喜爱和追捧。

1947年，阔别祖国12年的钱学森也回来了。当时的钱学森已经是美国麻省理工学院最年轻的终身教授，博学多才，前途似锦，受到不少"丈母娘"的追捧，成了相亲市场的香饽饽，许多家有女儿的父母都不想错过这只"绩优股"。

后来蒋英曾回忆当时的景象说："人家知道蒋家与钱家私交甚密，纷纷托我和我妹妹，安排自己的女儿和他见面。"为此，蒋英和妹妹还特地为钱学森办了一场聚会，聚会的主要目的呢，就是给钱学森相亲。

可没想到，一大票美丽优秀的富家女里，钱学森竟然一个也没有看上，伤了不少小姐的心，这场相亲，算是黄了。那时的蒋英还不知道，钱学森喜欢的从来都不是别人，只有她一个而已。所以这真的不是小说吗？米粒妈真的忍不住了，一边打字一边姨母笑，太甜了吧！

后来，两个人一起参加了一场讲座，在回家的路上，钱学森终于向蒋英表白了。理工男的思维向来有点让人摸不着头脑，钱学森表白了却又好像没表白，因为他说的不是我喜欢你，也不是我爱你，而是"你跟我去美国吧！"。蒋英被这突如其来的告白吓到了，条件反射地拒绝："我有男朋友了。"钱学森霸气回复："从现在开始，都不算！"蒋英的内心其实也是喜欢钱学森的，所以最后还是答应了他的告白。

一个月后，蒋英和钱学森在上海和平饭店举行了婚礼。

婚礼结束之后，蒋英随钱学森到了美国波士顿定居，二人婚后的相处也很有趣。蒋英和钱学森在美国共同生活的第一天，二人愉快地吃了个早饭后，钱学森就出门了。他对蒋英说："我走啦，晚上再回来，你一个人慢慢熟悉吧！"蒋英很无奈，默默地在心里吐槽："这叫结婚啊？我第一天来！"没办法，蒋英只能一个人在家里等。到了晚上，钱学森回来后和蒋英吃了个快餐后，又躲进了书房，还跟蒋英说："回见，回见。"

这样的日子，蒋英一过就是60年，在晚年的采访里，她回忆起这段往事，眼里含笑，言语中是满满的幸福。

新中国成立后，钱学森和蒋英商量着要早日赶回祖国，为祖国的建设贡献自己的一份力量。可由于钱学森能力太过强大，美方始终不肯放人。当时美国海军次长丹尼·金布尔曾说："钱学森无论走到哪里，都抵得上5个师的兵力。"移民局抄了他们的家，没收了他们回国的行李，钱学森被拉去拘留了14天，直到蒋英带着两个孩子奔波凑齐1.5万美金的巨额保释金，他才得以释放。可即便出狱后，他们一家人也处于被监视的状态，活动的范围只有居住地的30公里内。短短15天内，钱学森瘦了30斤，身心都遭受了巨大折磨。虽然自己也承受了巨压，但蒋英仍然一直鼓励丈夫，打起精神撑起整个家。

一家人在阴霾下生活了整整5年，无数场不了了之的听证会，总是望不到头的归国路并没有打倒他们。在那段难熬的日子里，蒋英经常用音乐鼓励家人，有时弹钢琴，有时弹吉他，还会拉上钱学森，让他用竹笛伴奏，为这黑暗的日子带来一丝阳光。在蒋英的鼓励下，钱学森的情绪慢慢好转，开始打起精神搞研究，完成了两本专著。

后来，为了能够回到祖国，蒋英写了一封求救信，躲开了特务的追踪,把信寄给了妹妹蒋华,妹妹又把信转寄到国内,一家人在中国政府的不懈努力下,才终于回到了祖国。不敢想象,如若没有蒋英的坚强与机智,他们一家还会在美国滞留多久。可以同富贵,更可以共患难,钱学森成功的背后,蒋英功不可没。

相互扶持,共同向前,钱学森与蒋英诠释了婚姻最好的意义。令米粒妈动容的是,时间并没有冲淡两人的感情,反而将他们越锁越紧,这对携手共度了几十年的夫妇,到了晚年,依旧像年轻一样甜蜜。

2001年,香港霍英东奖评委会授予钱学森"霍英东杰出奖",奖金为100万元。由于身体不适,不能亲自到场,钱学森便委托妻子和儿子前去领奖。出发前,钱学森对蒋英说:"钱归你,奖(蒋)归我。"一开始,蒋英还没明白丈夫的意思,直到钱学森又说了一遍,她才反应过来,"奖"(蒋)指的是自己。这是钱学森留给儿子钱永刚印象最深的一句话,也是让无数网友都十分感动的一句话。其实理工男也是会开窍的,或许,是因为已经爱到极致了吧!

一位是著名歌唱家,一位是做出巨大贡献的物理学家,他们在自己的领域都做到了顶尖,势均力敌的爱情,真的很般配。从青梅竹马走到白头,六十年风风雨雨,他们相濡以沫,携手同行。这大概就是世间最美爱情的样子了。

冰 心

民国三大才女之一,一生笔耕不辍

米粒妈记得,自己上小学的时候,就曾在课本中读过冰心的作品,后来还到书店买了一套《寄小读者》,到现在米粒也开始读了,果然,经典永垂不朽。作为当时文坛的领军人物,冰心为我们留下了太多脍炙人口的作品。而被称为"世纪老人"的冰心,她的一生,也非常传奇。生于军人之家,却擅长文科,一路"学霸"读到硕士,明明诗最有名,可同行却说她的散文更出众,与林徽因相爱相杀多年,直到最后也没吵出个所以然。

1900年,冰心出生在福建省福州市,家人为她取名谢婉莹。说来也巧,冰心小时候在福州住的"谢家大院",是祖父谢鸾恩从林觉民的家属中买来的。

林觉民是林徽因的叔叔,那篇著名的《与妻书》就是出自他手,米粒妈想起自己第一次看这篇文章的时候超级感动,哭得稀里哗啦的。

能买下林家房子的谢家,自然也不是普通人。冰心的爷爷谢鸾恩是位举人,人称大德公,在当地很有名望。冰心他爹排行老三,毕业于北洋水师学堂,在当年也是妥妥的高材生,曾任北洋水师枪炮官、烟台海军学校校长。冰心的母亲名叫杨福慈,出身书香门第,能诗善文,温柔贤惠。父亲是军人,位居高位,母亲有文化又贤惠漂亮,米粒妈看着怎么觉得有点《父母爱情》那味了?

冰心是家里的大姐,在她之前,有两个哥哥相继夭折了,这些事给一家人带来很大的打击。那时,父亲常年出海,母亲就常常望着窗边发呆，一坐就是很久。所以，冰心的到来为这个冷清的家带来了生气，是小福星一样的存在，父母对这个来之不易的女儿很是疼爱。

冰心出生时，有算命先生说："八字里带着文昌星，可惜是个女子，否则准做翰林。"这位算命先生说得真准，可即便是女子，冰心也做出了很大的成绩，丝毫不逊色于男子。

3岁那年，由于父亲工作变动，他们全家迁到烟台定居，在烟台，冰心度过了她绚丽多彩的童年。她从小活泼好动，不喜欢打扮，喜欢穿男装，肆意洒脱，自由自在。

冰心的父亲参加过甲午海战，受父亲的影响，小小的她常常高喊："烟台是我们的！"对日本的仇恨和对祖国的热爱，都是家传的！

很小的时候，冰心就进入了书塾读书，接触了各种中国古典文学名著，7岁即读过《三国演义》《水浒传》等，外国名著也读了一些。

看了那么多民国才女的故事，米粒妈发现，她们几乎全都是从很小的时候就开始学习。果然啊，读书要趁早，这句话放在哪一个时代都没错，启蒙教育很重要！

看冰心的作品就能知道，母亲给了她人生很大的影响，而且都是正向的。

在冰心眼里，母亲不仅仅是母亲，还是她最好的朋友，许多不能与父亲、同学说的悄悄话，都能和母亲一起讨论。母亲爱看书报，从小说、评词到杂志、报纸，她都喜爱，也会带着冰心一起看。或许，从很小的时候，母亲的行为就深深影响了冰心，在她的心里种下了一颗文学的种子。

在米粒妈看来，冰心是幸运的。父亲身居高位，家境殷实，不

淡 然

用担心挨饿受冻；母亲温柔贤惠，给予了冰心无限的爱。幸福的童年能够治愈一生，是往后人生前行的动力，米粒妈似乎能够理解为何冰心会写出那么多关于母爱和童真的诗句了。

18 岁那年，冰心进入协和女子大学，那时的她，梦想成为一名医生。不过，在参加完五四运动之后，冰心就放弃了学医的想法，决定弃医从文，考入北京大学文科。

这已经是米粒妈看到的 n 个弃医从文的民国人物了，不得不感慨，有目标的人，总能透过跌宕起伏的时代迷雾，找到属于自己的路。

1919 年，19 岁的冰心受到印度诗人泰戈尔的启发，写下了人生中的第一部诗集《繁星·春水》。该诗集是冰心平时随便记下的"随时随地的感想回忆"而整理而成的，被公认为小诗的最高成就，作家茅盾将其称为"繁星格""春水体"。

从燕京大学毕业以后，冰心去往美国波士顿留学，继续深造。

在去美国的杰克逊总统号邮轮上，冰心认识了吴文藻，那时她还不知道，这个人将来会成为自己的丈夫。那时候，冰心在韦尔斯利学院攻读英国文学（韦尔斯利学院是全美文理学院排名前三名的学院，还是希拉里、宋美龄、奥尔布赖特的母校），而吴文藻则在达特茅斯学院（达特茅斯学院是常青藤盟校之一）攻读社会学，二人一见如故，在下船之前互相留了书信地址。

在美国的那些日子，他们常有书信来往，对彼此也越来越了解。二人定情于慰冰湖畔，在正式交往前，冰心曾小心翼翼地询问父亲的意见，只有得到父母祝福的感情才能长久，一百年前，冰心就明白了这个道理。

1929 年，冰心与学成归来的吴文藻在燕京大学举行了婚礼，婚后家庭和睦，伉俪情深。结婚之后，冰心依然没有放弃学习和写作，自1929年开始，冰心与丈夫先后到日本、美国、法国、意大利、苏联等地进行访问，与各地作家交流学习。

"文化大革命"结束后，冰心回到北京，开始接受翻译任务，她与丈夫吴文藻、著名社会学家费孝通等人合作，翻译了《世界史纲》《世界史》等著作。

晚年时期的冰心依旧高产，1980年，冰心先患脑血栓，后又骨折，那年她已经80高龄，在极其艰难的状态下，她依旧坚持创作，写下了《生命从八十岁开始》。

冰心的一生都在不断写作，从少女时期到中年时期再到晚年，她将有限的生命全都贡献给了伟大的文学艺术。

然而，对于冰心的人和她的作品，却是褒贬不一的。苏青曾说冰心的作品"美丽而令人神往"，但见到本人后，却顿时失去了美，反而故作姿态，茅盾批评她"小说里全是软骨头的好人"，鲁迅也曾在学生的面前怒骂冰心，毫不留情。

但这并非冰心的错，是时代的问题。

在那个时代里，大家都在讽刺黑暗现实，在以笔为枪作战斗，而冰心却张扬"爱的哲学"，风格清雅淡丽，她的文风在当时显得格格不入，十分突兀，以至于冰心一直没办法真正融入当时文人的圈子。但也有懂她的人，比如巴金，他就曾说："一代代的青年读到冰心的书，懂得了爱：爱星星、爱大海、爱祖国，爱一切美好的事物。我希望年轻人都读一点冰心的书，都有一颗真诚的爱心。"

米粒妈觉得，冰心的作品不仅是艺术，更是一种传承。

冰心跟林徽因之间的故事，相信没有人不知道吧。那时候，北京的文艺界总是喜欢搞各式各样的聚会，只要有空，他们就愿意叫上一群相熟的朋友，到家里谈天说地，交流艺术。而这些人组织的聚会中，最有名的就是陆小曼、林徽因、冰心的聚会。后来有人总结这三人开 party 的特点：陆小曼家聚集的大多是艺术家、社会名流和名媛，林徽因家聚集的多是学者和文化精英，作家诗人们则两家都去。而冰心的客厅就没有这么热闹了，只有挤不上前面这两家的人，才会去冰心家。

这个总结一针见血，不过真的好损……

或许是因为自家聚会来的人不如前面两家而让冰心感到生气，1933年，冰心在《大公报·文艺副刊》上发表了一篇小说，名为《我们太太的客厅》。文中"我们的太太"是一位受男人环绕、爱出风头的交际花，当时的艺术家、诗人以及一切人等只要想放松，就把自己送到太太家的客厅里来，各人都能得到他们所想的一切，在聚会上，太太与男宾眉目传情，而懦弱的丈夫则一言不发。

文章不长，写得很好，尤其是对细节的刻画，而藏不住的是作者的讽刺之意。小说一发表，便掀起了腥风血雨，那时经常出入林徽因客厅的宾客们，似乎都能与这篇文章中的人物对上号，如梁思成、徐志摩、金岳霖，甚至是林徽因的女儿梁再冰。那文章中的交际花"我们的太太"，自然就是林徽因了。

小说发表时，林徽因还在山东考察古建筑，不在北京，骄傲如她，当下就给冰心邮来了一坛山西名醋。潜台词就是"你就酸吧。"至此，林徽因和冰心正式翻脸，老死不相往来。米粒妈暗戳戳地想，这文化人就是不一样，吵架都这么有趣。

后来，晚年的冰心曾出来澄清，说那篇文章讽刺的不是林徽因，而是陆小曼。可却没有多少人信，因为那篇文章的指向性太强了。小说的背景是北京，林徽因家就在北京，而陆小曼当时远在上海。小说中的客厅出入的宾客大多为文化精英，而陆小曼家客厅出入的却大多是名媛、艺术家。文章中甚至有一个叫"彬彬"的女孩，林徽因女儿的小名也是冰冰，而陆小曼并无子女。所以，虽然冰心亲自出来澄清，却依旧很难服众。两位都是民国才女，米粒妈倒觉得没有谁对谁错。我反倒觉得冰心是个蛮可爱的性情中人。

在众多民国女神中，冰心可以算是最幸运的。她出生显赫，父亲位居高位，母亲慈爱温柔，幼年时一直是家里最受宠爱的大女儿。因为五四运动弃医从文，19岁就写出《繁星·春水》，一战成名，幸福的童年让她的作品总是充满爱。她的婚姻和爱情也非常美满幸福，冰心与丈夫相识相恋的过程仿佛是甜宠剧，超级浪漫！

对于冰心，米粒妈一直有"童年滤镜"，在米粒妈的记忆里，她笑容可掬，亲切又慈祥，是我们永远的"冰心奶奶"。

如今，冰心奶奶已经走了二十几年了，愿在天堂的她，一切安好！

张爱玲

民国第一情话王，一生傲骨

她是民国天才少女。

7岁开始写小说。12岁在校刊和杂志上发表作品。19岁就能写出"生命是一袭华美的袍，爬满了虱子"。22岁发表小说《沉香屑·第一炉香》，在文坛打响第一炮。23岁写出旷世爱情之作《倾城之恋》。24岁出版了小说集《传奇》，说出了那句大家耳熟能详的"出名要趁早"。

出名到底要不要趁早，我们先不讨论，但张爱玲的才华和通透，确实不是凭空而来的。

天分是其一，原生家庭是其二。

张爱玲是名门之后，她的祖父是晚清名臣张佩纶，祖母是李鸿章的女儿李菊耦。可到了张爱玲父亲张志沂这儿，就没这么出色了。张志沂文学素养倒是不错，但这个人抽鸦片、好女色，生活也是懒散堕落。母亲黄逸梵是一个非常有艺术修养的新女性，后来跟张志沂实在过不下去，就离婚独自远赴欧洲了。

离婚一年后，张志沂娶了孙用蕃进门。从此张爱玲的身边，只有恶毒的继母和冷漠的父亲。孙用蕃看不上这对前房儿女，不说非打即骂，也差不太多，在生活上极尽苛待。她不允许张爱玲买新衣服，只能穿她不要的旧棉；弟弟张子静人小手短，拿不稳筷子，她上手就给一巴掌。继母这么苛待孩子，难道父亲不知道吗？张志沂压根对此就不在意，人家靠着祖上的遗产，天天泡在鸦片馆里，过着纸迷金醉的生活。后来张爱玲上学的学费，都是自己追到鸦片馆跟父亲讨要的。这样的生活，张爱玲过了十年。

等到她16岁的时候，黄逸梵回国了。心心念念的母亲回来了，张爱玲肯定要去探望。谁知道她去的次数多了，继母便开始作妖，说她是"来了亲妈忘后妈"。那时的张爱玲还有着少年气，直接跟继母开吵，孙用蕃上手就是一耳光，然后立即上楼找张志沂，说张爱玲动手打了她。张志沂马上下楼，问都不问张爱玲一句，上来就是一顿毒打。最后要不是用人强拉开父亲，张爱玲可能就被打死了。这还不算完，父亲直接把她关在家里，让她"思过"，这一关就是大半年。外伤加上伤寒，差点再次要了她的命。

好容易身体好转，张爱玲做了一个决定：逃出去，去找母亲。那一年，张爱玲18岁。她以为自己跟着母亲就能感受到家庭的温暖，实际上只不过是"两害相权取其轻"的选择。对黄逸梵来说，张爱玲是她的负担。母亲因为喜欢西方文化，于是想把张爱玲培养成名门淑女，她调教着女儿的走路姿势、看人的神态、说话的语音语调，明显是想让张爱玲嫁给有钱人。不知道是幸运还是不幸运，在冷漠家庭长大的张爱玲，根本学不会八面玲珑。

孩子达不到自己的期望怎么办？黄逸梵给出的答案是PUA（精神控制）。"今天没能出去玩，都是因为你；这周没去喝咖啡，都是因为你；这月没买新衣服，都是因为你……"

哪怕张爱玲死命读书、天天走路上学、吃饭只吃咸菜，也没能得到母亲一句夸奖。

要是张爱玲哪点做得不好，黄逸梵张口就是责备和咆哮。当别人的面骂她是猪，说她"活着就是为了害人"。这些话太伤人了，可张爱玲忍下来了，毕竟她深爱自己的母亲。直到"800块钱事件"

发生,张爱玲才改变了原来的想法。

张爱玲在香港大学读书时,因为成绩好,拿到了800块港币的奖学金。这是她靠自己的努力拿到的第一笔钱。一回家,她就把钱交给了母亲。你猜黄逸梵什么反应?她没有任何反应,只是让张爱玲把钱搁桌子上。没过两天,她就把钱随随便便输在了牌桌上。张爱玲还没追究呢,她抢先发难:"你怎么有这笔钱,是不是跟老师有不正当关系?"还趁着张爱玲洗澡时冲进浴室,检查她还是不是处女。这一番操作下来,孩子再热的心也冷了。张爱玲心里就剩下一个念头:还钱,把母亲养她的钱都还给她。从此之后,母亲的家亦不复是柔和的了。

张爱玲开始疯狂写稿,为了养活自己,也为了尽快攒钱还给母亲。那段时间,是真的捉襟见肘,好几次日子都差点过不下去了。好在张爱玲才华出众,很快成了名,稿费也水涨船高。后来,钱攒够了,就到了她跟母亲诀别的时候。

张爱玲把钱换成两根金条,交给母亲:"感谢你为我花了这么多钱,我心里过意不去。"母亲感觉到女儿语气里的客套和疏离,埋怨了一句:"就算我让你不好过,你也不必对我这样。"但这时说什么都晚了,女儿对她不再有依恋,两个人自此之后一生未见。

本应最爱她的人,却伤她至深,有这样的父母和成长经历,就不难理解,为什么张爱玲的文字永远冷静又薄凉了。

张爱玲成名之后,也不愿意跟别人交往。不少读者慕名到她的公寓拜访她,她也是能不接待就不接待,再加上她说话直接不转弯,于是被贴了个"孤僻古怪"的标签。

这样的张爱玲,虽然文笔上像看破红尘的老人,实际上感情经历很单纯。只要成熟的老男人对症下药,她就会"低到尘埃里"。

1943年,胡兰成在南京养病,他在看杂志时读到了张爱玲的《封锁》,于是跟杂志社要来了张爱玲的地址,想去拜访她。不得不说,姜还是老的辣,他对张爱玲的孤僻有所耳闻,因此没有直接登门拜访,而是在门缝里塞了一张纸条,说看了《封锁》,想要拜访作者,落款是胡兰成。

这下可引起了张爱玲的好奇心,第二天她就联系了胡兰成。胡兰成进门第一句话:"没想到你是个女人。"第二句话:"你怎么可以生得这么高?"

这两句话可太高明了。听着莫名其妙,暧昧得可是明明白白,就和钱锺书第一次见杨绛时说"我没有女朋友"一个意思。张爱玲听懂了,没接话,但跟胡兰成聊了一个下午。情场老男人还有什么不明白的。第二天下午,胡兰成再来。第三天下午,胡兰成又来。第四天下午,胡兰成还来。很快两个人便确立了恋爱关系。

有人很奇怪,胡兰成大张爱玲15岁,长得也算不得英俊;在汪精卫手下办事,妥妥的汉奸;游戏花丛,见一个爱一个。就这样的渣男,眼高于顶的张爱玲,怎么就陷那么深?当然是投其所好啊!不论人品,胡兰成是个有才华的人,再加上十几年的阅历和交际手腕,想讨好一个女人真的不太难。他能跟张爱玲谈彼此、说文艺、论古今,也可以小意温柔,给予抚慰。对缺爱的张爱玲来说,她怎能不爱呢?

1944年,两个人登报公示结婚。但还没甜蜜多久,胡兰成就出事了,他一个人逃到了武汉,只留给张爱玲"汉奸婆"的名声。

胡兰成这个人,难听点说,离不开女人。刚到武汉,就勾搭上了一个周姓护士，还不要脸地跟张爱玲写信说，他爱上了别人。张爱玲万念俱灰，可让她放弃这段爱情，她又舍不得。在她眼里，这是世界上最爱、最懂她的人了。怎么才能让这个人回心转意呢？张爱玲选择无条件对他好。她把自己的稿费寄给他，并写信诉衷肠。真的做到了"见了他，她变得很低很低，低到尘埃里。但她心里是欢喜的，从尘埃里开出花来"。

胡兰成这个中年男人一看，说几句甜言蜜语，就有钱花，还不管他，这可太好了。于是做得也就更过分了。我们已知的"小三"，除了这个护士，还有胡兰成同窗父亲的姨太太范秀美。有一次范秀美到上海找张爱玲，指着肚子说："我有了，他的，我没钱打胎，他说让我找你，你一定会帮忙。"

张爱玲当场拿出一个金镯子，给了范秀美，让她当了钱拿去打胎。她的理由很直接，那就是没有办法，暂时找不到更好的，只能任由他这样胡来。

心酸，且无奈。

好在，张爱玲毕竟是张爱玲，她并没有一忍到底。在攒够了失望后，在1947年，寄了一封分手信给胡兰成："我已经不喜欢你了，你是早已经不喜欢我的了。这次的决心，是我经过一年半的长时间考虑的，彼唯时以小吉（小劫）故，不愿增加你的困难，你不要来寻我。即或写信来，我亦是不看的了。"随信，还附了30万元的分手费。这可不是张爱玲有钱没处花，而是跟对待母亲一样，这是还给胡兰成的钱。毕竟在她窘迫的时候，胡兰成帮过她。还了这钱，以后两个人再也没有牵扯。

这就是张爱玲，爱一个人时，无限迁就；不爱了，便抽身而去，不留下任何念想。

张爱玲的第二段婚姻,发生在她35岁那年。那年她离开香港到了美国,认识了64岁的赖雅,一个儒雅的剧作家。可能有人会问,为啥张爱玲只找大自己很多的男人?也许是因为年纪小的不懂她。她跟著名导演桑弧交往过一阵子,桑弧比她大4岁,长得帅,有才华。有一次张爱玲跟他一起去看电影,脸上搽了粉,可桑弧却在电影院里大咧咧地说:"你鼻梁那儿漏搽了。"给张爱玲臊的,看完电影就走了。

但是类似的事情,胡兰成处理得完全不一样。他会深情地凝望着张爱玲,用赞叹的语气说"爱玲,你的脸上有神光!"张爱玲羞涩地说:"我擦了护肤霜。"只看这一点,你说你选谁?

更何况张爱玲性格敏感,内心缺爱,只有极度的关注和耐心,才能让她有被爱的感觉。如此一来,她选择年纪大自己很多的男人,就不奇怪了。

说回张爱玲和赖雅。赖雅是个过气作家,赚不到什么钱。但张爱玲不管这些,也不看重这些。只要这个人给她想要的爱和包容,其他的她自己可以解决。两个人交往不久后,赖雅就跟张爱玲求了婚。可婚后两个月,赖雅就中风了,且反反复复发病。为了生存,也为了给丈夫治病,张爱玲到电台做翻译、去大学上课、晚上回家写电影剧本……能接的活儿,她全都干。

很难想象,一个生活精致的女子,面对前所未有的压力,表现得这般从容不迫。

他们的婚姻持续了11年,在这11年里,张爱玲没叫过一声苦,她觉得赖雅不是自己的负担,因为他用陪伴和温暖弥补了自己童年的遗憾。

  1967年，赖雅去世，张爱玲也把自己封闭起来，过着与世隔绝的生活。她没有再恋爱、结婚，直到生命最后一刻。

  可能在外人看来，赖雅去世后，张爱玲穷困潦倒，老无所依。其实她在银行有大笔存款，也不缺工作机会，只要她想，随时都能过上体面精致的生活。

  生活于她是什么？我觉得是自由的选择。对她而言，人生的意义不在于何以有生，而在于自己怎么生活。人来世间走一遭，随心所欲，便不算辜负生命。

于凤至

婚姻的坎坷,成就了这位国民女股神

说起张学良跟于凤至两口子的事,可不是一两句话就能概括的。估计说到这儿,有人要问了,张学良不是跟赵四小姐生死相依吗?怎么出来个于凤至?唉,这是个提起来就让我心疼的民国女扛把子啊!

张学良有过三位妻子,于凤至是第一位,也是原配夫人,谷瑞玉是第二位,赵四小姐是第三位。很多人只知道赵四小姐用情至深,不知道于凤至才是给张学良垫底的那个人。我不评判他们的婚姻,就想好好跟大家说说于凤至这位传奇女性。

要说于凤至,就得先说她的父亲于文斗。这位老爷子虽说是前清的做派,但也是一位传奇人物,正经的富一代。他的父辈都是农民出身,以种地为生。到了于文斗这儿,他没有子承父业,而是选择经商。那时候经商可跟现在不一样,国家积贫积弱,经商的风险不亚于悬崖上走钢丝。在这样的环境下,于文斗还是经营出了自己的商业帝国,在北方各地都有产业。他为人豪爽,助人为乐,还救过年轻时候的"东北王"张作霖,两个人还结了异姓兄弟。估计于老先生自己都没想到,自己最爱的女儿的一生,被张大帅最爱的儿子改变了。

1897年,于凤至出生于吉林公主岭。据说,之所以给她取名凤至,是因为她母亲做过的一个梦:一只五彩斑斓的彩凤从天边飞来,落在于家门前那棵梧桐树上。

也因此,尽管于凤至是个女孩,于文斗也没有怠慢,怎么培养儿子,就怎么培养女儿。从小千依百顺、呵护备至?根本不存在,女孩子也得自己立起来。于凤至5岁时,于文斗就把她送进了私塾,读书认字背文章,一样都少不了,还给她请了一位儒学名士董天恩,在家里开小灶。后来,于凤至考进了奉天女子师范学校,并以优异的成绩毕了业。当然,受时代的限制,小姑娘还得加餐学一些旧式女子为人处世的规范。没办法,那个时代把女孩子培养成知书达理的大家闺秀,就是潮流。可能于凤至跟其他大家闺秀最不一样的地方,就是她是由父亲教养长大的(那个年代,女孩子大多被母亲教养长大)。

不是说母亲教养不好孩子,那个年代男主外女主内,大多数男性都比女性见识广,经历丰富,再加上于文斗是当地第一大富商,由他教养的孩子,必定才识过人。

于凤至八九岁的时候,已经敢跟张作霖"叫板"了。有一次,张作霖拜访于文斗,正赶上于凤至父女俩在赏画。张作霖在旁边说了句,花朵有颜色更好看。于凤至直接说:"我不爱斑斓的色彩,只爱墨画,尤其喜欢以墨入荷。不为人夸颜色好,要留清气满乾坤。"张作霖都惊了,一个小女孩有这样的见识,真不简单。家世显赫,作风大气有胆识,再也没有比于凤至更适合的儿媳妇人选了。张作霖干脆就跟于文斗定了娃娃亲,于凤至和张学良的姻缘就这样尘埃落定了。

张学良人称"少帅",是民国四大美男之一。身为大帅的长子,风流倜傥、能力在线,妥妥的"东北王"继承人。这么优秀的男青年,能同意包办婚姻吗?肯定不能啊。

定亲的时候,张学良年纪小,不知道结婚代表啥,就知道要跟一个贤良淑德的漂亮姐姐一起玩（于凤至比张学良大三四岁）。到了十几岁，他已经开始懂事了，追求独立，想要自由恋爱，瞧不上家里给自己定的亲事。不过他硬，他爹比他更硬，最后他还是跟于凤至结了婚。

张学良对于凤至并没有太深的感情，但于凤至对张学良可是心心念念。别看当时已经是民国，很多女孩子都接受了新式教育，但内在深层的思维模式还是没变，依然是出嫁从夫。虽然感情上还没有刻骨铭心，可心里早就认定了一辈子。为啥于凤至不找个自己喜欢的？因为女性要把自己的喜好放在第一位，在那个年代太难了。虽然被时代禁锢了"女权"思维，但于凤至的优秀有目共睹。

亲爹是当地名人，家里常常高朋满座。名望、财富、权势这些大家都旗鼓相当，能炫的只有孩子。于凤至的两个哥哥早就长大成人，到外地出差公干。家里就一个于凤至，于是只要亲爹在家聚会，就会把她叫过去炫一下。于凤至也不怯场，让干啥就大大方方干。客人来了，招呼仆人斟茶添酒；客人走了，恭恭敬敬跟父亲一起送到门口。（莫名羡慕：不要试图跟人家攀比）时间久了，就学会了父亲待人接物和管理"员工"的本事。

说回于凤至结婚后。老实讲，有能力的人，都有自己的脾气，年少的张学良锋芒毕露，虽然不至于苛待于凤至，也真是没太看得上这个"旧派媳妇"。于凤至早就看出来他的态度，不过在她看来，既然两个人已经"绑定"了，想东想西没有用，日子过好才是真。大哭大闹博关注不是于凤至的风格，主要是也没用。夫妻之间相处得好，还是得用对方法。

真才实学显真章

张学良爱才,于凤至有才。这件事对夫妻来说,本是件促进感情的好事,但张学良抗拒婚姻,压根就不想了解于凤至,甚至先入为主地觉得她是个脑袋空空的大家闺秀。按现在的话说,这是严重的信息不对称。所以,于凤至做的第一件事,就是把自己的信息摊给张学良。张学良喜欢字画,而于凤至字画造诣非常高,尤其擅长画墨荷。两个人生活在一起,张学良很容易接触到于凤至的画作。笔力适中,气势开阔,张学良没想到能在一个小女子的画作中看到"大丈夫"的气势,自然是对她非常欣赏,打破了昔日的成见。两个人算是"破冰"成功。

和和气气好相处

于凤至结婚时,正是张作霖最为风光的时候。此时的大帅府,人丁兴旺,关系复杂。虽然每个人看起来都和和气气,其实都有自己的小算盘。虽然张作霖很看重于凤至这个大儿媳妇,但是她也没飘飘然,而是踏踏实实地过日子。她对张作霖的几个姨太太尊重有加,对丈夫尽心尽力,对仆人赏罚分明,很快就得到了大帅府上上下下的赞扬和敬佩。

勤恳好学贤内助

张学良受过传统教育,可自打从军后,喝的都是洋墨水,尤其是战争理念方面,也更加西方化。于凤至擅长诗词歌赋、吟诗作画,但这些大多只是消遣。

她了解丈夫的志向，也知道他日后会成为怎么样的人。要想跟他有共同语言，自己就需要更多的学习。所以，她去东北大学进修，学习西方文化和语言。学了一段时间之后，已经可以跟张学良进行简单的英语对话，在丈夫谈论当今局势时，也能跟得上思路，两个人一起讨论。就这样，于凤至在大帅府站稳了脚跟，也赢得了张学良的尊重和爱意。

说句公道话，张学良为人有情有义、仁厚大气，但也是真的花心。他们夫妻俩蜜里调油过了一段日子，张学良的热情就逐渐冷淡下来。等于凤至生完四个孩子，两个人之间也就只剩下相濡以沫了。有人说，他俩婚后张学良就称呼于凤至为"大姐"，说明他一直就没爱过妻子。我倒不这么认为，爱是肯定爱过的，一开始叫"大姐"，也是夫妻俩之间的调侃。只是后来张学良对妻子的情爱淡了，"大姐"这个称呼，就真的把两个人的感情变成了相互依靠的"姐弟"。

张学良是少帅，自然是要出兵打仗。人在外边，花心的老毛病总是犯，一般的欢场女子就不说了，他还招惹回家两个女子。

1922年，在谷瑞玉的家宴上，张学良结识了18岁的谷瑞玉，两个人一见倾心，相谈甚欢，很快就走在了一起。流言很快传到于凤至耳朵里，难受是真难受，可丈夫毕竟在打仗，自己不可能闹起来，只能憋在心里，想着以丈夫的心性，没几天两个人就会分手了。估计谁也没想到，1924年张学良在战场打仗时，谷瑞玉居然冒着炮火到了前线，说要跟他生死相依。张学良一下子就感动了，两个人下了战场后，便瞒着家里举行了婚礼。

于凤至得到消息时，心都碎了，但也晚了。她能做的唯一一件事，就是不准谷瑞玉进大帅府，保留自己最后的领地和尊严。好在，张学良心怀愧疚地答应了。但是，我们知道，之后还有赵四小姐这个于凤至跨不过去的坎。

说到这个坎，我都有点愤愤不平。明明是于凤至操持着整个家，教养着孩子，支持着丈夫，但被后人津津乐道的却是少帅和赵四小姐的"旷世奇恋"。真是太扎心了。

说回赵四小姐。赵四小姐长得很美，上过当时最时尚的《北洋画报》的封面。张学良无意间看到了这期画报，被赵四小姐惊艳到了。后来在一个舞会上遇见赵四小姐，立马就展开了热烈的追求。这俩人爱得昏天黑地，什么都不顾。赵四小姐的父亲赵庆华是交通部副部长，不可能让自己的女儿给张学良做小，于是直接把女儿关在家里，不让她见张学良。可赵四小姐正是心里只有爱情的年纪，越是禁止，爱得越热烈。后来她干脆去东北投奔情郎，闹得满城皆知，赵庆华一气之下跟女儿断绝了关系。张学良一看，一个年轻女孩为他众叛亲离，自己必须得给女孩一个家，就带着赵四小姐回到大帅府，要求于凤至接受她。赵四小姐则跪在于凤至面前说，不求名分，只求跟在张学良身边。我是真心疼于凤至，成全了这对鸳鸯，谁来成全于凤至呢？那句话怎么说来着，顾全大局的人从来都不是用来成全的，而是用来辜负的。

于凤至被迫接受了赵四小姐。同时，她提出三个条件：第一，赵四小姐不能进帅府；第二，不能有正式的名分，只能以私人秘书的名义待在张学良身边；第三，有了孩子也不能姓张。赵四小姐和张学良接受了。这就是他们"旷世奇恋"的开始。

不过，你以为张学良有了赵四小姐，就会从此收心吗？不会。

风流倜傥的少帅依旧招蜂引蝶,他在晚年亲口承认自己有过11个情人,赵四小姐虽然是自己追求的,但却不是他最爱的一个。他的口述回忆录里有这么一句石锤:赵四最好,蒋四最爱。蒋四是谁?是蒋士云蒋四小姐,在当年被称为"北京四美"之一,也是少帅心中的"红玫瑰"。估计要不是赵四小姐孤注一掷,后边又跟张学良同甘共苦,她大概也只能像谷瑞玉那样,受宠一时,再慢慢被遗忘。讲真,张学良确实是一位有着一腔爱国热血和雄才大略的英雄。只是,他的花心对于凤至来说,却是磨难。

其实,纵观张学良的整个人生,有两个人给他托底。一个是张作霖,另一个是于凤至。张作霖就不用说了,一直是儿子的靠山。为什么说于凤至也是呢?这说来就话长了,他俩结婚不久,张作霖就把掌家大权交给于凤至。她治家有方的事迹我就不多说了,关键是自从她掌家之后,大帅府的收益明显大于开支,每项收支都写得明明白白,非常有条理。张作霖一看儿媳妇这么有本事,直接拿出50万现大洋开煤矿,并让于凤至出任业主代表,直接上手运作。这要放在一般的大家闺秀身上,早就给推了。可于凤至在深思熟虑之后,接受了这一重任。

张大帅为啥要开办煤矿,还不是为了扩大资产,保证后勤军资。简单来说,就是给张学良攒家底,所以于凤至也不能推辞。而且,人情练达的于凤至,利用"夫人社交",给张学良稳固了不少关系。郭松龄曾是张作霖麾下京榆驻军司令部的副司令,进部队不久的张学良想站稳脚跟,还得依靠他的力量。不过只凭兄弟情,还不够分量,只有把两家"深度绑定"才能达到目的。于凤至跟郭松龄的夫人韩淑秀是校友,两人性情相投,经常一起做公益,慢慢地两家关系就近了。有了这层关系，郭松龄便顺理成章地拉了张学良一把，使他在军界站慢慢稳了脚跟。

张学良抽过大烟，1930年前后，是他毒瘾最为严重的时期，而那段时间，也是他跟蒋介石关系的关键期。当时，于凤至跟随张学良前往南京接受国民政府的委任，蒋介石夫妻接待了他们。能看得出来，蒋介石心里多少还是有些看不起抽大烟的张学良的，要想挽回颜面，只能靠于凤至的"夫人社交"。那时候的于凤至博闻广识、谈吐高雅、打扮时髦，与第一夫人宋美龄惺惺相惜，很快成了朋友。在宋美龄的引荐下，于凤至还成了宋母的干女儿。夫妻一体，于凤至算是在张学良最困难的时候撑住了他"少帅"的面子。

西安事变爆发后，张学良被蒋介石软禁，于凤至利用宋美龄的路子积极奔走。后来虽交涉无果，但她一直陪在张学良身边，宽慰几近崩溃的丈夫。

1940年，于凤至43岁。在这一年，她积劳成疾，得了乳腺癌，以当时国内的医疗条件根本没法治疗，想要活命，只能去国外做手术。无奈之下，于凤至去了美国治病。她以为自己治好了病，就能回到丈夫身边，谁知道这一走就是永别。倒不是说，于凤至回不了国，而是她有自己的责任。

于凤至到美国有三个目的：第一是治病；第二是把在外留学的孩子接到身边照顾；第三是为张学良奔走。这三个目的，每个都要花很多钱。再加上只出不进，于凤至很快就体会到了缺钱的滋味。要不是机缘巧合之下她投身到美国股市赚钱，不知道会落魄到什么地步。

于文斗曾说过一句话："我闺女要是做买卖，肯定是把好手。"

这句话说得太准确了。于凤至眼光狠辣，在股市一买一个准，几乎就没亏过钱。没过多久，就成了华尔街著名的"东方女股神"。这时候的于凤至已经年过五十，靠着在股市淘金在美国购买了大量的房产。位置好的房子出租，可以获得不菲的租金，而位置偏僻的可握在手里坐等升值。在美国经济大繁荣之后，房子的价格水涨船高，于凤至又大赚了一笔。

有了这些钱，她可以供孩子上学读书，也可以为张学良继续奔走。

说句题外话，别看于凤至50多岁，但气质出众，柔中带刚，身边有不少追求者。据说有一位美国外交官把于凤至奉为女神，穷追不舍。但于凤至丝毫没有动心，在她心里，张学良就是自己的最终归宿。

那彼时的张学良在干什么呢？他一直被蒋介石软禁，先是在大陆，后来被转移到了台湾。因为于凤至去了美国，所以是赵四小姐在身边照顾他。有交流的感情才亲近，于凤至虽好，但远在美国。一年两年感情不变，十年二十年，张学良的感情就倾向赵四小姐了。

1964年，于凤至67岁。张学良给于凤至寄了一封信，信中说自己已经皈依基督教，但是基督教义规定教徒只能有一位妻子，他跟于凤至的重逢遥遥无期，夫妻之情名存实亡，赵四小姐陪伴在自己身边几十年，请求于凤至跟他解除婚约。于凤至签了离婚协议书。同年，张学良和赵四小姐结了婚。婚是离了，但于凤至仍然一如既往为张学良奔走，直到1990年去世。她的临终遗言是，把所有的财产都留给张学良。

她的墓碑上刻着"张于凤至"几个字，在她的墓穴旁给张学良留了一个位置,她想着两人虽不同生,但死后要同穴。但这个位置一直空着,因为张学良最终选择跟赵四小姐葬在一起。

如果只看这个结局,很多人认为于凤至的一生太过失败。但我不这么认为。确实,在张学良和赵四小姐的"旷世奇恋"中,她最终被磨去光彩,成为一个陪衬。可是把所谓的爱情光环去掉,就不难发现,这位女性所散发出来的人性光辉和坚韧卓越,不是一般人能比的。人也不能以爱情的结局论成败,那太狭隘了。对于家庭,她做到了尽心尽力;对于爱人,她做到了至情至性;对于事业,她做到了光辉灿烂;对于自己,她做到了无愧于心。悲苦从来不是她的底色,坚强、果决、刚毅才是。

在我看来,于凤至堪称完美。

王明华

她是梅兰芳的原配,爱得太满抱憾终生

这篇文章里写的这位民国女子,一直让米粒妈意难平。在之前的文章中,我写过张学良的原配夫人于凤至的故事。她称得上是有情、有义、有胆识的大女主,但唯独没有得到过爱情。

今天说的这位,也是民国时期的一位原配太太,她拥有过爱情,还与丈夫有过一段非常恩爱的幸福时光,但最后却输得彻彻底底。她就是梅兰芳的原配夫人王明华。

之所以说是意难平,是因为米粒妈在她的身上看到了一个女人能为爱情付出的极致是什么样的。也正是这种忘我的付出,让她尽管拥有过丈夫的爱,但依然以惨淡收场。她的故事真的可以引以为戒。说起爱国京剧表演艺术家梅兰芳的夫人,很多人都知道孟小冬、福芝芳,却不一定知道王明华。其实,梅兰芳有过三段婚姻,而第一任原配夫人王明华是为他付出最多、牺牲最大的一个。

都说成功男人的背后都有一个优秀的女人,这话放在梅兰芳身上特别合适。出身京剧世家的王明华精明能干、富有见识。她不仅在家里是梅兰芳的贤内助,在梅兰芳的演艺事业上也是与其形影不离的经纪人。梅兰芳去上海、天津、汉口等地演出,她都陪伴在身边。1919年梅兰芳作为中国第一位京剧艺人在日本演出时,她也相随在侧。两个人恩爱有加,日子过得和和美美、甜甜蜜蜜。婚后第二年,两人就有了儿子,隔年又生了女儿。儿女双全的一家人,日子过得蒸蒸日上。王明华不仅把家务事操持得井井有条,让梅兰芳可以完全不过问家中事务,而且还把他的事业也助推上了高峰。王明华陪同梅兰芳首次出访日本进行巡回演出后回到北京，东瀛访问演出的成功使梅兰芳的声誉又高一层，而她对梅兰芳的呵护和照顾也备受赞扬，并被传为佳话。从演出行程到造型妆发，从戏服设计到色彩画样，王明华全都给料理得明明白白，甚至梅兰芳头上戴的绢花，她都会亲自到绢花作坊定制。

梅兰芳本身也是一个非常儒雅且有风度的人，那段时间事事依着她、尊重她，两个人形影不离，王明华沉浸在幸福和赞美中。王明华长得非常漂亮，而且审美也很好，当时绝对是有民国贵妇的风采的，出席各种场合都非常注重衣着打扮。她经常在瑞蚨祥、谦祥益两大绸缎庄选购衣料、皮货，按照当时的时尚潮流定做最时髦的样式，还学会了穿半高跟的皮鞋。她满身珠翠，耳环、胸针、项链、戒指都是送到家来供她挑选购买的，她最喜欢的是碧玉玻璃翠，胳膊上常年戴一只翠手镯。

当时国际友人到北京访问，以参观故宫、观梅剧、到梅府做客为三大盛事。王明华作为梅府的女主人在家中接待宾客，仪态万方、典雅端庄，获得人们交口称赞。

这绝对称得上是上得厅堂、下得厨房，里里外外一把好手的贵妇！随着梅兰芳越来越红，家里的银钱往来账目也都交由王明华打理。以她的前半生，在民国时的女性中可以算是人生赢家了。但命运就是这么会开玩笑，她做了一个错误选择，直接导致她的后半生一下子从云端跌进了深渊。

王明华对梳头非常有研究，她给梅兰芳打理的假发造型就连专业的梳头师傅都梳不上来。所以初期梅兰芳演古装戏的时候，出门总是带着一个木盒子，里面装的是王明华在家给他梳好的假发，到了戏馆直接往头上一套，一个精美的古代美人就立刻呈现出来了。后来王明华可能是听到了传言，说除了自己没人能帮助丈夫梳好头，所以暗下决心，一定要进入后台协助丈夫。

她是第一个进入后台工作的女性，为了丈夫，她打破了戏馆后台女性不得进入的规定。为了更好地辅佐梅兰芳，她做了一生最错误的决定：贸然做了绝育手术。本来以为自己已经有了一儿一女，今后无论是承欢膝下，还是继承父业都已经无后顾之忧了。谁能想到，一场突如其来的麻疹夺走了两个孩子的性命。原本幸福的一家四口，如今儿女全没了，身为母亲，可想而知王明华当时有多么凄凉。而本想一心一意扶持丈夫事业的王明华，却不能再生育。她终日叹息，伤心欲绝。当时王明华娘家提议让他们收养侄子王少楼做儿子，但梅兰芳思考再三没有同意。他觉得自己才不到30岁，还是应该有自己的孩子才好，领养别人的孩子多有不便。识大体、顾大局的王明华只好接受了丈夫的想法，同意梅兰芳再娶一房妻室生儿育女。

当时梅兰芳的老师吴菱仙收了一名女弟子，就是16岁的福芝芳。一天，吴菱仙带福芝芳到梅家索取梅兰芳的剧本《武家坡》，王明华一下就注意到了秀丽文静的福芝芳，于是就张罗起说媒的事。唉，眼睁睁把心爱的丈夫拱手让人，还得亲自操持婚事，再想到自己死去的一双儿女，想想就窒息呀！

当时说媒，福母提出了两个条件。一是不要定金和聘礼，但是福芝芳不做二奶奶，要与王明华拥有同等名分，而且要按照兼祧两房（两个正房太太）的规矩迎娶；二是福母只有这一个女儿，所以她要求搬过来同住。这两个条件直接使梅兰芳和福芝芳结成了一个稳固的家庭结构，而王明华注定将被边缘化。梅兰芳和福芝芳婚后非常恩爱，次年便生下了一个儿子。孩子出生的第三天，福芝芳就把孩子抱到王明华屋里，说想把他算作她的儿子。

王明华和福芝芳两个人以姐妹相称，关系也十分交好。但王明华亲手给孩子缝了一顶帽子戴上后，又让奶妈把孩子还回去了。她感谢福芝芳的深情厚谊，但拒绝了这个过继孩子的建议。婚后14年间，福芝芳为梅兰芳生了9个孩子。虽然中途也有夭折的，最后只有4个孩子顺利成人，但一个蓬勃和谐的大家庭越来越衬托出王明华的凄惨。王明华成了家里一个可有可无的人。

王明华看到梅家人丁兴旺，为梅家高兴。但是每每想到自己夭折的儿女，想到自己做了绝育手术放弃了生育的权利，她经常从噩梦中惊醒，彻夜失眠，心口疼，身体和精神都垮了下来。

想想也是，眼睁睁看着属于自己的一切成为别人的，而自己又无能为力，那种绝望又有几个人能承受得住呢？

她情绪日渐消沉，不久又染上了肺结核。为了不传染给一家人，她决定独自搬出去。她在一位特别护士的陪同下，来到了天津治疗，最后孤独一人病死他乡。

王明华在天津病危，梅兰芳和福芝芳决定为她选一块合适的墓地。他们选定了香山脚下一块风景秀美的山坡。后来梅兰芳去世，人民政府以最崇高的国葬礼遇致哀，并决定将他安葬在八宝山烈士公墓。但福芝芳当即要求把他安葬在自家的私人墓地，与王氏夫人合葬。想必福芝芳一路走来，看着王明华从明艳到暗淡，再到枯萎凋零的一生，内心也有万般愧疚吧。她也知道，自己的幸福原本是属于王明华的。当她亲眼看到梅兰芳和王明华的棺木合葬，自己像是了却了一桩心愿一样，得到了一丝安宁。

王明华的一生非常令人唏嘘，但她的悲剧就完全是封建时代造成的吗？米粒妈觉得未必。虽然封建时代对女性有太多不公，男性可以一夫多妻，但为了扶持丈夫的事业做绝育的选择，却是她为爱情做出的过度牺牲。

大家很熟悉的"梨园冬皇"孟小冬，与梅兰芳齐名，她也曾深爱梅兰芳，也曾当过他的夫人。但是同样处于那个封建时代，孟小冬却从未忘记要先爱自己，再爱他人。她深知女人不是男人的附属，而是独立的存在。嫁给梅兰芳时，她已是"须生之皇"，而感情破裂，对丈夫失望时，她能果断发声明，提出离婚。同样是民国女子，同样是戏曲名伶，同样是能力与美貌兼备的优秀女人，但一个是"冬皇"，一个是"梅夫人"。孟小冬也曾爱得很深，她离婚后一度绝食、生病、甚至想皈依佛门。但是她骨子里就是有大女人的刚强，跌倒了重新爬起来，拍拍身上的尘土，依然还是大女主！晚年的孟小冬嫁给了上海滩大佬杜月笙，也成了杜月笙最宠爱的女人，后半生锦衣玉食，被叱咤风云的上海滩霸主视若珍宝。时代对女性人生命运的影响是有一部分，但绝不是全部。

就算是在男尊女卑的封建时代，那些足够爱自己的女人，也能事业爱情双丰收。就算是在男女平等的当今社会，也不乏很多"恋爱脑"的女人孤注一掷，为爱牺牲。王明华把对他人的爱凌驾在对自己的爱之上，但她可能完全无我吗？看到丈夫幸福，她自己一点也不难受吗？显然不可能。米粒妈觉得，做人不要神话爱情，更不要高估自己为爱做出牺牲的孤勇。因为自我感动式的牺牲，并不能感动对方。如果你都不爱你自己，谁会有义务去爱你呢？爱自己，是女人对抗这个世界最有力的武器，而王明华把这个刀柄交到了爱人的手中。女人真的需要一生牢记：无论何时，都不要把自己弄丢。

尾篇

婉容和文绣

她们是末代皇后和皇妃,同时嫁入宫中,却有着截然不同的命运

米粒妈的歌单里一直都有坂本龙一的《rain》,这首曲子是我单曲循环到疯狂的一首,它是电影《末代皇帝》的插曲。

《末代皇帝》这部电影真的经典,它拍出了清廷穷途末路时极度的奢靡和颓败。而且片子确确实实是在故宫里拍的,在清宫剧中还原度绝对是一等一的了。

这首曲子特别有画面感,它是在文绣出逃时的配乐。这首曲子和文绣的勇敢交相辉映,就像千尺的封建红墙里迸出一道透光的裂痕,非常壮美。

婉容和文绣,作为清末到民国过渡时期的两位后妃,她们的人生特别值得写一写。

末代皇帝溥仪从贵为九五之尊,到被逼退位沦为日本人的傀儡,抱着复辟的幻想颠沛流离地度过了一生。而他的皇后婉容和皇妃文绣,同样都曾经是最尊贵的女子,也同样面临乱世中的抉择,但两个人却做出了两种截然不同的选择,从而走向了两种不同的人生。

婉容和文绣几乎可以说是同时嫁到宫中的,文绣只比婉容早嫁进来一天。她们都是作为适龄的贵族女子把照片送入宫中待选的,被皇上选中后,瑾皇贵妃认为婉容的家世显赫,更适合做皇后,所以最后定了婉容为皇后,文绣为皇妃。

婉容的父亲是开明人士,时任内务府大臣,主张男女平等。父亲除了教她读书习字、弹琴绘画,还特意聘请了在中国出生的美国人任萨姆女士(Miss Isabel Ingram)当她的英语老师。所以婉容身

尾篇

上带着一种开明、开放的时尚气息,这跟她从小接受西方教育有关系。

文绣的家庭比较传统,虽然也是官宦子女,但是家道中落,从小接受传统教育比较多。文绣非常聪明,而且饱读诗书。她身上有种传统东方闺阁女子的保守。

对于末代皇帝溥仪来说,皇后和皇妃各有各的特色,但是相比较来说,接受过西方教育的婉容跟他更投契,而且她长得也更好看。

溥仪非常宠爱婉容,喜欢带她出席各种重要场合,两个人也会一起打球、骑车、学习西餐用餐礼仪……他们之间的书信经常都是用全英文来写的。但是文绣呢,骨子里没有那么开放,溥仪跟她在一起时主要就是交流诗词歌赋。文绣的文采溥仪是非常认可的,他还给文绣请过专职的汉文和英文老师,让她继续深造。

但是在感情上,文绣得到的恩宠就比婉容差很多。现存的照片资料中,很少有文绣的身影,就算是合影,文绣一般也是站在角落里,不太起眼。

在深宫之中,她始终是被忽视的那一个,她写过的诗是这样的:"拥被难成梦,萧萧一夜风。浊醪聊自饮,朝日照窗红。"从诗中是不是很能体会她当时的处境?她在自己的宫中生活,皇上基本上就不去。睡不着的夜晚只有借酒浇愁,她经常是独坐到天亮。

溥仪在后来的回忆录里也说过:"我对文绣心中是有愧的。我总是和婉容在一起,而经常不到文绣所住的地方去。"对于一个十几岁的少女来说,对爱情还有渴望,同时又接受过传统的教育,所以本分地独守空房就是她能做的唯一选择了。

1924 年,冯玉祥发动"北京政变"。溥仪被驱逐出紫禁城,婉容和文绣也要跟随他一起出逃。他们离宫后迁居天津，溥仪和婉容住在二层，让文绣自己住一层。无论是出去玩拍照，还是参加各种场合，溥仪和婉容都像一对正常的恩爱夫妻一样出双入对，文绣就像一个电灯泡一样，是个局外人。

这要是在宫里，三宫六院难免有照顾不到的时候，厚此薄彼也司空见惯。问题是这都已经被赶出宫了，文绣越是看溥仪和婉容恩爱，自己越找不着自己的位置。

真正触发婉容和文绣矛盾的是到天津以后，婉容喜欢上了买买买，成了一个购物狂。她一改宫中装束，烫卷发，穿旗袍，置办各种高档首饰，成为租界中的"摩登女性"。而且她购物都是大手笔，看上什么必须买，如果溥仪不给买，那就是不够爱自己。

文绣一看，这就过分了！心想，情感上我什么都分不到也就罢了，买东西也光给她买不给我买，那我不能答应！于是就各种闹，也要各种买买买。溥仪夹在中间不堪其扰，一气之下直接下令："不准文绣在公开场合露面！"然后继续带着婉容逛遍各大百货公司。

十级"甄学家"米粒妈又要"引经据典"了，这个禁令要拿《甄嬛传》里面的设定来解释的话，那就相当于"禁足"了。

文绣的痛苦日益滋长，自己好不容易争取一次权益，还直接被溥仪鉴定为"不甘于妃位，不安守本分"。她生无可恋，在一个除夕夜，备受煎熬的文绣拿剪子捅向自己的肚子要自杀，还好被太监及时发现拦了下来。可悲的是，溥仪完全没有心疼她，而是不以为然地又下令说："不用理她，她惯用这种伎俩吓唬人，谁也不要理她。"

其实溥仪跟文绣的关系那么僵，还有一层原因，就是文绣好几次仗义谏言。她跟溥仪说："日本不可信，郑孝胥之流的话不可听，

尾 篇

应该悬崖勒马。"但是溥仪心里还做着复辟的春秋大梦,当然讨厌文绣了。文绣越是谏言,他就越是专宠婉容,赏赐也完全没有文绣的份儿。这时候的文绣已经完全绝望了,她对自己的感情关系已经完全失去了信心。这时候,她的远房表姐来看她,跟她说:"现今是中华民国时代,法律上写着男女平等,而溥仪早已被撵出皇宫,是平民一个,不是什么'皇上'了,他也得守法,平等待人。你应该请个律师,写状子,控告他虐待妻子,同他离婚,还要索要抚养费。"这一席话点醒了文绣,文绣当即决定跟溥仪离婚,争取权利和自由。

她的姐姐以文绣心情郁闷为由,请求溥仪答应她们出去散散心。求了半天,溥仪终于勉强答应了,还让一名太监跟随她们。文绣乘车离开静园(溥仪在天津居住的地方)大门后,就让司机将汽车开往天津民国饭店,下车后住进房间,随即正告太监赵长庆:"你先自个儿回去吧。"赵太监不知道什么意思但也不敢违抗,文绣拿出一封早已写好的信件,要赵长庆交给溥仪,说:"你回去禀报,文绣要向法院控告皇上,决定同他离婚。"这就是文绣的出逃,她是历史上第一个敢跟皇上离婚的嫔妃,而且还是直接起诉离婚(干净利落,而且没有冷静期哦)。

这一步走得真的太漂亮了,她用勇气和决策力为自己逆天改命,蹚出了一片新的天地。

文绣出逃后,溥仪觉得遭受了奇耻大辱。他的字典里完全没有"被离婚"这个词,这一下直接给他弄蒙了。他把所有罪责都怪到婉容头上,认为是婉容的嫉妒和排挤才让自己被休了,以致遭受世人的嘲笑。一夜之间,婉容彻底失宠,溥仪不再理她了。这种从天上直接摔下来的落差是非常令人难以忍受的,她没想到她跟溥仪之间的感情原来这么脆弱，也没想到失宠的一天这么快就来临了。就这样，她迷上了鸦片。据说在伪满后期，婉容每天要吸食二两烟土外加 80 支香烟。她需要用鸦片彻底地麻痹自己，才能逃离这种失望和难受。

在鸦片的作用下，她的欲望彻底释放。她与侍卫私通，还怀上了侍卫的孩子。溥仪知道后自然是暴跳如雷，婉容的孩子刚刚出生半个小时，他就轻蔑地下令说："扔了吧。"于是一个啼哭中的小婴儿就这样被扔进了滚烫的锅炉。婉容当时还不知道这事儿，以为婴儿已经成功转移到哥哥手里代为抚养了，后来她才知道，孩子早已经不在人世了。这件事成了压垮婉容的最后一根稻草，她的精神彻底崩溃，完全疯了。

婉容被关在屋子里与外界隔离起来，溥仪派了两名太监和两名女佣伺候她，婉容病得最严重时两腿已不能下地走路。由于长久被关在房子里，本来就有眼疾的婉容，眼睛更见不得光亮，要用扇子遮着从扇子骨的缝隙中看人。最后，婉容病逝在监房中，也有人说她被用旧炕席卷着扔在了山上，葬地不明。结局可以说是非常凄惨了。这个曾经万人之上的皇后，就这样走完了自己的一生。

而当初出逃的文绣，却过上了另一种人生。离婚后的文绣回到北平，她用溥仪给的五万五千银圆补偿还清了请律师的钱，然后剩下的钱用于日常生活。为求生计，她干过国文老师，在街头卖过香烟，糊过纸盒，在报社当过校对……她通过自己的劳动赚取报酬，过上了一种脚踏实地的人生。

后来，在报社社长的介绍下，她嫁给了退伍军人刘振东。虽然日子过得清贫，但是两个人相濡以沫，过上了眼中只有彼此的、凡

尾 篇

俗的婚姻生活。对于文绣来说,这应该比在溥仪那里当嫔妃的日子好上千倍万倍了吧。米粒妈觉得,文绣的人生做出了正确的选择,得益于她的止损能力和勇气。

在那个新旧交替的乱世,要想真的破除思想禁锢,尝试一种新的方式是非常难的,这需要极大的勇气和魄力,外加清晰的思路。她看清了时代的特点、自己的处境,于是迅速联络姐姐和律师,为自己的出逃做好精密的计划,这真的是一种大智慧。

其实她一直都看得很清,包括之前她劝谏溥仪说日本人不靠谱,也是她对客观形势精准判断的一种体现。

反观婉容,明明接受的是西方的开化教育,而且也是饱读诗书,但是由于沉浸在短暂的甜蜜里,放弃了独立思考的机会。

都说"恋爱中的女人智商为零",对于婉容来说确实如此。在最应该审时度势权衡利弊的时候,她沉浸在爱情的泡泡里,等想要醒来的时候为时已晚,只能选择继续睡去。

所以无论在什么时候,女性都不要放弃独立思考、独立判断的权力。因为每一次冷静的判断,都可能是决定你人生的重要一环。